上海市儿童福利院 ◎ 著

儿童福利机构发展指南

Ertong Fuli Jigou Fazhan Zhinan

学林出版社

总　序

以专业化发展谱写新时代上海民政工作新篇章

上海市民政局党组书记、局长　**朱勤皓**

中国特色社会主义进入新时代。全国第十四次民政会议期间，习近平总书记对民政工作作出重要指示：民政工作关系民生、连着民心，是社会建设的兜底性、基础性工作。各级民政部门要加强党的建设，坚持改革创新，聚焦脱贫攻坚，聚焦特殊群体，聚焦群众关切，更好履行基本民生保障、基层社会治理、基本社会服务等职责。习近平总书记的指示精神，为新时代民政工作发展提供了基本遵循，要牢固树立以人民为中心思想，扎实做好社会救助、社会福利、社区治理、社会组织、社会服务等各项民政工作，不断提升人民群众的幸福感、安全感、获得感。

上海海纳百川、追求卓越、开明睿智、大气谦和。新时代上海城市发展肩负着加快建设"五个中心"、卓越全球城市和具有世界影响力的社会主义现代化国际大都市、继续当好改革开放排头兵、创新发展先行者的历史使命，民政民生工作面临着加快发展和高质量发展的现实要求。上海城市经济发达、法制健全、人均收入水平和城市文明程度较高，人民对美好生活的向往更加强烈和多元；同时，外来人口大量集聚、城市建设和管理情况复杂、户籍人口老龄化、高龄化态势明显，社区治理、养老服务等领域长期面临较大压力。特别在当前信息技术革命快速推进的新的历史条件下，上海民政部门需要以格物致知的智慧和革故鼎新的勇气，坚持自我革新，优化顶层设计，细化工作落实，以制度创新、管理创新、服务创新应对新情况、新形势、新挑战。

民政工作直接面向群众需求，具有鲜明的政治性、法治性、社会性和服务性，做好新时代的民政工作，推进民政工作专业化发展势在必行。民政工作专业化发展内涵丰富，就是要以习近平新时代中国特色社会主义思想为指导，坚持创新、协调、绿色、开放、共享的发展理念，努力推进民政民生政策更加公平，民政社会管理更加精细，民政公共服务更加广泛，在经济社会协调发展和社会治理体系与治理能力现代化进程中发挥积极作用。聚焦人才队伍和能力建设，注重专业知识和技能积累，是上海民政工作长期坚持的一个重要工作经验，也是助推新时代上海民政工作专业化发展的一个重要法宝。通过长期努力，上海民政系统涌现出一大批工作能手、业务骨干和实干专家，他们干一行、爱一行、钻一行、成一行，体现了民政工作专业化发展的精神内涵，形成了良好的工作示范。为此，我们专门组织编写"上海民政专家系列"丛书，进一步推广民政工作专业化发展的理念和经验，形成高质量的理论和实践积累。绳短不能汲深井，浅水难以负大舟。我们期望，在专家的示范引领下，能够有更多的民政人"成才、成名、成家"，不断提升新时代上海民政工作专业化发展水平，这是时代之需，更是时代机遇。我们坚信，在习近平新时代中国特色社会主义思想的指引下，民政部门将始终把人民群众对美好生活的向往作为奋斗目标，通过高标准服务、高质量服务，让更多群众共享上海改革发展的成果，不断提升人民群众的获得感、幸福感和安全感。

前　言

　　孤弃儿童一直是社会最弱势群体中受人关注的一类特殊对象，孩子们的成长和发展既体现着社会福利的托底保障水平，也牵动着全社会的关心、关注。站在当前的新时代背景下，上海的儿童福利机构是如何全面保障孤弃儿童的生存权和发展权的？新的历史时期儿童福利机构又是如何定位和架构的？围绕特殊儿童的需求，服务又该如何设计，如何开展？儿童福利机构的未来发展方向在哪里？对于上述问题，本书也许能提供一些有效的参考和思考。

　　本书分享的新时代上海儿童福利机构发展的实践经验，均来自上海市儿童福利院（以下简称"儿福院"）。书中提及的"特殊儿童"概念，是一个以儿童福利机构内的孤弃儿童为主，同时包含福利机构服务辐射的社会残疾儿童、社区困境儿童等多类别的弱势儿童群体。书中所涉及的康复医院和特教学校也均为上海市儿童福利院的内设机构和部门，其中上海市民政残疾儿童康复医院为儿福院内设医疗部门，按照医疗机构执业许可对院内儿童开展日常诊疗工作；上海市儿童福利院启心学校为内设教育部门，主要开展机构内特殊儿童的教育工作。

　　本书既介绍了上海儿童福利机构的基本组织构架和配置标准，同时也涵盖了特殊儿童的养育、医疗、康复、教育、社会工作等服务标准，以及儿福院围绕特殊儿童需求开展的各项实务工作所展现的全人、全能、全效的

上海民政专家系列
儿童福利机构发展指南
ERTONG FULI JIGOU FAZHAN ZHINAN

服务心得。

全书由上下篇，共十个章节组成。上篇机构设置与专业标准主要客观解析儿童福利机构的构成，主要回答的是儿童福利院该如何建立，如何配置和管理的问题，并立足于儿童福利机构的基本服务，从亲子式护理、精准式康复、全人式教育、融合式社工服务等方面，系统介绍上海儿童福利机构内各个业务领域的先进制度和服务标准。下篇服务实践主要聚焦儿童福利机构的服务对象——特殊儿童的需求，根据儿童的年龄段提供各项服务实践。

本书的体例是"工作标准示范＋实务经验＋案例分享"模式，力求通过这样的展现方式，既能让儿童福利机构的管理者立足当下，掌握机构设置和管理的关键要素，又能让特殊儿童的服务人员获取一些实务的工作标准和操作要领，从宏观、微观相结合的视角展示儿童福利机构和特殊儿童服务的关键元素。

由于时间仓促和编者水平限制，本书在编写过程中难免存在一些疏漏和错误。不当之处，恳请业内同行、专家学者指正，也希望广大读者不吝赐教。

上海市儿童福利院

2021 年 1 月

CONTENTS

目　录

总　序　以专业化发展谱写新时代上海民政工作新篇章

上海市民政局党组书记、局长　朱勤皓 / 1

前　言 / 1

上篇　机构设置与专业标准

第一章　新时代上海儿童福利机构的组织框架和发展格局

第一节　新时代儿童福利机构的定位和功能 / 4

第二节　儿童福利机构的配置标准 / 5

第二章　亲子式护理

第一节　亲子式护理在儿童照料中的运用 / 12

第二节　保育计划制定标准 / 24

第三节　护理管理标准 / 27

第四节　意外防范标准 / 39

第五节　护理人员每日工作流程 / 43

第三章　精准式康复

第一节　特殊儿童康复需求筛查标准 / 46

第二节　康复评估标准及服务流程 / 56

第四章　全人式教育

第一节　儿童福利机构内全人教育的探索 / 60

第二节　院内特殊教育管理标准 / 62

第三节　特殊儿童教育需求筛查与评估工具 / 72

第五章　融合式社工服务

第一节　社工服务标准 / 76

第二节　安置分类标准 / 79

第三节　社会融合标准 / 90

下篇　服务实践

第六章　0—3岁：特殊儿童养治抓起点

第一节　特殊儿童常见病的防治 / 98

第二节　营养不良儿童的综合干预 / 118

第三节　自主进食困难儿童的喂养 / 128

第四节　亲子式护理在儿童照料中的运用 / 148

第五节　良好的依恋关系及同伴关系的培养 / 154

第七章　3—6岁：特殊儿童康教重早期

第一节　言语障碍儿童的康复方法 / 176

第二节　运动障碍儿童的康复方法 / 192

第三节　生活、康复、教育一体化服务 / 203

第四节　自闭症儿童的康复方法 / 206

第五节　特殊儿童的教育需求筛查 / 220

第六节　特殊儿童的早教介入 / 224

第八章　6—12 岁：特殊儿童养置易分类

第一节　学龄初期教育工作的开展 / 234

第二节　儿童福利机构家庭寄养工作 / 251

第九章　12—18 岁：特殊儿童发展趋全面

第一节　儿童福利机构内全人教育的探索 / 264

第二节　特殊儿童健全人格的塑造与培养 / 270

第三节　儿童福利机构内青春期儿童的社工介入服务 / 276

第十章　18 岁以上：特殊儿童成年促融合

第一节　特殊儿童的社会化与社会融合 / 298

第二节　成年孤儿社会安置评估体系的探索与改革 / 316

第三节　政策出台引导成年孤儿安置工作新风向 / 326

第四节　成年孤儿社会安置工作的未来与展望 / 331

参考文献 / 334

后记 / 339

上篇　机构设置与专业标准

第一章 新时代上海儿童福利机构的组织框架和发展格局

第一节　新时代儿童福利机构的定位和功能

　　纵观我国儿童福利事业的发展，儿童福利机构在儿童福利体系的构建和蜕变中发挥着不可替代的作用，其最重要的功能就是国家监护权的具体落实和实现。根据民政部公开的《2017 年度社会服务发展统计公报》显示，"截至 2017 年底，全国共有孤儿 41 万人，其中集中供养孤儿 8.6 万人；全国共有儿童福利机构 469 个，床位 9.5 万张"。其中除了少数机构有社会力量参与合办，绝大多数是政府举办，事业单位性质。这表明在新的历史时期，儿童福利机构仍是我国儿童福利事业的重要载体，是政府举办的集中收养孤儿、弃婴（儿）的场所，是保障困境儿童的最后一道"安全网"。

　　里程碑式的《国务院办公厅关于加强孤儿保障工作的意见》重点强调了"加强儿童福利机构建设，提高专业保障水平"，为儿童福利机构在今后相当长的时期内的发展，指明了方向，提出了要求。随着儿童福利体系的不断完善，站在新的时代背景下，儿童福利机构的角色和功能也在发展中不断调整，以适应时代和社会的需求。以上海市儿童福利院为例，建院以来的一百多年历史进程中，作为上海儿童福利工作的兜底部门，长期以收容养育弃婴、弃儿为主，提供生活养育、医疗救治、康复教育、生活安置和社工服务。随着社会的不断发展，上海市儿童福利院的服务也由原先传统的"以养为主"发展为"养和育并重"，产生了质的转变，更关注儿童成长发育过程中的身心需求。同时，在工作职能方面，上海市儿童福利院的服务对象不断向困境儿童拓展，并承担起了经法院宣判后由国家监护的这部分困境儿童的养育工作，进一步体现这个时代的温度。

第二节　儿童福利机构的配置标准

　　儿童福利机构是经政府批准，为孤、弃等特殊儿童提供养育、医疗、康复、教育、安置等服务，并辐射社会儿童的社会福利机构。儿童福利机构的选址建造、房屋设计、功能设置以及人员配置等方面均要充分考虑到特殊儿童的身心健康发展需求，体现儿童为本的服务理念。

（一）机构设置基本要求
　　（1）应具有独立法人的资质。
　　（2）应具有相对独立、固定、专用的场所。
　　（3）建筑及设施的设计与设置应符合建标 145-2010 相关要求。
　　（4）人力资源配置应满足儿童福利机构服务的需要，工作人员与儿童的比例应为 1:1。
　　（5）有条件的机构宜设置相应的医疗机构，并取得相应资质。

（二）机构组织架构
　　儿童福利机构的组织架构是保障机构流程运转、职能规划的根本结构依据。组织架构设置要坚持科学合理、精简效能、资源整合的原则，立足儿童利益最大化的出发点，明确部门功能和管理职责，合理配置人员岗位，从而有效提高机构的管理成效。
　　机构的组织架构可按照部门职能划分为行政管理部门和业务管理部门两个体系，形成分工协作、统筹高效的管理网络。行政管理部门主要承担机构常规运转所涉及的日常行政管理、文件档案管理、公关宣传、信息化建设、资产管理、后勤保障等工作及事务，可设置院办公室、财务办公室、人力资源办公室、后勤保障办公室等行政科室；业务管理部门主要承担特殊儿童日常的照料养育、康复医疗、教育、安置等相关工作及功能，满足儿童养育、医疗、康复、教育等需求，可设置照料部、医务部、康复部、教育部、社工部等业务部门。见图 1-1-1。

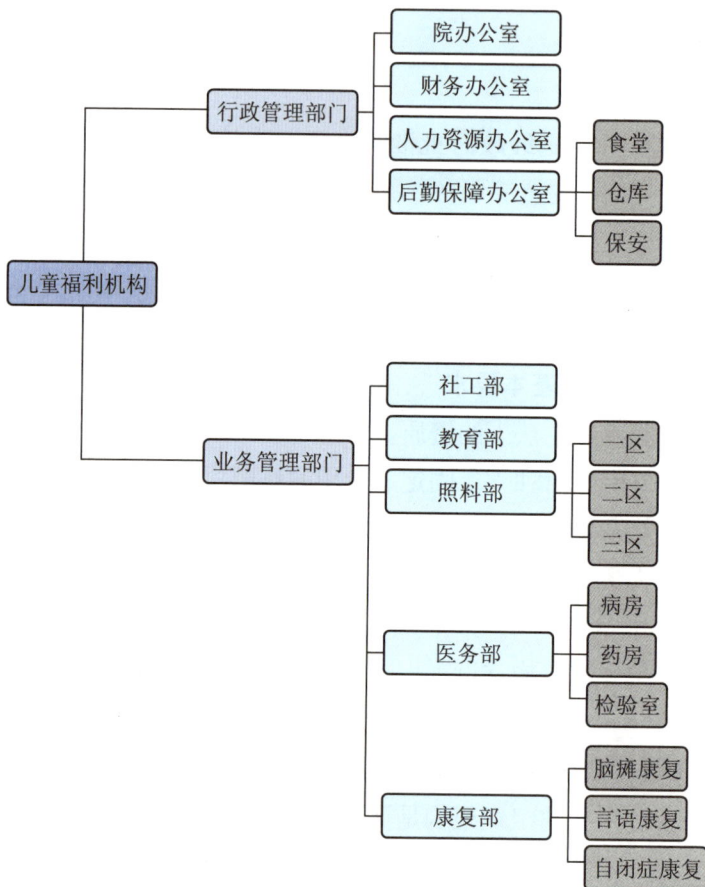

图 1-1-1　组织架构示意图

一般情况下，儿童福利机构可按照行政保障类服务和业务类服务设置成行政部门和业务部门。行政部门设置院办公室、组织人事科、财务科、工会、后勤保障中心，负责全院日常行政工作的开展。业务部门设置业务科、医务科、病房、教育科、护理部、社工部、学生部、康复中心、寄养中心以及儿童生活区，负责全院儿童生活照料、医疗救治、康复教育、儿童出入院管理、儿童综合评估及分类安置、儿童社会工作等服务。

（三）机构岗位设置

儿童福利机构的岗位设置是保障机构运转效能、儿童服务质量的重要基础。岗位设置要坚持按需设岗、按岗聘用、公开平等、竞争择优的原则，实现儿童福利机构人力资源管理的科学化、规范化和制度化。通过实行对岗位总量、内部结构比例和最高岗位等级的控制，确保儿童福利机构的岗位设置与现代儿童福利事业的发展需求相适应。

机构的岗位设置可分为专业技术岗位、管理岗位和工勤技能岗位三大类。根据儿童福利机构的工作特性，设置可适当以专业技术人员为侧重。专业技术岗位中一般设置医生、护士、医技师、康复师、营养师、教师、社工、会计等多个专业类别，以支持儿童福利机构对特殊儿童养育、诊疗、康复、教育、安置等服务的保障；管理岗位设置可按照机构规格、规模和内设机构的具体要求和工作需要，设置各级别行政管理岗位；工勤岗位可分为技术工人岗位和普通岗位，根据机构日常工作所需按规定设置。见图 1-1-2。

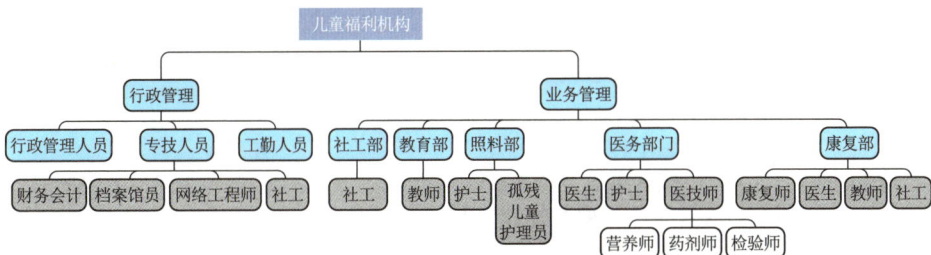

图 1-1-2　岗位设置示意图

1．人员配置基本要求

（1）管理人员应具有本科及以上文化程度，5 年以上的相关工作经验，并经行业培训合格，获得相关资质证书。

（2）专业技术人员应具有本科及以上文化程度，并持有与其岗位相适应的专业资格证书。

（3）孤弃儿童护理员应持有与岗位要求相适应的职业资格证书。

（4）应配备社会工作者、康复师、心理咨询师、营养师等。

2. 岗位职责

当儿童福利机构完成岗位设置后，机构需要根据岗位招聘人员。在招录工作中，首先需要明确并制定各个岗位的职责，并依据职责明确人员的任职资格和条件，各岗位人员均应具备相应资质、符合入职条件，确保机构的正常运作。以上海市儿童福利院部分岗位示例见表1-1-1。

表 1-1-1　上海市儿童福利院部分岗位职责

岗位名称	岗位职责	任职条件
医生	（1）负责院内儿童及寄养儿童的医疗、护理、预防、卫生宣教等管理、业务工作。 （2）负责全院儿童保健、院内治疗、儿童外出救治、预防免疫、检验、药房等业务工作。 （3）负责对寄养儿童进行医疗工作的辐射。 （4）定期查房，共同研究解决重危疑难病例诊断及医疗等问题。 （5）参与院内医护人员的专业技术培训、临床教学学习等相关工作。 （6）完成交办的各项工作。	（1）大学及以上学历，医学专业。 （2）具备相应岗位的资质。 （3）熟练掌握医疗专业知识和技能。
护士	（1）完成每日检查、护理、喂药、治疗辅助等工作。 （2）做好消毒隔离、传染病防控工作。 （3）根据作息制度和操作流程，完成儿童的生活照料。	（1）大专及以上学历，护理专业。 （2）具备相应岗位的资质。 （3）具有吃苦耐劳的精神，动手操作能力强。
教师	（1）制定学科和班级的学期教学计划并组织实施。 （2）维护课堂教学秩序，保持良好的教学环境。 （3）做好对学生的生理、心理、个性、思想、学习、劳动、卫生等情况的观察和记录，做好学生的学期评估工作。 （4）班主任应负责学生在校期间的健康安全，关心学生的日常行为表现，配合生活区做好学生的生活安排。	（1）本科及以上学历，教育专业。 （2）具备相应岗位的资质。 （3）对特殊教育有一定的认识，热爱特殊教育，有一定的教学组织能力，有良好的个人素养和心理素质。

（续表）

岗位名称	岗位职责	任职条件
康复师	（1）制定儿童的康复计划和内容并组织实施。 （2）实施本专业的治疗计划。 （3）做好儿童康复训练记录。 （4）提供相关咨询和指导。 （5）负责儿童训练过程中的安全和意外情况的处置。	（1）本科及以上学历，康复专业。 （2）具备相应岗位的资质。 （3）具有良好的康复专业知识和经验。
社工	（1）负责大龄儿童生活教育、学业辅导等工作。 （2）协助相关部门做好学龄期儿童的节假日安排、学生会管理、社会实践等工作。 （3）按要求完成服务对象的个案、小组、社区工作。 （4）按要求完成社工课题的研究撰写。	（1）本科及以上学历，社会工作专业。 （2）具备相应岗位的资质。 （3）亲和力强，具有良好的沟通能力和组织协调能力。
孤弃儿童护理员	（1）根据工作操作流程，做好儿童的生活照料。 （2）按要求做好各项安全工作。 （3）做好生活及活动区域的整洁和物品管理工作。	（1）中专以上学历，有保育工作经验。 （2）具备相应岗位的资质。 （3）具有吃苦耐劳的精神。

第二章　亲子式护理

第一节 亲子式护理在儿童照料中的运用

一、亲子式护理的相关概念

从护理学的实践和理论研究来看，现代护理学的变化与发展可以概括为三个阶段：以疾病为中心的护理阶段、以病人为中心的护理阶段、以人的健康为中心的护理阶段。

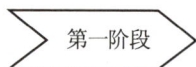

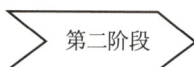

第一阶段	第二阶段	第三阶段
以疾病为中心	**以患者为中心**	**以人的健康为中心**
① 护士从业前必须经过专门的训练。	① 护理学的知识体系逐步形成。	① 护理学综合各类健康服务应用学科。
② 护理内容是执行医嘱和各项护理技术操作。	② 实施生理、心理及社会等方面整体护理。	② 护理的工作任务由护理疾病转向促进健康。
③ 护理重点是消除患者的局部病征。	③ 护理人员解决患者的健康问题。	③ 工作对象由原来的患者扩大为全体人类。
	④ 工作场所局限在医院内，服务对象是患者。	④ 工作场所由医院走向社区。

（一）责任制护理的概念

责任制护理由美国莉迪亚·霍尔（Lidia Hall）首先介绍推荐，提出责任制护理的目标是向病人提供：连续性的照顾；全面性的照顾；协调性的照顾；个体化的照顾；以病人为中心的照顾。

（二）亲子式护理的概念

儿童福利机构内孤弃婴幼儿的照料者虽然大多是专业护理人员，但无法完全替代母亲角色。亲子式护理是一种以儿童情感和心理需求为出发点的护理模式，以儿童成长过程中的依恋关系为中心，从婴幼儿入班组到出班组都由一位相对固定的护理人员主要负责其日常护理，并在护理的过程中扮演母亲的角色，给予日常生活照料，融入身体抚触、运动发展、目光回应、情感交流等亲子关系的元素，弥补儿童缺失的情感，促进儿童身心发育的正常化。

二、亲子式护理的相关要求

（一）培训要求

亲子式护理的方法，是在传统的婴幼儿日常护理和疾病护理的基础上，增加了与亲子互动有关的元素。为了统一操作标准，需要在实施前，进行一系列培训，达到最好的干预效果，使更多的儿童受益。

1. 护理知识相关培训

包括日常护理和疾病护理，日常护理如洗澡、喂奶、喂饭、换尿布等基本操作。疾病护理如病情巡视与观察、换外科、喂药以及不同疾病的特殊护理等操作。

2. 亲子互动技巧的培训

护理人员需要了解儿童最基本的心理需求，学习与儿童进行游戏互动和情感沟通等基本技巧，比如如何和儿童建立安全的依恋关系，如何形成目光联系，如何给予他们身体接触，如何安抚情绪等。

3. 抚触与肢体锻炼的相关培训

护理人员需要掌握必要的康复训练技巧，通过对儿童的抚触与肢体的功能锻炼，促进儿童神经系统的发育和运动功能的发展，同时增进儿童与护理人员的情感交流及亲子互动关系的建立。

（二）匹配要求

每个护理人员负责固定儿童，护理人员与儿童的比例不超过 1∶3，每天给予每个孩子固定的亲情抚育，每天累计时间不少于 3 小时。

三、亲子式护理的方法指导

（一）亲子式互动的技巧标准

1. 建立目光联系

婴儿像寻找食物一样，寻找与照料者的目光联系，这是一种本能，也是跟人建立关系的主要方式。

（1）身体靠近：比如抱起、弯腰俯视或蹲下来。新生儿最初发展出来的可视距离，是从照料者怀抱的位置看到照料者的眼睛。

（2）回应及保持目光：当婴幼儿寻求目光时，给予目光回应，并保持对视一段时间至婴幼儿将视线收回，过程中可以给婴幼儿一些声音的刺激或者肢体的接触。

（3）主动发起对视：在给予婴幼儿其他护理操作之前，如喂养、换尿布等，先去跟婴幼儿产生目光的联系，确认婴幼儿看到了照料者之后，再给予其他动作。

2. 给予积极回应

对于婴幼儿来说，护理人员如何回应需求，直接影响着婴幼儿是否能够与之建立安全的依恋关系。研究发现，互动的质量决定亲子关系的质量，而非实际陪伴时间的长短。护理人员给予儿童积极的回应，可以提高亲子互动的质量。

（1）积极回应基本的生理需求，比如渴了、饿了，及时给予水和食物，在按时喂养的基础上，给予一些必要的食物补充；儿童排泄后及时予以清理等。

（2）积极回应各种非语言活动，比如婴幼儿无意识的肢体动作、发出的各种声音，可以通过给予婴幼儿肢体接触和声音模仿进行积极肯定与回应。

（3）积极回应各种情绪状态，比如婴幼儿可能因感冒、腹泻等原因而产生的各种哭闹，找出原因并给予适时的安抚。

3. 给予语言和游戏互动

婴幼儿的健康成长，离不开护理人员适当的语言和游戏刺激。所谓适当是指，一是符合婴幼儿的心智特点，二是把握给予的量。一般可以通过孩子的反应来辨别，比如当孩子表示出兴趣，如会看，会主动要，会表现出高兴时，给予刺激。而当孩子表现出分心、推开或者有烦躁情绪时，一定不要再继续给予刺激。

（1）给予语言的刺激：从无意义的简单的声音开始，让孩子熟悉这个声音，依恋这个声音，慢慢地增加简单的有意义的词语和句子。

（2）给予玩具和游戏刺激：从简单的抓握玩具开始，到咬牙玩具，到各种具有因果关系的玩具，在给予玩具的过程中，陪伴婴幼儿去探索。同时，借助各种玩具，展开方便简单的互动游戏，比如拍一拍、找一找等。见图 2-1-1。

图 2-1-1　游戏互动

（二）日常生活护理

亲子式护理对日常护理的核心要求是，只要责任护理人员在岗，则这个孩子所有的日常护理操作，基本上都由她进行实施。日常生活护理主要包括，洗澡、喂奶、喂饭、换尿布、口腔清洁等操作，具体的操作标准如下：

1．洗澡操作标准

（1）洗澡前准备

准备好毛巾、香皂、浴盆、干净的衣裤及尿布等，关好门窗防止空气对流，室温保持在 26 ℃—28 ℃左右，操作台上铺柔软物品。

（2）洗澡操作流程

先放冷水再放热水，水温调节在 38 ℃—41 ℃；试温时将手腕全部浸入水中搅动水面至少 3 秒钟；婴儿不能用流动水洗澡，每人一盆水，一块洗澡毛巾。

小婴儿洗澡时先洗头，洗头时不脱衣裤，抱起婴儿时切忌拎手拎脚，要托住婴儿的后颈，按住耳朵不让脏水流入口眼、耳鼻，以防呛水和中耳炎。

清洗顺序：首先头面部（眼—鼻—耳—口—面—头）；其次躯干四肢（颈下—颈后—上肢—腋下—前胸—腹部—腹股沟—外生殖器—腿脚—背部—臀部—下肢）。

为肢体残疾的儿童穿脱衣裤时，要注意脱衣服时，应先脱健侧再脱患侧；穿衣服时，应先穿患侧再穿健侧。

需协助洗澡的儿童，工作人员应在旁指导其正确的洗澡方法，中途不可离开儿童。

洗澡脱衣穿衣时注意保暖，洗完后头发梳整齐，面部涂润肤露。

2. 一般喂奶操作流程

（1）按时喂奶，喂奶前洗净双手。

（2）喂奶前先试温，滴1—2滴乳液于自己手腕内侧，不烫手即可。

（3）根据婴儿月龄、残疾类型选择奶头，观察奶头大小时不能用手捏。4个月内婴儿用的奶头，以奶瓶倒置时，乳汁一滴一滴流出，两滴之间稍有间隔为宜。4—6个月的婴儿则用乳汁能连续滴出为宜。6个月以上婴儿则可用稍快速滴出连成一细流为宜。

（4）喂奶时，要让婴儿的嘴裹住整个奶头，不要留有空隙。

（5）避免喂奶前后大声哭闹。

（6）喂奶时加强巡视，遇奶头有凹陷时，应松开奶盖，奶盖会自行弹出，不可直接用手拉；注意奶盖有否松开、婴儿吐奶现象；喂奶完毕，让婴儿趴在护理员的肩上，用手轻拍婴儿背部，可使吸进去的空气排出。

（7）喂完奶后，抱起和放下婴儿的动作要轻，活动度要小，并且让婴儿侧卧位。

3. 换尿布（红臀）操作流程

（1）换尿布前准备好一盆温水、清洁的尿布或一次性纸尿布、湿纸巾、小毛巾、红臀防护膏及污物桶等。出生至6个月的婴儿每次用2块棉尿布，6个月至3岁的婴幼儿每次3块棉尿布；也可选择与儿童体型适合的一次性纸尿布。

（2）换洗顺序：掀开儿童下半身被褥，脱去裤子，解开污湿尿布，一手轻提儿童的双足露出臀部，另一只手先用尿布清洁端擦拭，有大便时将污尿布对折垫于臀下，并用湿毛巾或湿纸巾将污物擦拭掉，擦拭顺序为自前向后，先清洁会阴后再清洁肛门及臀部；清洁后用干毛巾沾净臀部水分。

（3）换尿布时，动作要轻、快，避免暴露上半身，注意保暖。见图2-1-2。

图 2-1-2　换尿布

（4）换尿布时腰部松紧度要合适（以2指为宜），测试是否太紧或太松，以免太紧勒碎皮肤，太松排泄物外漏。

（5）遇有红臀的儿童，清洁臀部后，选择相应的药膏进行护理，涂药膏时应使用棉签贴在皮肤上轻轻滚动，不可上下涂刷，以免疼痛和导致皮肤破损。

（6）发现儿童出现红臀每班要加换二次尿布，保持臀部皮肤干燥。

（7）做好交班记录和标记，轻、中、重度可分别用黄、蓝、红色标记。

4. 口腔清洁操作标准

（1）操作前将备用的小毛巾放入温水中润湿，必须一人一巾。

（2）对长期卧床不能坐立的儿童要帮助侧卧或头偏向一侧。见图

2-1-3。

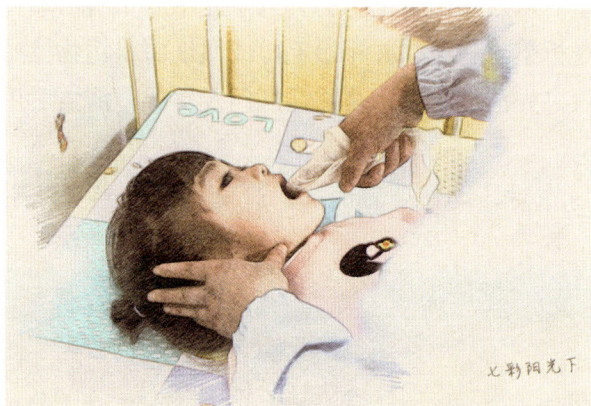

图 2-1-3　口腔清洁

（3）观察口腔有无出血、溃疡等现象，口角有干裂时应先予以湿润，嘱儿童咬合上、下齿，护理员可采用指套式牙刷或用干净的纱布、棉签沾上温开水，以轻柔简短的动作清洁婴儿牙齿、牙龈，按顺序上、下、内、外擦洗；对于不配合的儿童动作要轻柔、防止损伤口腔黏膜；会刷牙的儿童，要教会他们正确的刷牙姿势。

（4）每次口腔护理后小毛巾一定要洗净，消毒后备用，牙刷放在消毒灵溶液中浸泡 30 分钟，洗净后晾干、备用。

5. 一般喂饭操作标准

（1）按时喂饭，开饭前洗净双手，协助、督促自己能进餐的儿童饭前洗手，消毒餐具及桌面，在进食中一定要给予他们较多的帮助，用更长的时间和耐心训练他们独自进食的能力。

（2）小婴儿根据年龄及时调整饮食类型，同时要做到"三个一"（一人一巾、一碗、一匙），婴儿及不能独坐的脑瘫儿童应抱起喂食，垫高其头部使颌部向下，切不可让其平躺在工作人员的腿上进行喂食。

（3）大龄或智力较好的儿童，进食时应注重教育爱惜粮食，纠正挑食习惯，不可在用餐时训斥儿童，分食时不可厚此薄彼。

（4）当有鱼肉、鸡、鸽子类菜时，要撕开或去骨后给儿童。

6. 喂药操作标准

（1）喂药前应仔细阅读医嘱和服药禁忌。

（2）喂药前准备好温开水、纸巾、每人一把调羹。

（3）护理人员与护士核对后，做好儿童安抚，协助完成服药，不能遗漏。

（4）婴儿应抱起后进行喂药。

（5）药粉类药品需经温开水充分搅拌后方可让儿童服用。

（三）肢体训练方法

肢体运动的功能锻炼包括头部、翻身、坐位、爬行和站立的训练。

1. 头部控制训练

护理人员面向儿童，通过与儿童游戏，使儿童练习抬头、低头和转头。

2. 翻身训练

通过多种方法训练儿童翻身，可扩大儿童的活动范围，为爬做好准备。由上肢带动翻身训练，儿童仰卧位，四肢自然放松。护理人员辅助儿童用上肢带动其身体转为侧卧位或俯卧位。

3. 坐位训练

此训练可提高儿童坐位保持和坐位平衡的能力，使儿童在坐位时能完成进食、交流和学习等活动。训练时，尽可能让儿童摆正头，挺直背，保持在坐位状态下玩玩具和进行其他活动。

4. 爬行训练

通过训练儿童爬行可提高儿童控制身体和四肢的能力，在更大的范围内活动，同时为站立和行走打好基础，可用玩具吸引儿童自主爬行。

5. 站立训练

此训练可延长儿童站立时间，提高站立平衡能力，促使髋关节发育，为行走做好准备。护理人员位于儿童前方或后方，双手扶住儿童。让儿童反复由坐位站起来，练习坐位至站立的姿势转换。

6. 步行训练

行对儿童建立自信心及参加各种活动十分重要。此训练可提高儿童在行走中控制躯干及下肢的能力，以逐步扩大其活动范围，增加与外界接触的机会。训练时应及时矫正儿童出现的异常步态并注意安全。

（四）抚触方法

此方法适合一岁以内的孩子。

1. 抚触前的准备

室温保持在 24 ℃—26 ℃之间，选择适合比较容易伸展的床，可将洗澡用的大浴巾等柔软物品垫在床上，要选择适合婴儿年龄段的按摩油。

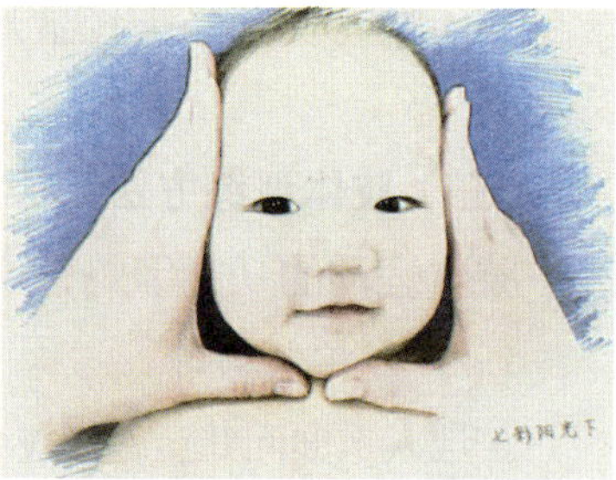

2. 抚触的注意事项

在睡前或洗澡后婴儿安静时进行抚触，抚触前要用热水洗手，并将润肤油倒在手心作为润滑剂，避开乳头和脐部。

图 2-1-4　面部及头部抚触

抚触可使婴儿放松，注意保暖，用安慰的语言和亲切的目光与其进行交流，当哭闹时暂停抚触。

3. 面部及头部抚触

双手轻轻抱住头部，双手拇指指腹从前额中央眉心处向外侧滑动止于两侧发际，自眉弓逐次向头部移动，双手拇指指腹从下颌中央向外、上滑动，止于耳前，做微笑状，全部前额皮肤，以上 3 处每处各做 6 次。

左手四指并拢、微弯，托起半个头，右手四指并拢，食指、中指指腹从前额发际中点稍偏左向脑后划行至左耳后，在其外侧仍从发际至耳后划行，再从颧骨至耳后划行，每处各做6 次。

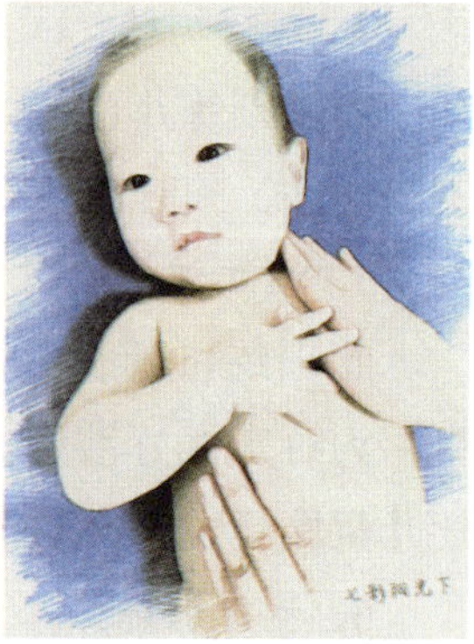

4. 胸部抚触

脱去儿童所有的衣服，先握住儿童的双手片刻，使其安静，再次润滑双手，左手手指、

图 2-1-5　胸部抚触

中指指腹顺肋缘向上，经胸骨划向对侧右肩部，然后撤回握住左侧肋缘部，换手法做另一侧，每处各做 6 次。

5. 腹部抚触

用指腹自婴儿的右下腹—右上腹—左上腹—左下腹做逆时针方向抚触，避开膀胱部位。用指腹自婴儿的右下腹滑向右上腹；然后自右上腹滑向左上腹，再滑向左下腹，双手交替连续做 6 次。

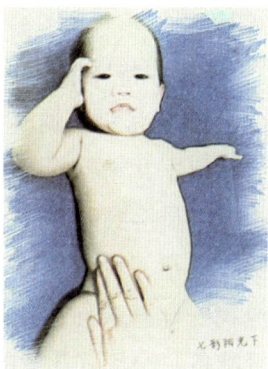

图 2-1-6　腹部抚触

6. 上肢抚触

用双手握住儿童的肩部，从上臂至腕部，轻柔搓揉或挤捏上肢，然后抚触手掌、手背和各手指。每处各做 6 次，自近端到远端按捏肌肉群。

7. 下肢抚触

用双手握住儿童的大腿，自大腿根部至足踝轻柔搓揉或挤捏下肢，然后抚触足底、足背及各脚趾。每处各做 6 次，自近端到远端按捏肌肉群。

图 2-1-7　上肢抚触

8. 背部抚触

一手托头颈，一手置于胸前，翻身俯卧，双手四指并拢，指腹从中间向两侧平行滑动，肩背部、肩下、腰部各 6 次，双手自上而下，手不弯，手指不翘，再从颈部自腰部划行 6 次，双手轻揉臀部。

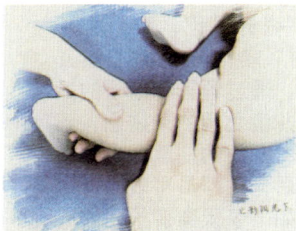

图 2-1-8　下肢抚触

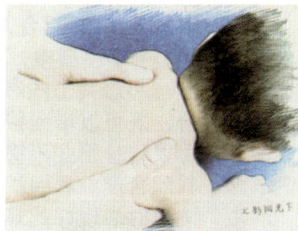

图 2-1-9　背部抚触

（五）特殊情况下的处理

1. 生活班组调整

根据儿童疾病类型及年龄增长的需求，需要进行生活班组的调换。护理人员接到调整通知后，应提前与儿童做好分离前的情绪准备，亲切抚慰儿童，可告知孩子："宝贝，你要去某个班组了，那里的妈妈也会像我一样喜欢你，我也会经常来看你。"同时，与接收班组提前做好交接准备，交接好儿童的饮食、喜好、性格、睡眠习惯等。

2. 护理人员请假

护理人员遇事请假前，应与儿童进行沟通。若长时间请假，需要与新的责任护理人员就儿童饮食、性格、睡眠习惯等方面做好交接工作。

3. 儿童疾病治疗

如遇儿童患病，应在日常照料中加倍耐心、仔细，同时要加强观察，及时与医生沟通儿童疾病变化情况。如儿童需外出住院治疗，应及时安抚儿童，做好告知和沟通，并且护送至救治医院。

（六）亲子式护理的日间安排

亲子式护理的日间安排结合了婴幼儿的日常作息习惯以及日班护理人员的工作时段。见表 2-1-1。

表 2-1-1　亲子式护理日常安排表

时间	护理项目	亲子式护理操作要点	时间分配
晨起	晨间护理	在操作前，可与儿童打招呼，并告知儿童马上要洗澡了；在给儿童脱衣、洗澡、穿衣时，可用语言提示儿童配合，比如"张开嘴巴，我们刷牙了！""小手握拳，'钻山洞'喽"，也可以带着儿童一起念关于洗澡的儿歌，通过语言和动作的配合，既可以增强护理员和儿童之间的亲密感，还可以转移那些不喜欢洗澡的儿童的注意力，提高其配合度。晨间护理结束后，护理员可表扬儿童洗澡时表现好的环节，比如"今天穿裤子比昨天进步了，没有穿反。"通过正向鼓励的方式帮助儿童一天天进步。	10—15 分钟

（续表）

时间	护理项目	亲子式护理操作要点	时间分配
多时间段	喂奶	试温后，呼叫儿童的名字并告知其要喝奶了，然后选择儿童和护理员都舒适的姿势开始喂奶，喂奶过程中，护理员可一边关注儿童的情况，一边和儿童进行眼神交流，在其出现情绪时安慰鼓励儿童安心喝奶。	5—10 分钟
用餐时间	喂奶糕（饭）	试温后，呼叫儿童的名字并告知其要吃饭了，然后帮助儿童调整至合适的体位，护理员面对儿童喂食。喂食过程中，护理员可提醒儿童注意细嚼慢咽，不要笑、不要讲话，以免呛食；若儿童不想进食，在安慰无效的情况下，可采取分段喂食，不可强制或责备儿童；喂食结束后，可表扬儿童："你吃得真棒！"	10—20 分钟
多时间段	亲子游戏	在陪伴儿童玩玩具或者游戏时，儿童的数量不宜过多，护理员要时刻关注每一名儿童的反应并及时予以回应。在游戏过程中，护理员的角色是组织者和引导者，可通过语言和动作充分调动儿童参与游戏的积极性，鼓励儿童主动参与。如果儿童出现畏难情绪，护理员可采取言语鼓励或肢体拥抱等形式鼓励儿童。	30 分钟
多时间段	换尿布	在做好换尿布的准备工作后，呼叫儿童的名字并告知其要换尿布了。对于比较抗拒换尿布的儿童，护理员可与儿童聊一些其感兴趣的话题，转移其注意力；对于比较配合的儿童，护理员可以边操作边鼓励儿童；换尿布时，护理员的动作要轻柔，言语要温柔。	10—20 分钟
睡前或洗澡后	抚触	抚触前呼叫儿童的名字并告知其要开始抚触了，抚触时用安慰的语言和亲切的目光与其进行交流，当哭闹时暂停抚触。抚触时可播放轻柔的音乐，或者哼唱儿童喜欢的儿歌，帮助儿童放松。	10—20 分钟
中午及夜晚	睡眠	在准备入睡前，帮助儿童换好舒适的衣服，并检查床周安全。儿童全部睡下后，调暗灯光，可播放睡前故事或音乐，帮助儿童入睡。对于入睡困难的儿童，可提供毛绒玩具给予安抚。	15—20 分钟

第二节　保育计划制定标准

保育计划是由专业护理人员根据孤弃儿童的身心特征和实际需要制定的，针对每个孤弃儿童实施具体的保育方案，它是植根在对每个儿童个性尊重的基础上，以儿童需求为中心的个性化的保育。

1. 保育计划制定对象

生活在各园区内生活不能自理的儿童。

2. 保育计划制定目的

最大限度地增强儿童的生活自理能力。

3. 保育计划制定程序

自儿童入院后一周，以及救治、矫治儿童治疗后回生活园区一周内，由生活区班组长负责制定保育计划，经园区主管审批后在小组内落实完成，每三个月由园区主管进行检查和评估。

4. 保育计划制定标准及参考内容

制定标准：以儿童生长发育规律、不同年龄期儿童保健及康复的特点、儿童的心理发展特征为标准，结合儿童实际情况由浅入深地制定保育计划。计划制定后定期进行评估，评估达标后进入下一项保育计划的制定，连续三次评估不达标者，可降低保育计划制定的内容。

5. 保育计划制定参考内容

（1）生活能力：进食

① 能进食奶、流质食物。

② 能进食奶糕、稀饭、糊状食物。

③ 能进食饭和碎菜。

④ 能进食硬和韧的食物。

⑤ 能用奶瓶进食。

⑥ 能用调羹吃饭。

⑦ 能用杯喝水，不会漏。

⑧ 能用筷子进食 / 扒饭。

（2）生活能力：如厕

① 需要大小便 / 已排出，会表示。

② 需要大小便 / 已排出，会说出。

③ 能一次性小便，用痰盂 / 小马桶。

④ 能上厕所小便，自行穿脱衣物。

⑤ 能一次性大便，用痰盂 / 小马桶。

⑥ 能上厕所大便，自行穿脱衣物。

⑦ 能上厕所大便，自行清洁。

（3）生活能力：梳洗

① 会自己刷牙。

② 会自己放水、洗手、洗脸。

③ 会自己拧毛巾。

④ 能自行淋浴，涂肥皂、冲洗、擦干。

⑤ 能看着镜子梳头、整理头发。

（4）生活能力：穿脱衣物

① 能配合穿、脱衣物、鞋子、袜子。

② 脱下鞋子、袜子。

③ 脱下背心、套衫和开襟衫。

④ 脱下短裤（或短裙）、内裤。

⑤ 穿上鞋子、袜子。

⑥ 穿上短裤（或短裙）、内裤。

⑦ 穿鞋子能分辨，自行调整。

⑧ 穿上长裤（或长裙）。

⑨ 穿衣能分辨里外前后，并调整。

⑩ 能解开、扣上纽扣。

⑪ 能拉开、拉合拉链。

⑫ 能接鞋带。

⑬ 能系鞋带。

（5）生活教育：认知

① 能从四五块积木中挑选红色的或圆形的积木。

② 能从四五块杂色的积木中找出形状相同的。

③ 能把同样的东西放在一起，归类。

④ 能够在十件实物或图片中将一个或两个不属于这类实物的物件拿掉。

（6）生活教育：感知

① 能辨别远近距离，注意于一个客体并跟踪有规律移动的目标，注重观察，注意力的培养。

② 能辨别声音来源，寻找某种声音，如鸟叫，猫叫等。

③ 能辨别一些触觉，如热、凉、长、短等。

④ 能辨别简单的气味，如花香、大便臭、水果味等。

⑤ 能辨别各类味道，如甜味、药的苦味等。

（7）生活教育：认识自己和环境

① 能够认识自己的名字，性别及认识自己的身体部位如眼睛、耳朵等。

② 能够认识自己的老师，能够用手势、声音或者语言表达需要。

③ 能够形成清洁卫生行为，如学着自己洗手、洗脸、洗澡等。

④ 能够理解口头指示，由简单到复杂。

⑤ 能够简单认识自己的日用品，如自己的衣服、杯子、小床等。

⑥ 能够主动认识其他班组的儿童，并能与别的儿童进行沟通游戏等。

第三节 护理管理标准

一、消毒标准

（一）消毒原则

（1）环境及物品日常以清洁为主，预防性消毒为辅，应避免过度消毒，受到污染时随时进行清洁消毒。日常预防性消毒时，在无明确污染的情况下（如：肉眼可见的灰尘、食物残渣等）可采取先消毒后清洗去残留的程序。消毒应在无人环境下进行。

（2）日常预防性清洁消毒主要是物理消毒法和化学消毒法相结合，物理消毒法主要包括日光暴晒、煮沸消毒、蒸汽消毒和紫外线消毒。化学消毒法主要是用一定浓度的含氯消毒剂对物品进行拖拭、擦拭或喷洒。

（3）如发生传染病等，根据该种传染病特定的消毒要求进行消毒。如遇重大特殊疫情，则根据卫健委等专业部门的实时要求制定消毒措施。病区的消毒隔离制度根据卫生行政部门制定的无菌技术操作及消毒隔离规范等要求执行，职工和儿童食堂的卫生消毒根据食药监局相关规定执行。

（4）所使用的消毒药械应符合国家消毒产品相关规定，按照消毒产品管理的消毒药械需有有效消毒产品卫生安全评价报告及备案，并达到相应的卫生要求；未按消毒产品管理的药械，其消毒效果应达到相应的卫生要求。

（5）配置和使用含氯消毒剂时，应做好个人防护，如戴手套、戴口罩，并确保足够的通风；摘除手套和脱卸个人防护用品后应及时彻底清洗双手。消毒剂应现配现用，如配置大量消毒剂，每次使用前应搅拌均匀后使用。

（二）常用消毒方法

1. 物理消毒法

（1）日光曝晒

适用对象：常用于毛绒玩具、床垫、毛毯、被褥、书籍等用品的日常消毒。

消毒方法：将用品完全暴露在阳光下暴晒4—6小时。

注意事项：定时翻动，使用品各面均能得到照射。

（2）蒸汽消毒

适用对象：适用于餐饮具、奶瓶、毛巾等耐热耐湿用品的消毒。

消毒方法：利用蒸汽消毒箱使水沸腾后产生水蒸气，流通蒸汽温度为100℃，作用20—30分钟。

注意事项：消毒作用时间应从水沸腾后有蒸汽产生时算起。消毒物品应清洁干燥，垂直放置，物品之间留有一定空隙。

（3）紫外线消毒

适用对象：适用于室内空气和物体表面的消毒。

消毒方法：采用紫外线杀菌灯消毒，应在室内无人状态下，采用悬吊式或移动式紫外线灯直接照射消毒，照射时间≥30分钟。

注意事项：应保持紫外线灯表面清洁，每周用75%乙醇布巾擦拭一次，发现灯管表面有灰尘、油污等时，应随时擦拭。用紫外线消毒室内空气时，房间内应保持清洁干燥。当温度低于20℃或高于40℃、相对湿度大于60%时，应适当延长照射时间。采用紫外线消毒物体表面时，应使消毒物品表面充分暴露于紫外线。

2. 化学消毒法

常用的化学消毒方法有擦拭（拖拭）消毒、浸泡消毒、喷洒消毒。

（1）适用对象

擦拭（拖拭）消毒适用于地面、墙面、桌面和耐湿物品表面的消毒；浸泡消毒适用于耐湿小件物品的消毒，如牙刷、玩具等用具的消毒；喷洒消毒适用于地面、墙面、桌面和其他物体表面的消毒；喷雾消毒适用于室内空气、集中式空调风管的消毒。

（2）操作要点

① 擦（拖）拭消毒：将消毒剂用自来水充分溶解或稀释成使用浓度，用干净抹（拖）布沾湿后，对物体表面进行擦（拖）拭，保持表面湿润并作用至规定时间。

② 浸泡消毒：将消毒剂用自来水充分溶解或稀释成使用浓度，将需消毒的物品完全浸没在消毒液中，作用至规定时间。

③ 喷洒消毒：将消毒剂用自来水充分溶解或稀释成使用浓度，使用常量喷雾器进行喷洒，作用至规定时间。

（3）注意事项

① 使用合法、有效的消毒产品。

② 消毒剂含量应按照消毒剂量的要求准确配置。

③ 消毒剂作用时间应符合相关要求。

④ 注意消毒剂的氧化性、漂白性、腐蚀性对消毒物品的影响。

⑤ 物品消毒前应清洗干净，消毒后应将残余消毒剂冲洗、擦拭干净。

⑥ 采取必要的个人防护措施（配置和使用消毒剂时需戴好口罩和手套）。

（三）常用消毒剂配制方法

1. 消毒片配制消毒液

根据目标作用浓度和容积，确定消毒片和水的投放量，配制消毒液。

（1）计算公式

所需消毒剂片数 = 拟配消毒液浓度（mg/L）× 拟配消毒液量（L）/ 消毒剂有效含量（mg/ 片）

（2）举例

例如：拟配 1 升含氯消毒液，浓度为 500 mg/L，所用消毒片有效氯含量为 250 mg/ 片，需加几片消毒片？

所需消毒剂片数 = 500（mg/L）×1 L/250（mg/片）=2 片

2. 消毒粉配制消毒液

（1）计算公式

所需消毒粉剂质量（g）=［拟配消毒液浓度（mg/L）× 拟配消毒液量（L）/1000］/ 消毒剂有效含量（%）

（2）举例

例如：拟配 1 L 含氯消毒液，浓度为 500 mg/L，所用消毒粉剂有效氯含量为 15%，需加几克消毒剂？

所需消毒粉剂质量（g）=［500（mg/L）×1 L/1000］/15% ≈ 3.33 g

（四）生活园区日常预防性消毒对象与方法

1. 空气消毒

（1）开窗通风：各生活园区每日开窗通风至少两次，时间在晨间护理、午睡后，每次至少 30 分钟，保持居室空气流通。

（2）紫外线消毒：居室、活动室及浴室每日紫外线照射消毒 30 分钟。

2. 地面消毒

公共部位如走廊、楼梯等地面无明显污渍时，用清水拖拭清洁，每日 1—2 次；地面有明显污渍时，随时清洁。当地面受到血液、体液、排泄物、呕吐物或分泌物污染时，清除污染物后，及时用 500 mg/L 的含氯消毒液拖拭消毒。儿童居室、活动室、浴室及盥洗室的地面每天用 500 mg/L 含氯消毒液拖地，每日一次。

3. 一般物体表面消毒

经常使用或触摸的物体表面，如门窗把手、扶手、台面、桌椅、水龙头、洗手池、卫生间洁具等部位，用 500 mg/L 的含氯消毒液擦拭或喷洒消毒，每日两次。消毒顺序为先上后下，先左后右依次进行擦拭或喷洒。

4. 生活园区常用物品消毒

（1）每次用餐前用 500 mg/L 含氯消毒液擦拭桌面，需用清水再次清洁。

（2）牙刷在用过后置于 500 mg/L 含氯消毒液中 30 分钟，取出用清水冲洗干净、备用。

（3）儿童玩具每日用 500 mg/L 含氯消毒液浸泡 30 分钟，取出用清水冲洗干净、备用，每日一次。

（4）儿童餐具（含奶瓶、奶嘴）、毛巾、茶杯均为一人一套，一用一消毒，消毒方法为洗净后送后勤进行蒸汽消毒。

（5）儿童被褥应一人一套，一般情况每周清洗一次，一旦被分泌物、呕吐物污染后则及时送洗。保证每两周日光暴晒一次。

（6）拖把、抹布每天使用后用 500 mg/L 含氯消毒液浸泡 30 分钟，取出清洗后晾干备用。

（7）体温表的消毒：用后的体温表将污物擦净，置于第一道的 2000 mg/L 含氯消毒液中浸泡 5 分钟后取出，冲洗擦干甩至 35 ℃以下，再置于第二道 2000 mg/L 含氯消毒液中浸泡 30 分钟，最后取出用清水冲洗、擦干、备用。

（五）呼吸道传染病消毒对象与方法

1. 班组内儿童出现呼吸道疾病症状时的消毒

（1）空气消毒

① 开窗通风：班组有儿童出现呼吸道疾病症状时（如发热、咳嗽等症状），应开窗通风，保持室内空气流通，至少开窗通风 60 分钟。在呼吸道疾病高发季节根据天气情况每日开窗通风至少 4 次，每次不少于 30 分钟。

② 紫外线消毒：居室、活动室及浴室每日紫外线照射消毒 30 分钟。

③ 空气喷洒消毒：儿童居室、活动室、浴室及盥洗室每日用 500 mg/L 的含氯消毒液或次氯酸水进行空气喷洒，每日两次。

（2）地面消毒：对儿童居室、活动室、浴室、盥洗室及公共部位如走廊、楼梯等地面用 1000 mg/L 的含氯消毒液拖地，每日两次。

（3）对患病儿童使用过的物品及周围环境进行消毒。儿童的衣物、被褥、尿布等置于 2000 mg/L 含氯消毒液中浸泡 30 分钟后方可送洗。儿童的毛巾、餐具等用具送后勤进行蒸汽消毒，作用 30—40 分钟。

患病儿童的日常护理操作均安排在每项操作的最后进行。

（六）园区出现班组聚集性发病的加强处置措施

若一个班组出现聚集性发病情况，应严格执行传染病隔离制度，首先采取终末消毒，同时加强日常消毒措施。终末消毒重点包括发生聚集性发病班组的空气、桌椅、床围栏、墙面、地面、门把手等物体表面及儿童水杯、毛巾等物品。

在做好各项消毒工作的基础上，还需做好有聚集性发病的班组和无发病班组的隔离措施，具体如下：

（1）在班组门口张贴隔离班组标识。

（2）居室门口使用消毒门垫，含氯消毒液浓度为 2000 mg/L。

（3）加强对疫情班组周边公共区域的消毒。

（4）需送后勤清洗、蒸汽消毒的衣物、被褥和用具单独运送，和无发病班组分开，安排在最后清洗、消毒。

（七）肠道和接触传播传染病消毒对象与方法

1. 班组内儿童出现肠道疾病症状时的消毒

（1）空气消毒

① 开窗通风：班组有儿童出现肠道疾病症状时（如呕吐、腹泻等症状），应开窗通风，保持室内空气流通，至少开窗通风 60 分钟。每日开窗通风至少 4 次，每次不少于 30 分钟。

② 紫外线消毒：居室、活动室及浴室每日紫外线照射消毒 30 分钟。

③ 空气喷洒消毒：儿童居室、活动室、浴室及盥洗室每日用 500 mg/L 的含氯消毒液或次氯酸水进行空气喷洒，每日两次。

④ 地面消毒：对儿童居室、活动室、浴室、盥洗室及公共部位如走廊、楼梯等地面用 1000 mg/L 的含氯消毒液拖地，每日两次。

（2）患病儿童的呕吐物、排泄物、分泌物的消毒处理注意事项

①及时清理患病儿童的呕吐物、排泄物和分泌物；患病儿童发生呕吐后，应及时疏散其他儿童；工作人员在对呕吐物、排泄物、分泌物处理前，需穿戴好个人防护用品（如口罩、手套、隔离衣等）。

②对于马桶、便池或洗手池内的呕吐物、排泄物，先用含氯消毒粉均匀地洒在上面（包括周边，马桶需盖上马桶盖），作用30分钟后用水冲去；冲掉呕吐物、排泄物后，再用5000—10000 mg/L含氯消毒液浸泡（马桶需盖上马桶盖），作用30分钟后用水冲去。

③对于地上的呕吐物、排泄物，先用含氯消毒粉均匀地洒在上面，作用30分钟后用一次性抹布（使用前可放入1000 mg/L含氯消毒液浸泡）覆盖包裹呕吐物，在穿戴好口罩、手套和隔离衣的情况下将包裹有呕吐物的一次性抹布丢入废物袋，然后用1000 mg/L含氯消毒液擦（拖）拭可能接触到呕吐物的物体表面及其周围，消毒范围为呕吐物周围2米，需擦（拖）拭2遍。擦（拖）拭后，桌面等表面还需用清水去除消毒液残留。

（3）被污染过的患病儿童的衣物、被褥、尿布的消毒处理：应置于5000 mg/L含氯消毒液中浸泡30分钟后方可送洗。儿童的毛巾、餐具等用具清洗后送后勤蒸汽消毒，作用30—40分钟。

（4）患病儿童使用的盛排泄物、呕吐物容器的消毒处理：置于5000 mg/L含氯消毒液中至少15分钟，浸泡时消毒液需漫过容器，浸泡后洗净、晾干备用。

（5）清洁中使用的拖把、抹布等工具的消毒处理：置于5000 mg/L含氯消毒液中浸泡至少30分钟，浸泡后洗净、晾干备用。

（6）患病儿童的日常护理操作均安排在每项操作的最后进行。

（八）园区出现班组聚集性发病的加强处置措施

若一个班组出现聚集性发病情况，应严格执行传染病隔离制度，首先采取终末消毒，同时加强日常消毒措施。终末消毒重点包括发生聚集性发病班组的空气、桌椅、床围栏、墙面、地面、门把手等物体表面及儿童水杯、毛巾等物品。

在做好各项消毒工作的基础上，还需做好有聚集性发病的班组和无发病班组的隔离措施，具体如下：

（1）在班组门口张贴隔离班组标识。

（2）居室门口使用消毒门垫，含氯消毒液浓度为 2000 mg/L。

（3）加强对疫情班组周边公共区域的消毒。

（4）需送后勤清洗、蒸汽消毒的衣物、被褥和用具单独运送，和无发病班组分开，安排在最后清洗、消毒。

（九）工作人员防护措施

（1）进入岗位前先洗手，更换工作服方可上岗，传染病流行期间须佩戴口罩。每项操作前后均要洗手。

（2）上班时间不要擅离工作岗位，休息时间的活动范围仅限本园区或本班组。

（3）一旦身体出现不适，自觉地告知部门主管。

（4）在传染病防控期间上岗前主动接受体温检测，若超过卫健委疫情诊疗方案中的正常体温规定，自行至医院就诊做进一步检测。

（5）掌握正确的洗手方法：用肥皂或抗菌洗手液在流动水下进行七步洗手。

（6）口罩的佩戴及处置方法：① 覆盖口鼻，将口罩两侧耳带挂在耳朵上。② 将鼻梁条按鼻形固定，以防止空气进入。③ 将口罩拉至下颌处，立即呈现立体呼吸空间。④ 摘下口罩时不要触碰口罩外侧面，折叠后作为干垃圾处理。

二、传染病（疑似）防控流程

（一）适用范围

在院内发生的各类传染性（疑似）疾病。

（二）传染病防控的基本原则

1. 控制传染源

一旦发现疑似传染病患儿，及时隔离、送外院诊治；儿童、工作人员定期健康检查，定期筛查以及时发现隐性感染者。

2. 切断传播途径

严格执行消毒隔离制度，做好常规性消毒和发生传染病（疑似）后的消毒工作。

3. 保护易感人群

提高儿童自身免疫力，除实施计划免疫外，努力改善儿童的营养状态，保证儿童的户外活动时间，提高儿童的免疫功能。

（三）传染病防控措施

儿童福利机构内的儿童体弱多病，加上群居生活，一旦有传染病传入，易造成暴发流行。做好儿童个人卫生和院内消毒隔离工作是预防传染病的关键。

1. 建立健全各项制度

（1）晨检制度：每天由医生、护士、护理员负责对班组内儿童进行询问与观察，要点为：精神状况、发热、卡他症状、皮肤与口腔黏膜出血或皮疹、疱疹、大便次数、性状等。一旦发现患儿出现发热、皮疹、腹泻等症状，立即诊治，必要时由上级医师会诊。

（2）全日健康（医学）观察制度：护理员全天应密切观察所在班级儿童的健康状况，分管医生应每天上、下午各不少于一次对班组儿童健康状况进行询问和观察，一旦发现儿童发热、皮疹、腹泻等症状，立即请医生诊治，疑传染病患儿请上级医师会诊，必要时至外院就诊。

（3）（疑似）传染病报告制度：发现传染病（疑似）患儿后，医生与护理员应立即逐级上报。分管医生→病区主管→医务科→分管院长；护理员→园区主管→护理部→分管院长。

2. 消毒隔离范围

（1）观察（隔离）室、班组（包括：活动室、居室）、盥洗室、营养室等的消毒要求与方法。

（2）各类物品的消毒要求与具体消毒方法。

（3）常规性消毒与发生传染病（疑似）后的消毒要求与具体方法。

（四）个人预防措施

对出现的呼吸道、肠道传染病（疑似），须按呼吸道隔离、接触隔离要求进行设置。

医护人员、护理员等直接接触儿童的工作人员在下列情况下应及时洗手：

（1）打喷嚏及咳嗽时用手巾或餐巾纸掩住口及鼻。

（2）上厕所后。

（3）处理食物、烹调或分派食物前。

（4）为每位孤残儿童更换尿布后。

（5）为每位孤残儿童清理呼吸道分泌物后。

（6）为每位孤残处理排泄物或其他体液污染的物品后。

（7）其他所有护理程序前后。

（8）照顾每位儿童及每次操作完毕脱下手套后。

（五）环境卫生预防措施

由于病毒、细菌可在环境中存活一段时间，所以对经呼吸道传播、接触传播的传染病，做好环境卫生可大大减少传染病的发病率。具体措施是：

（1）经常打开窗户，保持室内空气流通。

（2）做好常规性消毒，如桌椅、床架、围栏、水龙头、开关、门把手、玩具、所有地面、厕所和更衣室或浴室等。

（六）食品饮水卫生预防措施

按照食品与饮水的法规要求，做好食品饮水安全卫生工作，教育儿童不喝生水、不吃生冷食物。做好配奶间、儿童食堂的食品验收、日常消毒和餐饮具消毒工作。

（七）工作人员防控要点

（1）上班进入岗位前先洗手，更换工作衣。

（2）掌握正确的洗手方法。

（3）进入食堂就餐前，更换工作衣。

（4）上、下班不串岗。

（5）身体不适时，自觉地告知病区主任、护士长，必要时戴口罩后再护理儿童。

（6）擦拭消毒时戴好手套。

（7）医生查房、护士发药时，先去未发生传染病的班组，再到医学观察组，最后到疑似患儿隔离区。

（8）在医学观察组、疑似患儿隔离区进行查房、发药时，若接触到儿童，必须接触一人洗一次手。

（9）工作人员在医学观察组、疑似患儿隔离区工作时，做好个人防护。

（八）宣传和培训

（1）每两月一次开展传染病防控工作的宣教。

（2）经常进行传染病基本常识、防治工作要点的培训，增强职工传染病防治意识。

（3）出现传染病（疑似）时，及时召开全院员工会议，布置和落实传染病（疑似）防控措施。

三、传染病防控标准—儿童管理

（一）院内儿童管理

（1）查房制度。医生每日至少二次查房，护理员应如实反映儿童情况，医生做好体检，及时发现、及时隔离、及时治疗可疑儿童。

（2）在院儿童监测。在院儿童无特殊情况每年检查一次肝功能和乙肝表面抗原；原为肝炎病毒携带者，每半年检查一次肝功能和肝炎免疫指标；其他传染病（如 HIV 阳性）患儿须根据区疾控中心要求复查有关免疫指标，观察病情进展，必要时联系区疾控中心或传染病医院治疗。

（3）信息通报制度。发现传染病必须及时通报医务科、护理部，以便其了解情况，及时采取必要措施。报告流程见图2-3-1。

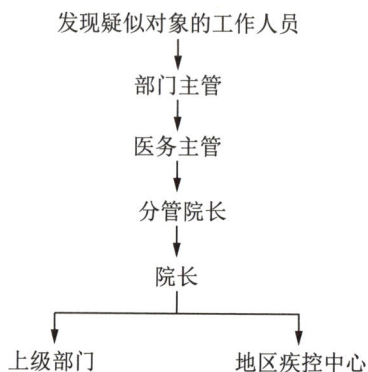

发现疑似对象的工作人员

↓

部门主管

↓

医务主管

↓

分管院长

↓

院长

↓　　　　　　　↓

上级部门　　　　　地区疾控中心

图 2-3-1　报告流程

（4）免疫预防工作。按照计划免疫接种和补种程序做好预防接种。

（二）离院儿童管理

儿童因收养、足龄转院等情况离院前，必须有近3个月内的肝功能和乙肝表面抗原检查结果，无异常方可离院。

（三）回院儿童管理

儿童因寄养等原因在院外时间超过3个月者，回院前必须完成肝功能和乙肝表面抗原检查，确认正常后方可回院。

第四节　意外防范标准

一、常见意外的防范及应急处置

（一）烫伤

婴幼儿烫伤多为热水烫伤，另外热粥、热汤的烫伤也不少见，如不及时抢救，可能危及生命。一旦发生烫伤后应立即进行现场急救。

1．预防措施

（1）加强安全教育，教育儿童不要玩火，远离不安全的地方。

（2）盥洗沐浴：操作前控制好水温，用手腕完全浸入水中搅动水面至少3秒钟，小婴儿避免流水操作，工作人员不得离开操作台和儿童。

（3）饮食供应：喂奶前将1—2滴乳液滴在手背上，以不烫为宜。喂奶糕、营养粥、饭时，可使用搅拌散热、逐层喂食的方法防止烫伤。给水或喂水时，操作前准备好温水方可进入班组内。

（4）高温食物放在儿童不易触及的地方。

2．现场应急措施

（1）使儿童快速脱离热源，立即用水冷却烫伤部位约10分钟。如为全身烫伤，直接用冷水冲浇，不需脱下衣服。

（2）将儿童安置在安静、清洁的房间，查看儿童全身情况，有无休克、昏迷现象，查看烫伤的部位、范围、估计烫伤的程度。

（3）立即根据意外伤害报告流程进行上报，协助安排儿童送外院治疗。

（二）跌跤

1．预防措施

（1）儿童居室的窗户、楼梯阳台、睡床等应置有栏杆，防止发生坠床或跌伤事件。

（2）室外大型玩具应定期检查，及时维修。

（3）带领儿童外出或上下楼梯时，注意搀扶。

（4）对于大龄、行动不便及精神异常的儿童进行洗澡操作时，浴室地面应放置防滑垫防止儿童跌倒。

（5）对于行为异常、行动不便、学步车内的儿童，在康复活动锻炼时应加强看护力度，确保儿童在当班人员的视线范围内，防止意外摔跤受伤。

（6）加强管理，杜绝儿童之间伤害和自伤行为发生。

2. 现场应急措施

儿童一旦跌伤后，首先查看跌伤的部位、局部情况、全身情况及有无伴随症状，同时立即报告部门或值班医生，准确描述儿童跌跤的真实情况，便于医生的及时诊治。根据儿童实际情况协助送外院就诊，做好相关交班记录。

（三）鼻出血

又称鼻衄，多因鼻腔局部病变（如急慢性鼻炎、鼻窦炎）或气候干燥、气温骤变、挖鼻孔、跌倒撞伤鼻子等引起。

1. 预防措施

（1）培养儿童养成良好的习惯，遇鼻痒时切忌抠挖，应剪短指甲。

（2）饮食上注意多喝水，必要时可服用适量维生素类药物。

（3）根据气候及时调整衣物，防治感冒和其他呼吸道疾病。

（4）加强看护，控制儿童剧烈活动，避免鼻外伤。

2. 现场应急措施

（1）让儿童放松，引导儿童做缓慢的深呼吸。

（2）头部保持直立或稍向前倾的姿势，忌仰卧，忌用纸卷、棉花乱塞，防止血液流入口腔，指导儿童把流入口的血液尽量吐出，注意保持呼吸道通畅。

（3）用手紧压流血鼻翼上方约4—5分钟，还可以冷敷额部、颈部和枕部。

（4）如果压迫超过10分钟仍未止血，立即就医。

（四）窒息

1. 预防措施

（1）看护儿童时，儿童的玩耍活动均应在看护人员的视线范围内进行。儿童玩耍的玩具体积不能过小，杜绝将锐利、带有毒性物品拿与儿童。儿童就寝后，加强巡视观察，发现婴儿被褥包裹过严、被褥不慎将脸部全部遮盖等现象要及时处理。对易发生意外的隐患应有预见性。

（2）儿童在进餐时，切勿惊吓、逗乐、责骂，以免儿童将食物吸入气管。分餐时，当遇有鱼刺、骨等食物时，应撕给或去骨后喂给婴幼儿。

（3）进行喂食时，对婴儿及不能独坐的脑瘫儿童应抱起喂食，垫高其头部使颌部向下，切不可让其平躺进食。

（4）培养儿童良好的饮食习惯，细嚼慢咽，以免将鱼刺或果核吞入。

（5）对于喂奶完毕的婴儿，应轻拍背数次以防止回奶现象发生。

2. 现场应急措施

（1）婴幼儿异物吸入应急处置流程：当婴幼儿发生异物吸入后，出现呼吸困难、表情痛苦、不能言语、颜面青紫、V字手型等情况，护理员应立即将儿童衣领解开，根据年龄实施应急措施。一岁以内婴儿如果发生窒息，施救者应先将婴儿面朝下放置在手臂上，手臂贴着前胸，大拇指和其余四指分别卡在下颌骨位置，另一只手在婴儿背上肩胛骨中间拍5次，然后观察异物有没有被吐出。如果没有吐出，立刻将婴儿翻过来，头冲下脚冲上，面对面放置在大腿上，一手固定在婴儿头颈位置，一手伸出食指中指，快速压迫婴儿胸廓中间位置，重复五次之后将孩子翻过来重复步骤一，直至将异物排出为止。一岁以上儿童若发生窒息，施救者站或跪在被救者身后，两手臂从身后绕过伸到肚脐与肋骨中间的地方，一手握成拳，另一手包住拳头，然后快速有力地向内上方冲击，直至将异物排出。

（2）婴幼儿溢奶呛咳应急处置流程：发生溢奶呛咳→将婴儿头侧

向一侧、解开衣领→用毛巾或口腔清洁纱布缠手指清除口腔内液体→拍背：提及婴儿双足，取头低足高位，手掌拍击婴儿背部→再用毛巾或口腔清洁纱布缠手指清除口腔内液体，用棉签清理婴儿鼻孔内液体→保持呼吸道通畅。

婴儿一旦哭闹，说明处置有效。

二、中毒的防范及应急处置标准

儿童福利机构为集体养育模式，特别要注意急性中毒包括食物、药物中毒等。

1. 食物中毒的预防措施

（1）防止细菌对餐具的污染：每餐后应清洗并煮沸消毒餐具，对已消毒餐具放置时要加盖，同时做好防蚊蝇措施。

（2）对需要隔顿储存的食物要做好低温存放，夏季食品、奶制品应杜绝隔顿现象。

（3）儿童用餐前工作人员的手部应彻底清洗，儿童餐具的煮沸消毒及桌面的擦拭消毒，是杜绝病从口入的重要环节，同时做好护理人员每年的健康体检工作。

2. 药物中毒的预防措施

（1）一切药品及有毒性物品应妥善保存，禁止儿童接触，大龄儿童班组应做好上锁工作，钥匙由护理人员每班交接。

（2）服药前认真核对标签、用量、服法，对变质、标签不清的药物切勿服用。

（3）组织落实对儿童的卫生宣教工作，告知儿童药品的危险性及危害性。

（4）加强对儿童的看护，使儿童远离危险。

3. 中毒的应急措施

排出食入的毒物，用匙柄或手指刺激儿童的咽部，使其发生反射性呕吐，将胃内的食物吐出，将残留的食品或药品妥善保存，并送相关部门进行检验。

第五节　护理人员每日工作流程

一、早班／日班保育员操作流程（6:00—16:30）

时　间	工作内容	工　作　要　求
6:00—7:00	接班 儿童起床 早餐 消毒工作	接班：准时、清点人数，特殊儿童床边交班。 起床：儿童穿着适时合体。 早餐：餐前消毒桌面、按量给足无遗漏。 餐后清洗餐具后送后勤进行蒸汽消毒。
7:00—7:30	工作人员就餐	轮流进餐。
7:30—9:15	晨间护理 服药 送儿童读书	晨间护理：7:30准备洗澡所需物品；8:00洗澡、口腔护理；整理居室、床单位，按时喂奶、喂蛋，晨间护理后喂水（日班8:00到岗，协助早班完成）。 服药：早班提前准备好温开水、调羹、餐巾纸等物品，协助护士核对姓名完成服药工作。 8:30日班送儿童读书。
9:15—10:00	儿童活动	早班和日班按康复、教育、保育计划要求组织儿童活动。
10:00—11:20	儿童午餐 午睡	午餐：10:00消毒桌面；10:15喂奶糕；10:30喂粥、烂饭；11:00小婴儿喂牛奶。 午睡：换尿布，安排儿童就寝。 （以上均由早班、日班共同完成）
11:20—11:40	午餐	早班午餐，日班巡视。
11:40—13:30	巡视	早班观察儿童午睡情况，遇事及时处理。
13:30—14:30	儿童起床 吃水果、点心 服药	换尿布、穿戴整齐。 14:00喂牛奶，吃点心。 服药：提前准备好温开水、调羹、餐巾纸等物品，协助护士核对姓名完成服药工作。 （以上均由早班、日班共同完成，早班13:00到岗）
14:30—15:30	儿童活动 书写交班簿	按要求活动，对于口渴儿童可喂水。 14:00日班送儿童至教室。 15:00早班书写交班记录。
15:30—16:15	餐前准备 儿童晚餐	为儿童换尿布，餐前消毒桌面。 16：00喂奶糕。 （以上均由早班、日班共同完成）

二、中班保育员操作流程（16:00—20:00）

时　　间	工作内容	工　作　要　求
16:00—17:30	接班 儿童晚餐 消毒工作	接班：清点人数，对特殊儿童床边交班。 16:30 喂粥、烂饭，17:00 喂牛奶。 餐具、毛巾洗净后送后勤进行蒸汽消毒。
17:30—18:00	工作人员就餐	轮流进餐。
18:00—19:00	儿童活动 消毒工作	儿童活动时加强安全防范意识。 消毒工作：玩具学步车的消毒工作。
19:00—20:00	儿童就寝	换尿布、服药、清洁室内环境、拖地板。 19:30 喂牛奶、帮助儿童就寝。 书写交班记录。

三、夜班保育员操作流程（16:00—8:00）

时　　间	工作内容	工　作　要　求
16:00—17:30	儿童晚餐	协助中班完成儿童的晚餐工作。
17:30—18:00	工作人员就餐	轮流进餐。
18:00—19:00	儿童自由活动	儿童活动时加强安全防范意识。
19:00—20:00	儿童就寝	协助中班完成换尿布、喂奶、服药、儿童就寝工作。
20:00	接班	清点人数，对特殊儿童床边交班。
20:00—6:00	居室内巡视 事务工作	观察儿童就寝时的情况，发现状况及时处理或通知值班医生。 事务工作：整理衣橱，22:00 换尿布、24:00换尿布、喂备用奶，小婴儿尿布湿了随时更换，4:30 换尿布，5:00 喂牛奶。
6:00—7:00	儿童起床、早餐	协助早班完成儿童起床及用餐工作。 书写交班记录。
7:00—7:30	工作人员就餐	轮流进餐。
7:30—8:00	巡视	在居室内照看儿童。

第三章　精准式康复

第一节　特殊儿童康复需求筛查标准

一、特殊儿童的康复需求特点

（一）特殊儿童的基本概念

广义的理解，特殊儿童是指与正常儿童在各方面有显著差异的各类儿童，既包括发展上低于正常的儿童，也包括高于正常发展的儿童。狭义的理解，特殊儿童是指残疾儿童，即身心发展上有各种缺陷的儿童，包括智力残疾、肢体残疾、言语障碍、精神残疾、社交功能障碍、听力残疾、视力残疾、多重残疾等类型。

智力残疾是指智力显著低于一般人水平，并伴有适应行为的障碍。发展商（DQ）（0—6岁）55—75、智商（IQ）（7岁以上）50—69、适应性行为（AB）轻度、（WHO-DAS）52—95分者，即为智力残疾。

肢体残疾是指人体运动系统的结构、功能损伤，造成四肢残缺或四肢、躯干麻痹、畸形等而致人体运动功能不同程度的丧失、使活动受限或参与局限，即为肢体残疾。

言语残疾是指由于各种原因导致的不同程度的言语残疾，不能或难以进行正常的言语交流活动。具体地说，能进行简单会话，但用较长句或长篇表达困难。语言清晰度在46%—65%之间，即为言语残疾。

听力残疾是指由于各种原因导致双耳不同程度的永久性听力障碍，听不到或听不清周围环境声及言语声，以致影响日常生活和社会参与。

视力残疾是指由于各种原因导致双眼视力低下并且不能矫正或视野缩小，以致影响日常生活与社会参与。

精神残疾是指各类精神障碍持续一年以上未痊愈，由于病人的认知、情感和行为障碍，影响其日常生活和社会参与。

多重残疾是指存在两种或两种以上残疾。

（二）各类特殊儿童的特点与康复需求

根据儿童福利机构的残疾儿童的构成情况，主要包括智力残疾、肢体残疾、言语障碍、听力障碍、视力障碍、精神障碍这几种类型的残疾儿童的特点与康复需求。

1. 智力残疾儿童的特点与康复需求

（1）智力残疾儿童各领域发展起点低，发展速度慢，最终达到的水平低。其康复需求在不同的年龄段也不尽相同，在学龄前期康复主要针对儿童某一项单一技能的训练，学龄期康复主要让儿童适应集体、适应课堂、适应社会生活。

（2）大肌肉运动和精细运动均比正常儿童晚。康复训练内容包括全身运动、身体平衡、手抓握物体、手指对捏、握笔能力以及手眼协调能力等。

（3）语言理解和表达能力都弱，伴有发音不准、吐字不清等构音障碍。康复训练内容包括语言理解能力、语言表达能力。

（4）认知水平低，抽象思维能力弱。康复训练内容包括提升认知能力，增加生活常识，包括认识颜色、形状、自然常识，认识自己及周围的人和事，认识用品和环境。

（5）社会适应能力弱、与人交往技能弱。康复训练内容包括对别人简单指令的理解，能用声音、姿势和语言来表达自己的要求和愿望，能与人互动、游戏。

（6）生活自理能力弱、卫生习惯未形成。康复训练内容包括进食、如厕、个人卫生、睡眠和安全等方面。

2. 肢体残疾儿童的特点与康复需求

（1）造成儿童肢体残疾的原因有脑瘫、脊髓疾病、四肢缺损或畸形等，不同的疾病导致的肢体残疾的严重程度不同，康复训练的内容也不尽相同。

（2）脑瘫儿童的特点是运动发育落后、主动运动减少，肌张力异常，姿势异常，反射异常。对脑瘫儿童来说，康复的目标是增加和改善功能，防止挛缩和畸形。

（3）适当地使用矫形器及辅助器具来代偿儿童已丧失或减弱的功能，改善日常生活的能力。

（4）除了运动功能异常外，多数脑瘫儿童还伴有其他各种问题，如学习困难、视觉损害、语言障碍、癫痫、心理行为异常、饮食困难、流涎、牙齿问题、直肠和膀胱问题、感染问题等。

3. 言语障碍儿童的特点与康复需求

（1）言语障碍分为构音障碍、语音障碍、语流障碍和语言障碍4种类型，根据不同的症状安排训练内容。

（2）一般来说，言语障碍儿童的身体发育比较正常，他们在身高、体重、动作协调等方面与正常儿童没有明显差异。某些因发音器官异常（如唇腭裂）、脑瘫、听觉障碍等因素而造成的言语障碍儿童，除语言问题外，还可能在视觉、听觉、运动、智力等方面出现障碍或问题。除了安排语言训练外，可以针对性地安排其他训练。

4. 听力残疾儿童的特点与康复需求

（1）听障儿童的身体状况基本是常态的，但是由于听觉上的限制，使得听障儿童参加有利于身体发展的一些活动受限，从而或多或少地影响他们的身体发育。

（2）听障儿童由于听觉方面的损伤，他们的视觉功能会在某种程度上补偿听觉功能。视觉会更敏锐、更清晰、更完整、更接近实物。有研究表明听障儿童在知觉细节上要优于普通学生。而且听障学生读唇能力特别强。

（3）听觉障碍影响了知觉的完整性，听障儿童很难形成对有声事物的完整感知、很难利用声音识别物体的某些特性、很难利用声音进行定向。

（4）听障儿童宜尽早进行人工耳蜗植入或通过佩戴助听器达到听力补偿，经过一定的专业训练，是可以慢慢学会说话的。

5. 视力障碍儿童的特点与康复需求

（1）视力缺陷给视障儿童的活动带来影响，进一步影响其身心发展，主要表现在感知觉、注意力、思维能力、语言、智力、个性等方面。

（2）部分视障儿童有残余视力，通过适当的残余视觉训练，可以学习文字，促进身心发展、知识增长和社会适应。

（3）视障儿童的听觉注意力和听觉记忆力比正常儿童灵敏。视障儿童在生活中还大量依赖触摸觉和嗅觉。

二、特殊儿童的康复评估

（一）康复评估的意义

评估是康复工作中一项重要的手段。康复对象主要是残疾人或有功能障碍者，康复的目的是最大限度地恢复其功能，因此康复评估并不是寻找疾病的原因或诊断，而是客观、准确地评定功能障碍的性质、部位、范围、严重程度、发展趋势、预后和转归等，为制订康复计划提供依据。

康复评估包括收集儿童相关资料、检查与测量功能障碍，对结果进行比较、分析、解释。通过评估能够发现和确定儿童当前存在的障碍水平以及儿童的潜在能力，为制订明确的康复目标和康复计划提供依据。

（二）康复评估的内容

（1）体格发育的评估：包括体重、身高、头围、胸围、上臂围、骨骼、牙齿、皮褶厚度、BMI 等。

（2）运动功能发育的评估：包括运用格塞尔发育量表（Gesell developmental schedules）、贝利婴幼儿发育量表（BSID）、粗大运动评定量表（GMFM）、Peabody 运动发育量表（PDMS）等判断儿童的发育水平。

（3）肌张力与关节活动度评估：包括痉挛评定、肌肉软硬度评定、关节活动度评定等。

（4）协调功能评估：包括共济运动、不随意运动检查等。

（5）反射评估：包括原始反射、立直反射、平衡反射、保护性伸展反射等。

（6）肌力评估：使用Lovett六级评定法评定肌力。

（7）感觉障碍评估：包括感觉统合评估、视觉、听觉等。

（8）日常生活活动能力评估：包括进食、排大小便、个人卫生动作、移位、行走等。

（9）言语功能评估：主要进行构音障碍评估和语言发育迟缓评估。

（10）智能评估：包括智能发育顺序及程度评估、适应行为评估等。

（11）其他评估：神经电生理学评定、心肺功能评定、代谢和有氧活动能力测定。

（三）各类特殊儿童的康复评估

1. 脑瘫儿童的康复评估

（1）脑瘫儿童的康复评估原则

① 把脑瘫儿童看成是一个整体来进行全面的评估，不仅评估运动功能障碍情况，而且要评估感觉、言语语言、智能等方面。

② 不仅评估功能障碍，同时要重视儿童现有能力和潜能。

③ 结合儿童的家庭状况和社区情况进行评估。

（2）脑瘫的评估内容与工具

① 身体状况评估：主要指一般状况和精神状况的评估，精神状况的评估包括韦氏智力量表、丹佛发育量表、贝利婴儿发育量表、格塞尔发育量表、儿童社会适应行为评定量表。

② 反射的评估：临床常检查握持反射、放置反射、踏步反射、觅食反射、拥抱反射、紧张性迷路反射、非对称性紧张性颈反射、对称性紧张性颈反射、巴宾斯基反射。

③ 姿势与运动发育评估：脑瘫的主要问题是姿势和运动障碍。目前最常用的是粗大运动功能评估（GMFM）（图3-1-1）、上肢技能质量评定量表（QUEST）、AHA量表、Peabody运动发育量表、运动年龄评价表（MAT）等。

GMFM 量表

（上海复旦大学附属儿科医院康复中心译制）

A. 卧位与翻身	
1. 仰卧位：头正中位，在四肢保持对称的情况下**旋转头部** 0 不能使头保持在中线 1 保持头于中线 1—3 秒 2 保持头位于中线，转头时四肢不对称 3 完成	位置：头于中线，有可能的话，手臂放松且对称放置。 方法：引导儿童的头从一侧转向另一侧，或跟随物体从一边转至另一边。孩子能在指导下保持手臂不动。或在较小儿童尽力去得到物体的时候，观察其上肢运动是否对称。
2. 仰卧位：双手纠正到中位，**手指相接触** 0 双手没向中线移动 1 双手开始向中线移动 2 手放在身体前面，但不能手指相对 3 完成	位置：头位于中线且手臂放松。 方法：指导孩子将手放在一起或模仿你的示范，较小的孩子常常会将手自发地放在一起，尤其是在注意玩具的时候。"手指相对"指孩子必需保持两手在一起足够长时间，从而迫使手指尖接触对面手的少至一个手或其他手指，但**不可以手握拳而短暂地接触**。
3. 仰卧位：**抬头 45 度** 0 颈部没有开始屈曲 1 颈部开始屈曲，但不抬头，抬不起来 2 抬头小于 45 度 3 完成	位置：头位于中线。 方法：试用小儿感兴趣的玩具来吸引他们，当他们把注意力放在玩具上时，渐渐地将玩具朝他们脚的方向移动并离开他们的视线，希望他们为追逐玩具而试着抬头。也可以假装抱小儿，期望他能抬头。
4. 仰卧位：**右侧髋、膝关节**在全关节范围内屈曲 0 右侧髋、膝关节最初没有屈曲 1 右侧髋、膝关节开始有屈曲 2 局部屈曲右髋、膝关节 3 完成	位置：头位于中线，腿舒适地伸展。 方法：要求大年龄儿童将其膝靠近胸部。小年龄孩子将在玩中自然地完成，指导者拿一只有趣的玩具放在一只或两只脚上，从而诱导小年龄孩子屈髋或膝。全关节范围是指膝触及胸，大腿触及小腿。
5. 仰卧位：**左侧髋、膝关节**在全关节范围内屈曲 0 左侧髋、膝关节最初没有屈曲 1 左侧髋、膝关节开始有屈曲 2 局部屈曲左髋、膝关节 3 完成	同 4
6. 仰卧位：**右上肢过中线抓玩具** 0 没有向中线移动的迹象 1 开始向中线移动 2 伸出右臂，但手不能过中线 3 完成	位置：头位于中线，手臂放松（只要双手不过中线，还在中线上或任何位置都可）。玩具放置与胸部水平，使孩子容易得到且离胸部足够远，从而使其需要伸到空中。 方法：要求孩子去拿放在中线位的一个小玩具，然后逐渐把玩具向孩子的左侧移动，以使孩子的右手越过中线，玩具的位置视孩子的能力而定。
7. 仰卧位：**左上肢过中线抓玩具** 0 没有向中线移动的迹象 1 开始伸手向中线移动 2 伸出左臂，但手不能过中线 3 完成	同 6
8. 仰卧位：**向右侧身成俯卧位** 0 没有翻身的迹象 1 开始翻 2 部分翻，不成俯卧 3 完成	位置：头位于中线，手臂、腿舒适地放松。 方法：大年龄小孩简单地要求翻身至俯卧，小年龄孩子经常朝玩具翻身。如果孩子完全翻身至俯卧，但右手臂仍压在下面，3 分仍可以给予。
9. 仰卧位：**向左翻身成俯卧位** 0 没有翻身的迹象 1 开始翻 2 部分翻，不成俯卧 3 完成	同 8
10. 俯卧位：**竖直抬头** 0 没有抬头的迹象 1 开始抬头，但下巴不能离垫 2 抬头，下巴离垫，不能竖起 3 完成	位置：头在垫子上，手臂、腿舒适地放置（腹部、骨盆必需与垫子接触），头可以面朝下或转向一边。 方法：大小孩可要求其抬头并朝前看。小小孩可以在他们面前放一些玩具或叫他的名字来吸引他们。并不要求头位于正中线。

上海复旦大学附属儿科医院康复中心译制

图 3-1-1 粗大运动功能评估表（节选）

④肌张力评估：肌张力指安静状态下，肌肉所保持紧张状态的程度。肌张力评估可以通过触诊、姿势变换观察、摆动运动和被动运动来进行评估。

⑤肌力评估：常用的检查方法是功能性肌力评估和徒手肌力检查（MMT）。

⑥关节活动范围评估：常用的方法有头部侧向转动试验、臂弹回试验、肩关节伸展度试验、Tomas检查、腘窝角检查、股角检查、牵拉试验、足背屈角检查、跟耳试验等。

⑦感知功能评估：通过感觉统合发展评定量表评估触觉、本体觉、前庭觉等功能，另外可进行视听功能评估。

⑧综合功能评估：常用的评估方法有儿童功能独立性评定量表、残疾儿童能力评定量表等。

2. 言语障碍儿童的康复评估

一个儿童是否有言语、语言障碍要根据其已有的知识经验、所处的语言文化环境以及年龄水平进行综合考察。评估时不光要确定儿童是否有言语和语言问题，还要明确其性质如何，原因何在。简单来说就是区别儿童"会不会说"和"能不能说清"，常用的评估量表有构音障碍评估和语言发育迟缓评估。

（1）构音障碍评估针对儿童"能不能说清"的问题，主要评估儿童发音器官的结构和运动是否有异常，发音是否有遗漏、歪曲和替代。

（2）语言发育迟缓评估针对儿童"会不会说"的问题，主要评估儿童对语言的理解和表达能力。

3. 自闭症儿童的康复评估

（1）自闭症儿童的诊断评估

①诊断应严格按2013年《美国精神障碍诊断与统计手册（第五版）》（DSM-V），或《中国精神障碍分类与诊断标准（第三版）》（CCMD-3）。

②其他筛查量表有孤独症行为量表（ABC）、儿童孤独症评定量表（CARS）、孤独症诊断观察量表（ADOS-G）和孤独症诊断访谈量表修

订版（ADI-R），筛查量表仅有参考意义。

（2）自闭症儿童的训练评估

① 自闭症心理教育评估（PEP-3）。

② 儿童感觉统合能力发展评定量表。

③ 言语功能评估。

三、特殊儿童的康复方案

1. 脑瘫儿童的康复方案

不同年龄段脑瘫儿童处于生长发育的不同阶段，其运动功能、障碍程度、环境状况不尽相同。不同年龄段脑瘫儿童的康复目标和策略也应有所不同。

（1）婴儿期重点是全面促进身心发育，建立正常运动功能、抑制异常运动模式。通过抑制原始反射残存，正向引导感觉运动，建立初级运动功能。以神经发育学技术、感觉运动与感觉整合技术为主。

（2）幼儿期是儿童迅速形成自我运动模式的关键时期，康复的重点是促进运动发育，纠正异常运动模式，同时注意智力、语言、思维、社交功能的平衡发展。

（3）学龄前期的儿童具备了一定程度的主动运动能力，活动范围扩大，主动学习能力增强，为入学做准备。康复训练可以应用生物力学原理，以非固定性支撑或辅助方法促进良好的运动模式与功能，诱导及主动运动训练。

（4）学龄期的主要目标是适应学校环境、学会独立。此阶段从以初级运动学习为重点转向认知与文化学习，康复的重点是学会如何使用辅助用具，增强自理能力和学校学习能力。精细运动和 ADL 更为重要，同时要采取多种措施，防止关节挛缩、脊柱侧弯等继发性损伤的发生和发展。

（5）青春期时，多发生肌肉骨骼的继发性损伤，可以根据具体情况采用辅助支具或手术治疗。康复的重点是提高患者的生活自理能力和职业能力，扩大患者的社会交往范围，使其已获得的功能泛化至正常生活、社交及适当的工作中。

脑瘫儿童的康复治疗包括运动疗法、作业疗法、言语训练、感觉统合训练、教育康复等，综合运用多种康复治疗手段要优于单项治疗。对儿童福利机构来说，康复与生活照料相结合尤为重要，包括矫形器的使用和日常生活护理。

矫形器及辅助器具的应用：常用的矫形器有踝足矫形器、矫形鞋、髋关节矫形器。常用的辅助器具有座椅、轮椅、助行器等。在福利机构中还需要一些与生活护理相关的用具，如转运悬吊装置、沐浴椅、沐浴床、防滑餐垫、吸盘碗、手柄勺；帮助脑瘫儿童改善异常姿势的用具，如分腿器、分指板。

生活护理：生活护理可以增加脑瘫儿童的康复效果，改善肢体运动功能、减少病残率。生活护理中要注意良好的姿势保持以及维持软组织的长度，皮肤黏膜的完整性，预防并发症，防止肌肉萎缩、关节僵硬，解除支具后注意关节被动活动、牵伸跟腱、站立和平衡训练、步态和步行训练等。

2. 自闭症儿童的康复方案

自闭症康复需要综合的康复治疗，目前没有治疗自闭症的特效药，主要需要针对性的康复训练。具体的干预方法有以下几种：

（1）应用行为分析疗法（ABA）通过任务分解，利用强化原理有效地矫正自闭症儿童的不当行为，塑造新行为。

（2）结构化教学（TEACCH）通过有组织、有系统地安排教学环境、材料及程序，让自闭症儿童从中学习。充分利用自闭症儿童的视觉优势特征帮助他们明确学习、活动区域，按照时间程序表来完成任务。

（3）人际关系发展干预（RDI）主要针对自闭症儿童的社交技巧，适用于所有存在人际关系障碍的2岁以上人群。RDI将人际关系发展分为6个水平，共24个阶段，分阶段实施。

（4）感觉统合训练是利用感统器材刺激前庭系统及脑干，给予肌肉关节大量刺激，促进大脑正常分泌，而建立成熟的神经通道。对改善儿童运动协调能力、稳定情绪、提升注意力有明显效果。尤其以前庭觉、触觉、本体觉的训练为重点。

（5）图片交换系统（PECS）主要通过图片沟通工具来提高中重度语言障碍的自闭症儿童主动沟通和社会交往能力，包括由易到难的六个阶段。

（6）社交故事（Social Story）由美国所创，以自闭症儿童的学习特点为依据，按照特定的规则编写短篇故事，并配以图片，通过让儿童听故事、读故事来增进儿童对社交处境的理解。

（7）其他方法：常见的有音乐疗法、沙盘治疗、艺术治疗、地板时光、禁食疗法等。

3. 言语障碍儿童的康复方案

脑瘫、自闭症、唐氏综合征、唇腭裂、运动发育落后的儿童均有可能存在言语障碍的问题。具体表现为语言发展迟缓，理解和表达能力落后于同龄儿童；儿童表达的内容正确但构音不清，别人听不懂。针对不同类型的儿童言语障碍采用的康复方案也不相同。

（1）语言发育迟缓：此类儿童的训练主要针对语言的理解和表达两方面。按照正常语言发展的顺序，逐渐增加儿童的词汇量，通过字、词、句的积累，提高儿童在不同情境下的语言运用能力。在康复过程中应注意创设丰富多彩的语言环境、扩大儿童的生活范围，给儿童提供适当的语言刺激和反馈。

（2）构音障碍：对于发音器官构造缺陷所引起的构音问题需要先通过外科手术进行修补，然后再进行构音训练。对于功能性构音异常可直接矫正。通过呼吸、唇、舌、下颚的功能训练，以及发音矫正来进行。

第二节 康复评估标准及服务流程

一、康复评估标准

1. 新入院儿童康复评估

（1）每月由医务科提供上个月新入院儿童名单，业务科提供转院儿童名单。

（2）拿到名单后1个月内完成康复评估，填写《新入院儿童康复评估表》。

（3）儿童入院后如有院外救治或隔离需要，在救治回院或隔离期满1个月内完成评估。

2. 在训儿童康复评估

（1）对新就诊病人应完成相关项目评估，自闭症儿童可在实际训练3个月内完成PEP或语言能力评估。其他儿童应在1个月内完成相关评估。

（2）按要求完成评估表，评估表保存在儿童档案中。

（3）每次评估有完整影像记录。

（4）6个月后进行复评。

二、康复服务流程

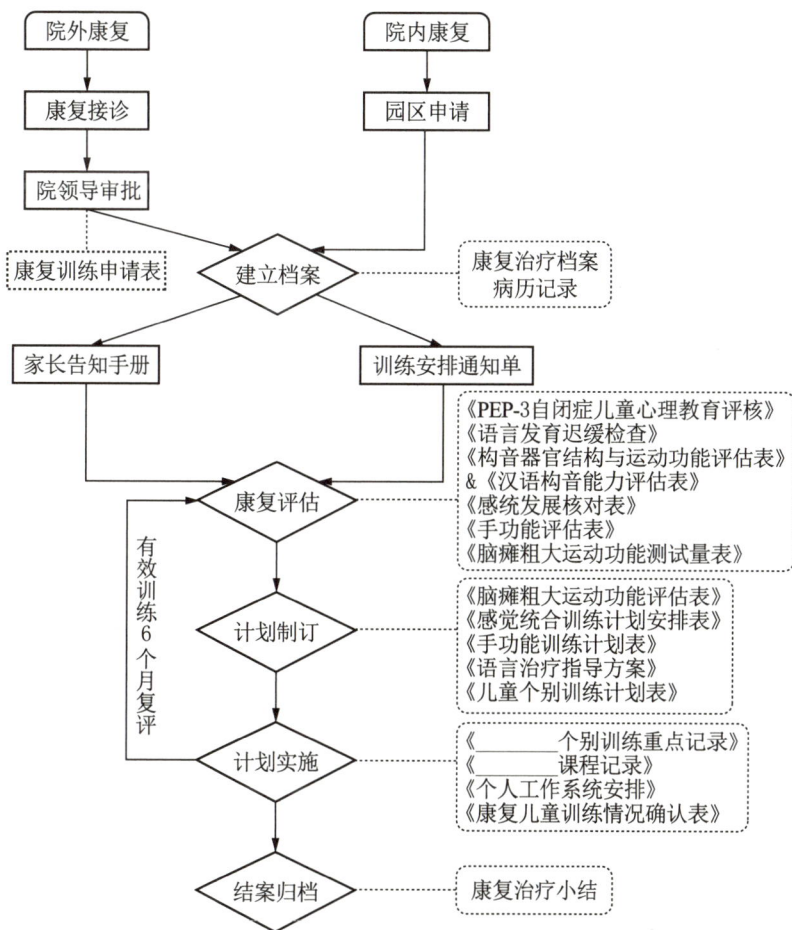

图 3-2-1　康复服务流程图

第四章　全人式教育

第一节　儿童福利机构内全人教育的探索

一、全人教育的理念及发展趋势

全人教育（holistic education），是一种整合以往"以社会为本"与"以人为本"两种教育观点，形成既重视社会价值，又重视人的价值的教育新理念。这是一种理想的教育观念，也是教育家的一种理想追求。全人教育首先是人之为人的教育；其次是传授知识的教育；最后是和谐发展心智，以形成健全人格的教育。就其教育目的而言，全人教育把教育目标定位为：在健全人格的基础上，促进学生的全面发展，让个体生命的潜能得到自由、充分、全面、和谐、持续发展。简言之，全人教育的目的就是培养学生成为有道德、有知识、有能力，和谐发展的"全人"。

全人教育，从时间上看，为终身教育，即幼儿、少年、成年和老年教育；从空间上看，为学校、家庭、社会还有其他各种非正式教育；从认知范围上看，是多元智能的全面发展，即音乐、身体运觉、逻辑数学、语言、空间、人际、自我认知、自然观察、存在智能教育。

在儿童福利机构内倡导全人教育，是因为儿童福利机构不仅仅是把孩子养大，更需要把孩子培育好。儿童福利机构内的儿童应该是心智及体魄等方面得到健全均衡的发展。也就是说，不仅要学到各种知识，更要接受道德与正确的生命价值观念，启发他们学以致用，建立追求"真、善、美"的人生目标。在此基础上，成长为堂堂正正的人，愿意服务大众、贡献社会。

二、儿童教育安置分类标准

1. 院内特殊教育学前班入学标准

（1）年龄在2周岁以上。

（2）能独立行走。

（3）有语言及一定的模仿能力。

（4）无重大疾病、传染病，或精神类疾病如癫痫等不在发病期。

（5）对于不能进班学习的幼儿，教育科将适时采用生活区指导的方式进行教育干预。

2. 院内特殊教育学龄班入学标准

（1）年龄在 6 周岁以上。

（2）有一定的表达和思维能力，如知道自己的姓名、年龄、性别，能进行简单对话等。

（3）有一定的动手能力和自治能力，能对自己的行为有所约束，无严重的攻击性行为。

（4）无重大疾病、传染病，或精神类疾病如癫痫等不在发病期。

3. 院内特殊教育特色班入学标准

（1）年龄在 6 周岁以上，或是未满 6 周岁因身体残疾无法参加学前班教学活动的。

（2）因某种疾病或残疾不能适应班级教学活动的。

（3）有一定的语言和思维能力，能参与教学活动的。

（4）无重大疾病、传染病，或精神类疾病如癫痫等不在发病期。

4. 园区送教入学标准

不能进入学龄班、特殊班接受教育的学龄阶段儿童。

5. 社区学校学龄儿童入学标准

（1）年龄在 6 周岁以上。

（2）智力水平达到 70 及以上。

（3）具有基本的生活自理能力。

（4）无重大疾病、传染病或影响学业的生理缺陷。

（5）智商未满 70，但能符合学校随班就读条件的儿童可就读社区学校。

第二节　院内特殊教育管理标准

一、学龄班主任带班操作规范

儿童福利机构内的特教部门是对特殊学生进行教育教学工作的重要阵地，班主任受学校委托直接对学生进行全面、直接的管理。班主任是班集体的组织者、教育者和指导者，是落实学校教育教学工作计划的重要实施者，在学生全面健康的成长中，起着举足轻重的作用。

1. 带班准则

（1）要积极开展以学会生活、适应社会为目的的德育教育活动，根据学校每月中心工作，针对性、创造性地设计班级教育活动，师生互动，人人参与。精心组织晨会、班会课及社会实践活动，努力培养学生良好的行为习惯、健康的心理品质和自尊、自强、自信、自爱的精神，努力实施素质教育目标。

（2）要认真抓好学生行为规范的教育和训练，建立班级常规，抓好升旗仪式列队、广播操、教室环境打扫等的管理工作，着重培养学生的文明礼仪习惯、学习习惯、卫生保洁习惯、团队精神与合作能力。

（3）要根据学校的工作计划，结合班级学生的实际，制订学期班级工作计划，提出阶段工作目标，具体细化每周的实施方法，按时认真填写班主任工作手册；及时写好教育随笔，每学年至少积累一个教育个案；期末写好班级工作总结。

（4）班主任要积极培养班级骨干，指导班级少先队开展工作，提高学生的自理能力。

（5）要善于用发现的眼光注意观察学生，特别要注意个别教育，重点关心、帮助有特殊需要的学生，处事是非分明，实事求是，力争客观、公道、公平，不得随意停止学生上课或中途叫学生离开，不体罚和变相体罚学生，不污辱学生的人格。

（6）在处理偶发事件时，要依法循章，迅速果断，并及时向学校汇报，必要时，应与相关学校保持联系。

（7）要关心学生的课外活动，组织学生参加各项社会实践活动，指导学生的寒暑假生活安排，鼓励学生发展正当的兴趣和特长，全面提高学生的素质。

（8）要教育学生努力完成学习任务，及时联系任课老师商讨本班的教学工作，互通情况，协调本班的各科活动。

（9）要有保护学生安全的意识，必须作出合理的努力，以保护学生不受对于学习或者健康有害的环境影响。

（10）遵守院内的规章制度。

2．工作原则和方法

（1）教师的言行对学生的感染影响力大，应积极探讨师爱艺术，以身作则，言传身教，敬业爱生，在思想、道德、文明行为等方面成为学生的表率。

（2）要经常调查研究，全面了解学生，不持有偏见，要从学生特点和思想实际出发，进行工作和教育活动，形成良好的班风和学风，讲究思想教育工作的科学性、针对性和实效性。

（3）要加强正面教育、积极引导，寓教育于活动和管理之中，要以鼓励发扬为主，树立榜样，充分调动学生的积极因素。对学生的认识与行为问题，不要简单地批评压制，要耐心引导，以理服人，以情感人。引导学生学习身边的榜样，养成良好的行为习惯。

（4）要开展班级管理工作的科研活动，认真参加班主任例会，学习有关法规，强化以学生发展为本、依法办事的意识，努力提高自身素质和管理工作能力。

（5）班主任必须具备教师和家长的双重身份，坚持做好学生的思想教育工作。

3．日常工作要求

（1）校区内师生要互问"早""好"，教学任务结束后师生互道"再见"。上课和组织学生活动时不接听电话、不使用手机、收发短信息等。

（2）早上要对学生点名，发现缺勤要及时与生活老师联系，问明原因。关注班里的每一位学生，学生因病治疗期间要主动予以关心。教师在工作时间，不随意离岗、串岗或做私事。

（3）学生出操，教师要关心指导学生做操，不离开班级学生，不随意聚集讲话聊天。

（4）晨会要针对学生实际，认真负责地进行教育指导，师生互动、专时专用，不得处理其他事务。

（5）与学生谈话要使用普通话，教师的文明举止应成为学生的表率。

（6）督促学生做好班级教室环境打扫，并负责检查劳动结果。

（7）教师要及时妥善地处理学生的突发事件，及时与相关学校或负责人联系沟通。

（8）尊重理解学生，不得大声呵斥、体罚或变相体罚学生。

二、学前教师教学操作规范

（一）教学计划和备课

（1）每学期开学前，各班根据《幼儿园教学大纲》及幼儿情况制定教学计划，并通过审批。

（2）工作计划最基本的应包括学期计划、月计划、周计划和每课的备课内容，以上计划应是层层递进，密切相关的有机整体。

（3）根据幼儿年龄特点和本班幼儿实际情况，积极搜寻资料，依照进度备课，备课要求提前一周完成。

（二）日常教学活动具体要求

1. 进班活动

（1）做好幼儿进班的准备，做到室内空气流通，光线充足，环境整洁安全。

（2）教师热情接待幼儿，相互间问早，观察幼儿精神面貌，了解幼儿健康状况，安定幼儿情绪，使他们愉快地开始一天的生活。

（3）创设有教育意义的环境，激发幼儿活动的兴趣，鼓励指导幼儿自由、愉快地开展活动，并做好个别幼儿的教育工作。

（4）冬季幼儿进室后，脱去大衣、帽子、围巾等，并整齐地放在指定的位置。

（5）放学时，提醒幼儿拿好自己的衣物，护送幼儿回到生活区。

2．运动

（1）充分利用自然条件（水、空气、阳光），让幼儿进行适当的锻炼，原则上保证每周至少两次户外活动时间。

（2）结合本班幼儿的年龄特征及发展水平，安排体育活动内容。活动需形式多样，注重激发兴趣，提高能力，达到一定的运动量。

（3）活动前，教师检查幼儿着装（系好鞋带、塞好内衣、带好手帕），并进行有关的安全教育。活动中，根据气候条件、幼儿体质和运动量大小，适当增减衣服。活动后，做好整理工作，如擦汗、洗手穿衣、喝水、适当休息等。

（4）早操时，教师必须精神饱满，示范动作正确，幼儿的站位要背光、背风。

3．生活活动

（1）培养幼儿进食前、便后和手脏时洗手的习惯，要提醒幼儿认真地洗手，教会幼儿正确的洗手方法。

（2）点心之前，洗手后不进行其他任何活动。

（3）培养幼儿大小便的习惯，允许幼儿按需要如厕，指导幼儿使用便纸。指导帮助幼儿便后整理好服装。

（4）随机进行生活知识、技能教育，重视个别指导。

4．游戏活动

（1）保证游戏活动时间，做到游戏内容丰富、形式多样、自由选择、自主展开、自发交流。

（2）创设合理的游戏环境，为幼儿准备丰富的游戏材料和玩具。

（3）激发幼儿参加各种游戏的兴趣，培养幼儿的想象力、创造力。

（4）教师主动参与游戏，与幼儿共享乐趣，随时观察并引导、启发、帮助幼儿选择游戏主题、理解角色、丰富内容、开展交往，培养解决问题的能力。

（5）培养幼儿良好的行为习惯，发展幼儿社会性情感。

5．教育活动

（1）寓教育于游戏之中，激发幼儿的学习兴趣，引导幼儿主动参与活动。调动幼儿的多种感官，让他们直接感知、体验、操作，发展幼儿的自主性、主动性和创造性。

（2）根据教学内容运用启发性的语言，鼓励幼儿提出问题、发挥想象，保护幼儿思维过程中的创造意识。

（3）面向全体，因人施教。活动中加强观察，注重个体差异，进行分层指导。重视反馈，及时调控。

（4）注意室内采光，保持视距，并根据不同教育活动，变动幼儿座位。注重幼儿坐姿、握笔姿势的正确，遵守活动规则，培养幼儿良好的学习习惯。

（三）学期总结工作

（1）每学期末，依据教学计划和内容对幼儿做教学效果的评价，填写学籍册。

（2）每学期末要做好班级教学工作的小结、教研组工作的总结，每学年完成一个个案的积累或教学反思，积累教育经验，探索教育规律。

三、学龄教师教学操作规范

教学工作在学校各项工作中处于中心的地位，教学管理工作做得好，不仅有助于建立稳定正常的教学秩序，而且有利于带动其他各项工作。我校现有语文、数学教研组，各组教师积极投入于校本课程开发的课题研究中，只有理顺教学各项流程，在高质量的教学流程中融贯校本课程的开发，方可起到事半功倍的效果，反之则是事倍功半。同时更要加强教学流程的管理，教师尤其是年轻教师的专业素质、教学水平和教学技能更有赖于教学工作中的锻炼而获得提高。为了提高教学质量，规范教学秩序，特制定如下常规：

（一）教材选编

（1）教师应具备根据学生实际学习能力选择教材的能力。学校现有的较为系统、正式的教材只有教育部统一颁发的《全日制培智学校教材》，是针对全国各地区轻度弱智学生编写的。而学校目前教育的主要对象是中重度及多重残疾学生。因此，在使用时必须结合本班学生实际和学生的需要，本着"以学生发展为本""教学内容生活导向"原则，做相应的增、调、删、减。

（2）目前各学科教师都依据学生实际发展水平及生活需要，积极自编、选编教材，值得发扬，但需由各教研组集体讨论出教学内容，并由学校主任审核确定。

（二）教学计划与总结

（1）学龄教学工作计划包括：学龄教育工作计划、教研组工作计划、各学科教学计划。

（2）一般计划均应在每学期开学前一周完成。

（3）每位教师依据所教学科特点制订教学计划。教学计划必须包括：

①学生情况分析：对班级学生的与本学科相关的学习能力和发展水平以及兴趣、情感、态度等情况做较综合的分析。

②教材及教学内容选编说明：对教材选择的来源、本学期安排的教学内容及安排目的，以及大致的教学进度规划做块面的分析。

③学期总体培养目标：分情意（兴趣、态度、情感）发展、认知发展与技能发展三方面制定本学期对学生的总体培养目标。

（4）计划制订应在学生的"最近发展区"，要切合学生实际，教学目标要体现"生存导向"。

（5）学龄部教学工作总结包括：教研组工作总结、学科教学总结。

（6）计划与总结均需经过审批方可生效。

（三）备课

（1）任何学科上课均应有教案，各科教案应按内容的主题性特点规划所需课时数，并按课时逐课撰写。

（2）各科教案应根据学科特点有相对统一的备课格式和方式。

（3）所有教师在备课时应树立"以儿童发展为本"的理念和本着为学生终身负责的精神，应具备根据学生当前最需选择教学内容的能力和根据学生掌握情况调整教学内容的能力。教学内容的选择应注意坚持生活化原则、生存导向原则。

（4）教案根据实际有详有略，但都要反映教学全过程。教案应包含教学内容、教学目标、教学重难点、教学准备、教学过程，还要精心设计作业，写好课后教学笔记，积累教学资料。教案应根据学生对象的改变及时调整。

（5）5年教龄以下的教师必须写详案；5年以上教龄的教师若是第一次任教的内容必须写详案。备课要有质量。

（6）教师相互交流与借鉴备课，但需根据自己所教学生对象进行改进与调整。备课以个人为主，教研组负责监管。

（7）每学年第一学期开学前应对整个学期的教学有初步规划，有1个月备课余量，平时应保持1周以上的余量。必须保证每节课在上课前是有教案的。学龄负责人执行检查时应即时交付得出。

（8）学龄部主管定期全部或部分检查教案，每学期不少于两次，有问题应及时向教师反馈。

（四）上课

（1）教师应按学校排定的课程表上课。因故调课必须通过主管，不得擅自占用其他学科的教学时间，不得随意将课让给其他学科的教师。教师不得擅自停课和私自调课、代课。

（2）教师应根据教学内容做好相应的课前教学准备，尽可能地采用能帮助学生理解、体验、操作的直观教学用具。

（3）教师应严格执行课堂规则。上课铃响前应到达教室，按时上下课，不拖堂，但也不能在下课铃响之前让学生离开教室或解散。教师在上课时不能随便离开教室、接听私人电话或做自己的私事而不安排教学活动。

（4）教师应全神贯注上好每一堂课。教学要从单纯注重传授知识转变为引导学生学会学习、学会生存、学会做人；要处理好传授知识与培养能力的关系，注重提供学生各种不同的生活体验和学习经历，培养分析和解决问题的能力而非简单的知识积累。要尽量让学生用眼、用耳、用身体，动口、动手、更动脑，体现"学生主体、教师引导"的原则，运用各种教学手段加强学生的参与度，杜绝"随班混读"的现象，让每位学生参与到课堂教学中，提高课堂教学的效益。

（5）教师应根据教学需要尽可能利用好现代化教学设备，注意安全和日常维护，发现损坏应及时报修。不得擅自作为私用。

（6）严格执行课堂纪律。对违纪学生以及各类行为障碍问题学生要及时提醒教育，但不要占用过多时间，以免影响教学，有关问题及时与班主任或社工老师沟通。坚决杜绝对学生罚站、赶出教室、停课等变相体罚和体罚。

（7）教师讲课应站立，用普通话，板书应规范，字迹清晰，教师进教室的仪表、语言、精神状态对学生要有表率作用。

（8）教师对教学进度应有严格把握，教学的进度要视学生能掌握的情况而定，但也要把握"螺旋上升"的规律，忌拖沓、松散的教学状态。教师对教学进度要有安排并及时调整。

（五）作业

（1）作业的形式应是多样的，有口头的，也有书面的，有认知性的，也有操作性的，各学科应根据教学内容以适当的形式和途径布置适当的作业。

（2）主要学科应基本统一作业布置形式、作业格式与批改订正。

（3）精心设计作业，尽可能将工序细化，作业表述直观，便于操作。

（4）每次书面作业应标明日期，针对学生不能独立书写日期的，教师要辅助完成。

（5）教师对学生的作业要有规范的要求，长期坚持，严格训练，做出规矩，养成习惯。

（6）对学生作业要及时检查与反馈。书面作业的批改应做到批改规范、字迹工整，教师应根据学生可理解的程度给与相应的评价，如用"★""优"等，多体现"教学反馈成功导向"。

（六）考查与评估

（1）在每学期开学初，各学科都制定了适切的教学计划，这之后的备课、上课、作业布置、阶段考查与评估应该都是围绕实施计划和检验计划而进行的。因此，各学科为推动计划的更好实施，应在计划执行中不断地进行检验和评估，并根据反馈进一步调整计划。换言之，考查也是评估的一种手段。各学科应根据学科教学内容的更换进程，采用单元测验、综合练习、技能比赛等方式，针对每个学生不同的教育目标，设计不同难度水平的考查项目，以加强平时的考查与评估，并根据反馈及时调整下一步教学目标。这些都应在备课中有体现和记录。

（2）各教研组应对本学科的阶段性考查与评估的方式、手段、命题方法等进行集体讨论，保证质量，同时体现教与学的真实效果。

（3）语、数期中、期末考查的时间由学校统一安排，考查与评估应紧扣教育目标命题，青年教师要尽快提高命题能力。要认真做好学科小结工作，分析考察评估的结果，对被查学期的教学内容、教学方法，教学效果进行反思，为今后教学工作的开展积累经验。

（4）每学期末，教师要将考察结果填在学生个人学籍卡上，作为学生永久档案资料保存。

（七）教科研

（1）教师应根据自己的特长和能力，积极参与教科研活动。每位教师必须参加主要教学学科的教研活动，不得因个人原因影响参与教研活动。

（2）加强教育理论学习是教师的重要任务。教师应不断学习教育理论，更新教育理念，改进教学方法，探索教学模式。

（3）作为教科研组成员，每位教师应努力了解与本学科相关的知识体系，与其他组员一起积极探索本学科的发展目标、内容体系、教育规律、教学方法等，并通过教科研组的各项活动锤炼自己。

（4）在校教师必须每年有一篇教育教学案例或论文，参加校级或以上级别的公开课。要积极参加市、区组织的各类教研活动，博采众长、发展自己。

（5）教学信息化是当今时代对教学提出的新要求。每位教师要看到这个方向和趋势，尤其是中青年教师要有超前意识，努力进修学习，掌握和提高信息收集、使用的技能，提升自己的教学教研能力和水平。

（八）特殊班和园区送教

为保障义务教育阶段特殊儿童接受教育的权利，学校应本着提高学生生存和生活质量的原则，对无法到校进班就读的重度特殊学生，安排特定的学龄教师，到园区进行教育指导和干预，具体要求如下：

（1）每年两次，由学龄负责人负责对园区内的适龄儿童进行筛选和排摸，确定送教的范围和对象，并指派专人跟进，完成评估。

（2）园区送教采用集体干预和特殊班教学两种形式，具体接受哪种形式的教育根据评估情况及班级名额，择优进班。

（3）负责教师制定教育计划和内容，经审核后组织实施。

（4）所有教学工作完成后，按要求做好相应的反馈记录。

（5）园区送教和特殊班上课的时间和频次根据教师的资源，视情况而定，每周1至2次。

第三节　特殊儿童教育需求筛查与评估工具

　　为了准确地筛选特殊儿童是否符合进班学习的条件，工作人员需要从多方面收集材料，然后做出综合判断。一般来说，除了要对儿童的智力和适应性行为水平做出评价外，还要分析儿童的生理病理状况、认知能力、个性特征等。智力测查是特殊儿童教育需求筛查中的一项基本内容。一般要用标准化智力测验来测查智力。目前国际流行的智力测验有不少，按性质有不同的分类。例如：按年龄不同、按编制的材料不同、按测试方式不同等。在特殊儿童教育需求的筛查中，要根据儿童的年龄及认知水平选择适宜的测验。

　　1. 韦氏学龄前及初小儿童智力测验量表（WPPSI）

　　目前，工作人员根据儿童福利机构特殊儿童的实际发展和年龄特点，选用了韦氏学龄前及初小儿童智力测验量表（WPPSI）来对入学前的特殊儿童进行智力测验。韦氏智力量表不但有言语分测验，还有操作分测验，可同时提供三个智商分数和多个分测验分数，能较好地反映一个人智力的全貌和测量各种智力因素。

　　2. 格赛尔发展量表（GESELL）

　　格赛尔发展量表主要从四个方面对婴幼儿进行测查：一为动作，分为粗动作和细动作；二为顺应，测查婴幼儿对外界刺激物分析综合以顺应新环境的能力；三为言语，即听、理解语言和语言表达的能力；四为社会应答，指与周围人们的交往能力和生活自理能力。将婴幼儿在这四个方面的表现与正常儿童的发展顺序对照，可以分别得到在每一方面的成熟早熟以及发育商数。格赛尔发展量表不仅适用于测量幼儿的发展水平，而且比其他量表更适用于伤残儿，被认为是婴幼儿智能测试的经典方法。因此，工作人员将此表的测试结果列为入学条件的参考之一。

　　3. 学前儿童入学筛选评估表

　　对于特殊儿童来说，除了智力、发展情况等标准化测量以外，还应有符合福利机构特殊儿童发展特点的相关测评，这样才能够更直观、更准确地反映特殊儿童的实际发展情况和趋势。因此，工作人员通过观察、积累、记录和整合，制定出了一套适用于上海市儿童福利院学前儿童的入学筛选评估表，该表格涵盖了大运动、精细运动、语言和社会四个方面，详细制定了行为项目、通过标准、简单操作方法、设备、定位检查等的具体内容和要求。该套评估表操作相对简单、明了，经过培训和练习的工作人员都可以完成评估活动。

第五章　融合式社工服务

第一节　社工服务标准

一、典型个案服务流程

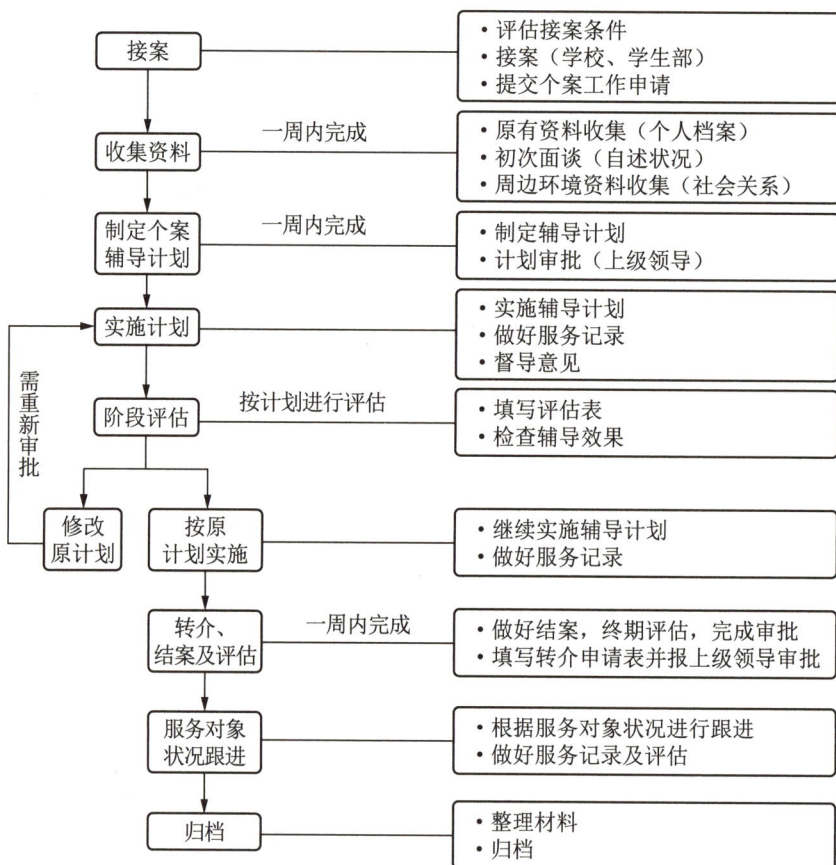

```
接案 ─────────────────── ・评估接案条件
                         ・接案（学校、学生部）
                         ・提交个案工作申请

收集资料 ──一周内完成── ・原有资料收集（个人档案）
                         ・初次面谈（自述状况）
                         ・周边环境资料收集（社会关系）

制定个案    ──一周内完成── ・制定辅导计划
辅导计划                   ・计划审批（上级领导）

实施计划 ─────────────── ・实施辅导计划
                         ・做好服务记录
                         ・督导意见

阶段评估 ──按计划进行评估── ・填写评估表
                         ・检查辅导效果

需重新审批

修改      按原          ・继续实施辅导计划
原计划    计划实施 ──── ・做好服务记录

转介、     ──一周内完成── ・做好结案，终期评估，完成审批
结案及评估                ・填写转介申请表并报上级领导审批

服务对象 ─────────────── ・根据服务对象状况进行跟进
状况跟进                  ・做好服务记录及评估

归档 ─────────────────── ・整理材料
                         ・归档
```

图 5-1-1　典型个案服务流程

二、小组工作服务流程

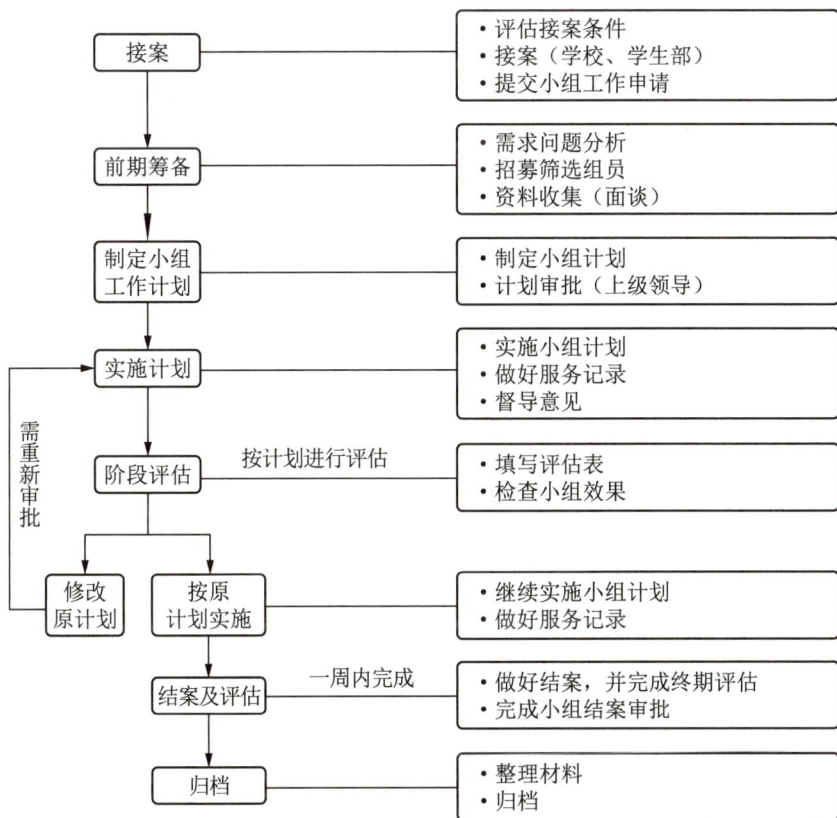

图 5-1-2　小组工作服务流程

三、大型活动服务流程

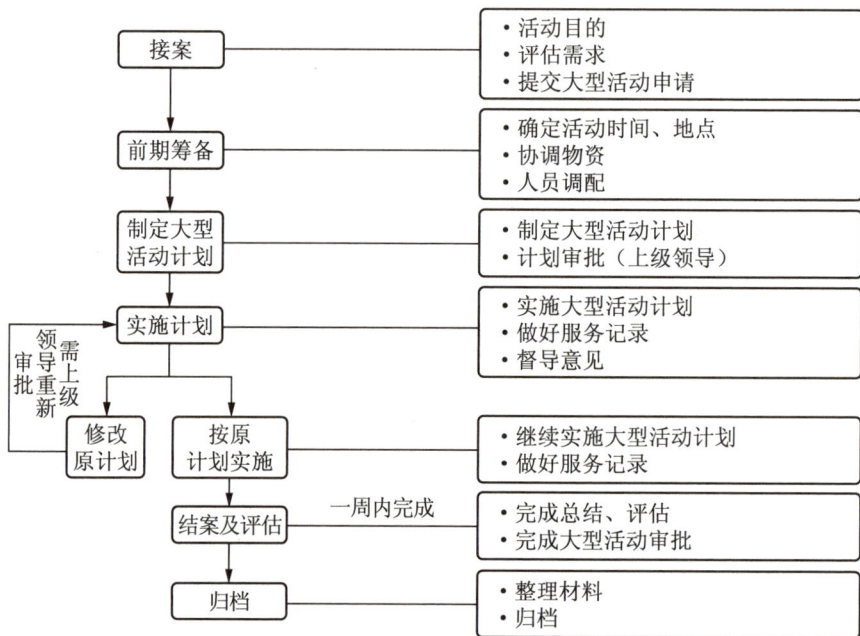

图 5-1-3　大型活动服务流程

四、社工部督导制度

（1）社工部督导在社工部主任的领导下开展部门的各项工作，社工部主任负责对其工作进行考核。

（2）社工部督导负责对所在社工部社工业务工作进行考核、监督和指导。

（3）社工部督导定期召开工作例会，对工作进行总结及安排。

（4）社工部督导负责审批社工工作中的个案和小组活动的计划并对其实施过程进行跟踪、监督与指导。

（5）社工部督导按部门计划落实社工继续教育及培训工作。

（6）社工部督导协助部门主任进行与院外社会组织的联系工作。

第二节　安置分类标准

一、家庭寄养概述

（一）什么是家庭寄养

家庭寄养是指经过规定的程序，将民政部门监护的儿童委托在符合条件的家庭中养育的照料模式。家庭寄养有利于重建亲子关系、重塑社会系统，促进寄养儿童身心健康发展，拓宽他们走进家庭、融入社会的路径，是与机构集中养育、优势互补的另一孤弃儿童主要照料模式。

（二）家庭寄养发展历程

1. 家庭寄养实务发展历程

我国家庭寄养模式最早可以追溯到清代。新中国成立后，一些没有设立儿童社会福利机构的地区为了安置孤儿、弃婴就采取了家庭寄养方式。1956 年，闻名全国的山西省大同市"乳娘村"就在家庭寄养发展中发挥了积极作用。我国真正现代意义上的孤弃儿童家庭寄养始于 20世纪 90 年代，首先在上海、北京、广东等地开始探索实践，后逐渐拓展到其他省市并不断发展、完善、成熟。纵观孤弃儿童家庭寄养发展历程，以民政部 2003 年颁布《家庭寄养管理暂行办法》和 2014 年颁布《家庭寄养管理办法》为节点，可把我国孤弃儿童家庭寄养发展历程划分为探索发展期（20 世纪 90 年代—2003 年），规范壮大期（2003—2014 年），成熟稳定期（2014 年至今）三个阶段。

上海孤弃儿童家庭寄养起源于 20 世纪 90 年代初，随着儿童福利事业主流化、社会化发展，院舍照料的局限性和弊端日益凸显，家庭在孤弃儿童成长中的作用逐渐得到认可和重视，回归家庭、回归主流社会成为孤弃儿童养育模式变革的出发点和落脚点。因此，为更好促进儿童福利机构孤弃儿童身心健康成长，让儿童更多享有家庭温暖和人间亲情，帮助他们最大程度地实现社会参与和社会回归，1993 年上海市儿童福利院开展了“抱一抱孤儿”和“周末寄托”活动，活动得到广大上海市民热情参与，短暂的家庭生活不仅开阔了孩子们的视野，更让他们感受到了人间亲情，他们的性格、情绪和认知能力也都得到不同程度的提升。为了巩固这一成果，更好地回应社会大众奉献爱心和满足孤弃儿童渴望家庭的需求，1997 年上海市民政局、上海市慈善基金会、新民晚报社联袂发起并创建了以“让孤残儿童拥有温馨之家”为宗旨的上海孤弃儿童家庭寄养项目，以“政府出资、社会支持、家庭寄养、统一监护”为运作模式，在全国范围内率先突破了孤弃儿童的机构集中养育模式，启动了孤弃儿童家庭寄养工作见图 5-2-1。

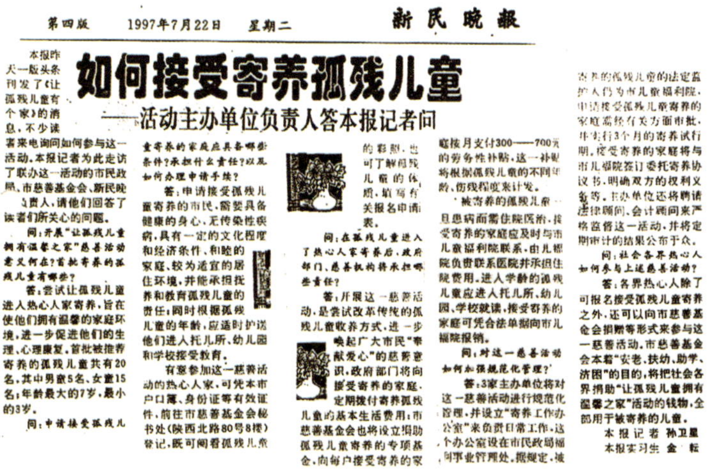
第四版　1997年7月22日　星期二　新民晚报

如何接受寄养孤残儿童

——活动主办单位负责人答本报记者问

本报昨天一版头条刊发了《让孤残儿童有个家》的消息，不少读者来电询问如何参与这一活动。本报记者为此走访了联办这一活动的市民政局、市慈善基金会、新民晚报负责人，请他们回答了读者们所关心的问题。

问：开展“让孤残儿童拥有温馨之家”慈善活动意义何在？首批寄养的孤残儿童有哪些？

答：尝试让孤残儿童进入热心人家寄养，旨在使他们拥有温馨的家庭环境，进一步促进他们的生理、心理康复。首批被推荐寄养的孤残儿童共有20名，其中男童5名、女童15名；年龄最大的7岁，最小的3岁。

问：申请接受孤残儿童寄养的家庭应具备哪些条件？承担什么责任？以及如何办理申请手续？

答：申请接受孤残儿童寄养的市民，需要具备健康的身心，无传染性疾病，具有一定的文化程度和经济条件、和睦的家庭、较为适宜的居住环境，并能承担抚养和教育孤残儿童的责任；同时根据孤残儿童的年龄，应适时护送他们进入托儿所、幼儿园和学校接受教育。

有意参加这一慈善活动的热心人家，可凭本市户口簿、身份证等有效证件，前往市慈善基金会秘书处（陕西北路80号8楼）登记，既可阅看孤残儿童的彩照，也可了解孤残儿童的体质，填写有关报名申请表。

问：在孤残儿童进入了热心人家寄养后，政府部门、慈善机构将承担哪些责任？

答：开展这一慈善活动，是尝试改革传统的孤残儿童收养方式，进一步唤起广大市民“奉献爱心”的慈善意识，政府部门将向接受寄养的家庭，定期拨付寄养孤残儿童的基本生活费用；市慈善基金会也将设立捐助孤残儿童寄养的专项基金，向每户接受寄养的家庭按月支付300——700元的劳务性补贴，这一补贴将根据孤残儿童的不同年龄、伤残程度来计发。

被寄养的孤残儿童一旦患病而需住院医治，接受寄养的家庭应及时与市儿童福利院联系，由儿福院负责联系医院并承担住院费用。进入学龄的孤残儿童应进入托儿所、幼儿园、学校就读，接受寄养的家庭可凭合法单据向市儿福院报销。

问：对这一慈善活动如何加强规范化管理？

答：3家主办单位将对这一慈善活动进行规范化管理，并设立“寄养工作办公室”来负责日常工作，这个办公室设在市民政局福利事业管理处。据规定，被寄养的孤残儿童的法定监护人仍为市儿童福利院。申请接受孤残儿童寄养的家庭需经有关方面审批，并实行3个月的寄养试行期。接受寄养的家庭将与市儿福院签订委托寄养协议书，明确双方的权利义务等。主办单位还将聘请法律顾问、会计顾问来严格监督这一活动，并将定期审计的结果公布于众。

问：社会各界热心人如何参与上述慈善活动？

答：各界热心人除了可报名接受孤残儿童寄养之外，还可以向市慈善基金会捐赠等形式来参与这一慈善活动。市慈善基金会本着“安老、扶幼、助学、济困”的目的，将把社会各界捐助“让孤残儿童拥有温馨之家”活动的钱物，全部用于被寄养的儿童。

本报记者　孙卫星
本报实习生　金　耘

图 5-2-1　1997 年《新民晚报》关于家庭寄养的报道

在上海孤弃儿童家庭寄养工作开展初期，上海市儿童福利院听取相关领域专家学者的意见建议，积极构建家庭寄养的理念，创新工作开展的做法，并融合上海市情民情以及上海市儿童福利院的实际情况，形成了上海特有的家庭寄养工作流程以及评估体系，在实务层面推动了家庭寄养工作的开创与发展。前期“抱一抱孤儿”和“周末寄托”活动产生的宣传效应以及参与其中的市区家庭给寄养工作提供了丰富的家庭资源，使得家庭寄养工作得以在上海市区打开局面。随着实践的探索、政策的支持以及社会各界的参与日趋规范、完善，上海城市家庭寄养模式日趋成熟，被民政部称为"上海模式"并在全国推广。

进入 21 世纪，上海孤弃儿童家庭寄养工作进入成熟发展期，因市区申请寄养的家庭数量已基本固化，家庭寄养开始向上海郊区发展，并在崇明、南汇等郊区探索委托管理、购买服务的工作站管理模式。由此，形成了市区寄养家庭由上海市儿童福利院寄养中心直接服务管理，郊区寄养家庭由上海市儿童福利院委托工作站进行日常管理和服务的监管模式。

2014 年前后，随着上海市儿童福利院内重度残疾儿童比例不断增加，适合家庭寄养的儿童相对减少，家庭寄养发展速度逐渐减缓，且随着寄养儿童逐渐长大，家庭寄养的工作重心开始转移到存量寄养儿童的专业服务和成年寄养儿童的分离再安置上。

2. 家庭寄养政策变迁历程

20 世纪 90 年代初，最早开展孤弃儿童家庭寄养的上海、北京、广东等省市开始探索儿童家庭寄养模式及其地方政策。在这一阶段，我国政府大力促进儿童福利事业社会化发展。2000 年 2 月 27 日，国务院办公厅转发《民政部等部门〈关于加快实现社会福利社会化意见〉的通知》，意见指出，儿童福利机构今后一段时期仍以政府管理为主，也可吸纳社会资金合办，同时通过收养、寄养、助养和接受捐赠等多种形式，走社会化发展的路子。该意见为我国家庭寄养的发展指明了方向。

2003 年 10 月 27 日，民政部颁布《关于发布〈家庭寄养管理暂行办法〉的通知》，首次在国家层面规范、推动家庭寄养的开展，《办法》明确了家庭寄养的工作目标，制定了相关标准，规范了寄养工作的管理与服务，指出了民政部门在家庭寄养工作中的责任等，为家庭寄养在全国范围内推广提供了政策依据和保障。

2014 年 9 月 24 日，民政部颁布《家庭寄养管理办法》，进一步细化寄养条件，明确寄养关系建立、维护、解除的工作机制，确定了寄养申请、评估、审核、培训、签约的寄养关系建立机制，家访、培训、评估、监护、服务支持的寄养关系维护机制及终止寄养申请、儿童评估再安置的寄养关系解除机制，并进一步细化明确各方的责任与义务。至此，儿童家庭寄养政策确立为我国的一项正式法规。

（三）家庭寄养理论基础

1. 依恋理论

依恋理论首先由英国精神病学家约翰·鲍比（John Bowlby）提出，他开展的一系列"母亲剥夺"研究表明：在个人生活的最初几年里，延长在公共机构内照料的时间和（或）经常变换主要养育者，对人格发展有不良影响。依恋理论认为儿童在生命的最初三年里，有一项主要任务就是产生对亲人（主要是父母）的依恋感，且三岁以内是形成依恋关系的最佳时期，这一时期与照顾者的肢体接触、需求的及时反馈、接纳及持续关注、爱与信任等，可以帮助孩子建立安全的依恋关系。如果儿童没有完成这一过程，或者没有形成安全依恋，那么在今后成长过程中会产生严重的人格问题，由于缺少信任和安全感，在人际交往中也会存在障碍。对于机构集中养育的孤弃儿童，失去父母后的他们面对不确定性的护理人员，且在一对多的照料现实面前很难形成稳定的依恋关系。因此，通过孤弃儿童家庭寄养重建替代性亲子关系，让孩子能够享受到家庭温暖和父母疼爱，有利于儿童获得生理上的满足，并产生心理上的愉悦，进而发展成为儿童安全的心理依恋，促进寄养儿童的情感和认知以及社会性发展。

2. 人的社会化理论

人的社会化是指个体在与社会互动的过程中，逐渐养成独特的个性和人格，从生物人转变为社会人，并通过社会文化的内化和角色知识的学习，逐渐适应社会生活的过程。在此过程中，社会文化得以积累和延续，社会结构得以维持和发展，人的个性得以健全和完善。个体社会化过程有赖于个体与社会的相互作用，有赖于个人生理上的禀赋与社会环境的充分接触，有赖于个体参加社会实践活动才能实现。如果一个人从小与社会生活隔离，脱离社会实践，即使他具有个体社会化的自然基础，具有健全的神经系统，也不能获得正常人的社会化。

在人的早期社会过程中，家庭的教育和影响对个人早期的社会化甚至一生的社会化都具有重要意义。儿童时期是人的智力、能力、个性发展的关键期，更是人的社会化的关键期，家庭教育培养了儿童的情感和爱，并借助于父母的权威，使得早期社会化非常有效。同时家庭是社会结构的组成部门，儿童通过耳濡目染的家庭生活，以及对家庭生活中行为规范和社会交往规范的身体力行，在潜意识中培养了自己的社会角色意识，为以后更好地适应家庭生活和社会交往奠定基础。最后相较于机构集中养育，家庭环境更具开放性，更利于孩子参与社会生活和实践。

二、家庭寄养服务与管理标准

家庭寄养工作流程是寄养项目开展的机制保障，依民政部《家庭寄养管理办法》，上海孤弃儿童家庭寄养业务流程不断细化、完善，形成了寄养关系建立、寄养关系维护、寄养关系终止三大流程模块，覆盖了孤弃儿童家庭寄养全过程（图 5-2-2）。

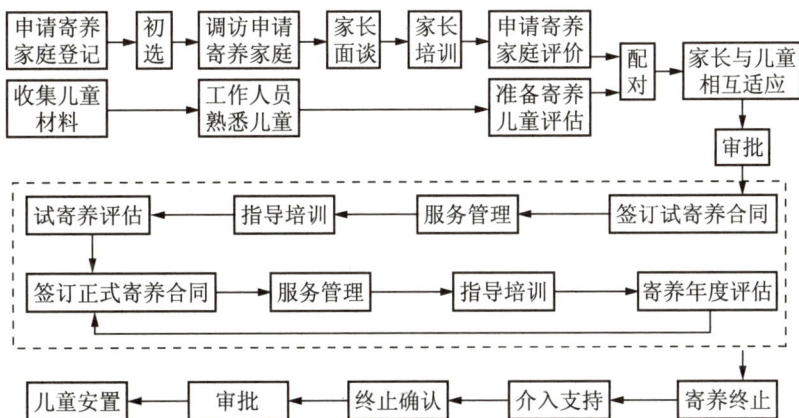

图 5-2-2　家庭寄养流程图

（一）寄养关系建立标准

1. 寄养家庭标准

（1）热爱儿童，有一定社会责任感，乐于参加社会公益活动，能承担儿童抚养和教育义务。

（2）有上海市常住户口和固定住所，住房条件良好，寄养儿童入住后，人均居住面积不低于当地人均居住水平。

（3）有稳定的经济收入，人均收入处于当地中等水平以上。

（4）家庭成员无传染病、精神疾病以及其他不利于寄养儿童成长的疾病。

（5）家庭成员无犯罪记录，无不良嗜好，家庭关系和睦，与邻里关系融洽。

（6）主要照料人年龄在三十周岁以上六十五周岁以下，身体健康，具有照料儿童的能力、经验，初中以上文化程度。

（7）家庭无未满6周岁儿童且寄养儿童不超过2名。

（8）具有社会工作、医疗康复、心理健康、文化教育等专业知识的家庭和自愿无偿奉献爱心的家庭，同等条件下优先考虑。

2. **寄养家庭招募、评估及审批**

（1）责任人：寄养社工、社工督导、寄养中心主任

（2）要求

① 寄养社工向申请人介绍寄养家庭标准、准寄养儿童情况、办理申请登记所需材料等。

② 申请人提供全家签字的寄养同意书、夫妻双方身份证、家庭全体成员户口簿。留取同意书原件及身份证和户口簿复印件。

③ 留取申请人提供的家庭成员（本人及配偶）医疗机构体检报告，房产证明以及相关机构出具的家庭经济状况和无犯罪记录证明。

④ 指导申请人本人填写《寄养家庭申请孤残儿童家庭寄养登记审批表》，确保信息完整，填写规范。

⑤ 社工督导组织对照合格寄养家庭标准，对报名家庭初步筛选，并向主任提交意见。

⑥ 对初选合格寄养家庭进行调访，每户申请家庭安排至少3名调访工作人员。

⑦ 寄养社工通知申请寄养家庭，约定调访时间进行调访，并做好相关记录。

⑧ 寄养主任审核调访结果，经领导批准后确定合格试寄养家庭。

（3）质量记录：《寄养家庭申请孤残儿童家庭寄养登记审批表》《准备寄养家庭评估表》

（二）寄养儿童基本标准、寄养儿童准备、评估及审批

1. 寄养儿童基本标准

无处于活跃期的传染性疾病，无急、慢性感染性疾病，无严重且需长期服药控制的疾病，无需要专业护理的重度营养不良，无需重大手术治疗的疾病，无严重精神类疾病。

2. 寄养儿童准备、评估及审批

（1）责任人：寄养社工、社工督导、医务督导

（2）要求

社工督导组织相关工作人员根据业务科提供的准寄养儿童名单进行初步评筛选。

① 确定初选儿童名单后，到生活区了解儿童的身心和智力情况，同时医务督导到医务科查阅、了解儿童既往病史。最后由寄养社工完成准备寄养儿童评估记录。

② 向主任报告结果，由主任确定需体检儿童名单。

③ 向业务科递交需体检儿童名单，由业务科安排儿童进行体检并完成《上海市儿童福利院儿童出院综合评估审批表》。

（3）质量记录：《拟寄养儿童评估记录》《上海市儿童福利院儿童出院综合评估审批表》

（三）家庭寄养配对

1. 负责人：寄养社工、社工督导、寄养中心主任

2. 要求

（1）社工督导组织社工根据拟寄养儿童情况、申请寄养家庭情况及其对寄养儿童的要求进行配对。

（2）寄养社工将配对结果告知寄养家庭并获得反馈意见（10周岁

及以上可自我表达意愿的儿童需征求本人意见）。

（3）寄养中心主任确定儿童与家庭配对结果。

3. 质量记录：《儿童与寄养家庭配对及反馈表》

（四）寄养家长培训

1. 责任人：寄养社工、社工督导、医务督导

2. 要求

（1）通过培训使寄养家长了解有关家庭寄养方面的法律法规、所寄养儿童的特点、照顾残疾儿童的知识和技巧、寄养协议约定的权利义务以及寄养中心可提供的服务等。

（2）培训人员准备培训材料。

（3）培训需提前一周通知寄养家长，告知培训时间、地点和内容。

3. 质量记录：《培训记录》《培训签到表》

（五）寄养关系维护要点

1. 试寄养期间工作内容

（1）负责人：寄养社工、社工督导

（2）要求

① 根据配对反馈表确定签订合同的试寄养家庭名单。

② 准备试寄养合同，并报院长签字盖章。

③ 和寄养家长约定时间签订试寄养合同，孩子进入家庭。

④ 如寄养中出现问题，分管社工应及时介入，协调处理并做好相关记录和汇报工作。

⑤ 试寄养合同期限为 60 天，其间每周沟通评估至少一次，每月实地家访至少一次，如有需求，随时介入，并在三个工作日内完成相关记录，社工督导对介入情况进行督导和支持。

⑥ 试寄养结束前需对寄养儿童和家庭进行评估，确定是否签订正式寄养合同。

（3）质量记录：《儿童家庭试寄养委托合同》《家访情况记录表》《试

寄养转正式寄养评估表》《电话记录》

2. 正式寄养期间的工作内容

（1）负责人：寄养社工、社工督导

（2）要求

① 准备试寄养期满家庭的正式寄养合同，并报院长签字盖章。

② 和寄养家长约定时间、地点，签订正式寄养合同。

③ 如寄养中出现问题，分管社工应及时介入，协调处理寄养中的各种问题并做好相关记录和汇报工作。

④ 正式寄养合同期限为一年，其间每周至少沟通评估一次，每月至少实地家访一次（包括一次校访、一次年度寄养家长照料能力评估和一次寄养儿童年度综合评估），如有需要，随时介入，并在三个工作日内完成相关记录。社工督导对介入情况进行督导和支持。

（3）质量记录：《儿童家庭寄养委托合同》《家访情况记录表》《寄养家长照料能力评估》《寄养儿童年度综合评估》《电话记录》

（六）寄养儿童分类安置

1. 寄养儿童回院工作内容

（1）负责人：寄养社工、社工督导、医务督导、寄养中心主任

（2）要求

① 寄养家长提出终止，需提交终止寄养书面申请。

② 工作人员及时介入，并将了解的情况和初步处理建议向主任报告。

③ 寄养家长送儿童到医院体检化验（血常规、肝功能及乙肝表面抗原检查）。

④ 工作人员完成《转/回院儿童综合情况表》《终止寄养审批表》。

⑤ 将儿童回院相关资料交寄养中心主任审核，并报分管院长审批。

⑥ 寄养中心主任将儿童回院信息提前通知业务科。

⑦ 寄养家长将儿童的预防接种卡、居保及少儿住院基金卡册、化验单等材料交至寄养中心，并送回寄养儿童，在终止寄养告知书、《终止寄养审批表》等材料上签字后，终止寄养关系。分管社工与业务科完

成儿童回院相关材料、物品的签字交接。

⑧ 医务督导对终止寄养回院儿童进行常规检查后，填写《寄养儿童回院交接单》，与园区交接儿童并签字确认。

⑨ 如儿童为转寄养，则由寄养社工填写《转寄养儿童情况记录》，经主任审核，院领导审批后安排儿童转寄养。

⑩ 就学儿童终止回院，社工填写《寄养儿童回院信息表》并交学生部。

（3）质量记录：《转/回院儿童综合情况表》《终止寄养审批表》《转寄养儿童情况记录》《寄养儿童回院交接单》《寄养儿童回院信息表》《终止寄养告知书》

2. 寄养儿童成年社会安置工作内容

（1）负责人：寄养社工、社工督导、寄养中心主任

（2）要求

① 寄养社工梳理、确定新一年度拟上报社会安置寄养儿童名单。

② 做好与寄养家庭和儿童的沟通及书面告知，完成《上报社会安置告知书》签字工作。

③ 组织寄养儿童参加业务科统一安排的智测和体检。

④ 寄养社工填写《成年孤儿社会安置推荐表》《上海市儿童福利院成年孤儿安置评估表》并做好相关材料收集，社工督导审核后提交业务科。

⑤ 配合业务科做好安置前的各项评估及安置区县的选择。

⑥ 寄养儿童社会安置完成后，填写并完成《终止寄养审批表》，寄养关系终止。

（3）质量记录：《上报社会安置告知书》《上海市儿童福利院成年孤儿社会安置推荐表》《上海市儿童福利院成年孤儿安置评估表》《终止寄养审批表》

（七）寄养儿童社会安置跟访工作内容

1. 负责人：寄养社工、社工督导

2. 要求

① 回访工作时长总计六个月，由成年孤儿安置到街道后开始计算。

②回访工作分为上下两个部分，每部分各三个月。

③前三个月的回访方式为走访成年孤儿家庭或相关街道办事处等地，回访频次为第一个月上下半月各一次，后两个月每个月各一次，共计四次。

④后三个月回访方式为走访或电话联系，回访频次为每月一次，共计三次；每次回访必须做好详细的记录工作。

⑤六个月的回访辅导期结束后，社工可根据成年孤儿及街道的反映，开展不定期的走访活动，以保证成年孤儿能顺利融入新的社区生活。

3. 质量记录：《家访情况记录表》《电话记录》

第三节　社会融合标准

一、儿童福利机构成年孤儿社会安置发展历程

（一）儿童福利机构成年孤儿社会安置工作概述

本书中，成年孤儿的定义为"已满 18 周岁，因天灾与不可预测事故失去双亲，或因自身残疾而被父母遗弃而后查找不到生父母的儿童"，包括在机构养育或监护主体为儿童福利院的健康儿童与残疾儿童。当儿童年满 18 周岁之后，会进入安置阶段，儿童福利机构根据成年孤儿的身体健康状况、社会适应能力、劳动和工作技能等方面进行综合评定，并向上级部门推荐安置。其中，生活不能自理、无劳动能力的成年孤儿将进入其他社会福利机构由政府继续供养。

长期以来，成年孤儿安置工作涉及范围广、时间跨度长、工作难度大，而这又是孤儿回归社会的必经之路，因此在这项工作的历年推进过程中，市区两级政府、儿童福利机构都花费了大量的人力、物力、精力，确保安置工作的顺利进行，从而能在最大程度上保障孤儿的基本权益。

上海是开展成年孤儿社会安置工作较早的城市。近年来，随着经济社会的快速发展，上海市政府结合自身市情，出台了相应的政策，明确各区政府为成年孤儿社会安置的责任主体，市区两级财政部门保障安置经费的落实。社区街道作为落实主体，对成年孤儿的就业、住房、社会保障等统筹安排，并一揽子予以解决，保证成年孤儿融入社区、进入社会。

（二）上海市成年孤儿社会安置工作政策进程

回顾上海市成年孤儿社会安置工作的发展不难发现，1990 年以前，有关上海市成年孤儿社会安置的记述可谓寥若晨星。时间转到 1997 年，成年孤儿回归社会安置工作受到广泛关注，经过二十余年的发展探索，

上海市出台了一系列关于成年孤儿安置工作的政策与办法，如表 5-3-1 所示，已逐步形成了市民政局牵头、全市各区着手落实，各方支持，上海市儿童福利院配合的成年孤儿社会安置模式。

表 5-3-1　上海市成年孤儿社会安置工作政策发展

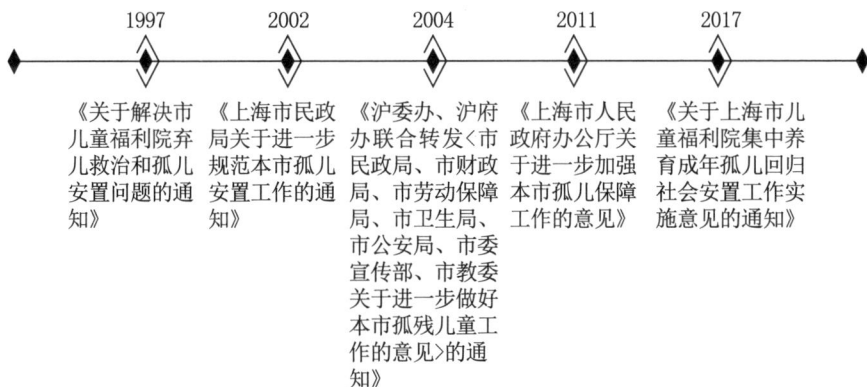

1997	2002	2004	2011	2017
《关于解决市儿童福利院弃儿救治和孤儿安置问题的通知》	《上海市民政局关于进一步规范本市孤儿安置工作的通知》	《沪委办、沪府办联合转发〈市民政局、市财政局、市劳动保障局、市卫生局、市公安局、市委宣传部、市教委关于进一步做好本市孤残儿童工作的意见〉的通知》	《上海市人民政府办公厅关于进一步加强本市孤儿保障工作的意见》	《关于上海市儿童福利院集中养育成年孤儿回归社会安置工作实施意见的通知》

1997 年 12 月，上海市政府对成年孤儿的社会安置工作相当重视，为了解决上海市儿童福利院内成年孤儿的社会安置问题，上海市民政局、上海市财政局、上海市公安局、上海市卫生局联合签发了《关于解决市儿童福利院弃儿救治和孤儿安置问题的通知》，文件规定：原则上各区（县）每年安置成年孤儿两名，除安排就业外，还应妥善解决孤儿的住房及户口问题；每名成年孤儿统一安置费。

2002 年，上海市民政局为进一步规范成年孤儿安置工作，专门下发了《上海市民政局关于进一步规范本市孤儿安置工作的通知》，通知对安置时间、安置顺序、安置人数等再次进行了明确。

2004 年初，在市委领导亲临上海市儿童福利院调研的基础上，出台了《沪委办、沪府办联合转发〈市民政局、市财政局、市劳动保障局、市卫生局、市公安局、市委宣传部、市教委关于进一步做好本市孤残儿童工作的意见〉的通知》，其中对"孤儿安置工作"提出了更具体的要求，分别对各个部门在成年孤儿安置工作中的职责和分工进行了明确；并指出成年孤儿安置分解到各区县落实，市财政按每人定额标准予以补贴。

2011 年，为全面贯彻落实《国务院办公厅关于加强孤儿保障工作的意见》，本市出台了《上海市人民政府办公厅关于进一步加强本市孤儿保障工作的意见》，在成年孤儿房屋保障及职业就业方面给予优惠的扶持政策。一系列政策与办法的出台，不断规范和明确了成年孤儿安置的要求、职责、分工以及经费等问题，并提出了详细具体的实施办法，逐步形成了一套较成熟的安置模式，改变了原来成年孤儿由民政部门一家包揽安置的状况，变成由各职能部门共同参与、统筹安排，落实就业、住房、户口等一系列问题，让成年孤儿较完全地回归社会。

2016 年 11 月，市民政局就成年孤儿安置政策问题，向市领导做了《关于研究制定"上海市儿童福利院成年孤儿回归社会安置工作的实施意见"的情况汇报》。2017 年 1 月，上海市人民政府办公厅转发市民政局《关于上海市儿童福利院集中养育成年孤儿回归社会安置工作实施意见的通知》。2017 年 2 月，市民政局印发《上海市民政局关于印发上海市儿童福利院集中养育成年孤儿回归社会安置工作操作细则和有关事项清单的通知》。

一系列政策的相继出台，从根本上保障了成年孤儿安置工作的渐进发展和有序推进，成为成年孤儿顺利回归社会，开启全新人生旅程的坚实基础。截至 2019 年 12 月 31 日，共有三百多名成年孤儿被安置于全市各区，重返社会，成为一个独立的社会人。

二、成年孤儿回归社会安置工作标准

1. 关于初步评估

市儿童福利院对下一年度年满 18 周岁的孤儿进行初步评估，评估内容主要包括健康状况、自理能力、劳动能力、日常学习及行为表现等方面，在此基础上，向市民政局报送下一年度拟安置对象建议名单。

2. 关于专家评估小组

市民政局委托专业机构组织专家评估小组。专家评估小组由职业技能、医学、心理学、社会学、青少年教育保护等领域的专家共同组成，对拟安置对象从生活自理能力、学历及学业情况、劳动就业能力、社会适应能力等方面开展综合评估，并形成评估结论。

3. 关于接收安置区的产生

由公证机构全程监督安置对象与接收安置区的配对过程，并出具公证报告。当年安置对象按计算机程序随机确定先后顺序，由安置对象本人随机确定接收安置区，直至一轮次配对完成，再启动新一轮次的随机配对。

4. 关于安置工作计划

安置工作计划以表格形式报送（"安置工作计划表"附后）。其中，"安置方案"中的户口迁入，应写明户口迁入地址；计划完成时间，应根据《关于上海市儿童福利院集中养育成年孤儿回归社会安置工作的实施意见》规定，填写"××××年（安置任务年份）3月底前"。以接收安置区与市儿童福利院签订"安置成年孤儿回执单"视为安置任务完成，计划完成时间，最晚为"××××年（安置任务年份）12月底前"。

5. 关于安置住房

为安置对象解决长期稳定的住房是住房安置的最终目标。为此，接收安置区如果为安置对象申请廉租住房或本区范围内共有产权保障房等保障性住房的，按本市住房保障政策执行；如果通过市场化形式解决住房问题的，房屋产权归属、处置等问题由接收安置区自行规定，但接收安置区应先行告知安置对象本人并履行相关书面告知手续。

6. 关于安置补贴的使用范围

主要包括：

（1）与住房有关的费用，如房屋租赁、购房、共有产权保障房个人承担部分及相关契税等。

（2）生活必需品的一次性添置，如床、床头柜、衣柜、书桌、空调、冰箱、洗衣机、电脑、电视、床上用品、厨房餐饮用具等其他应当满足的物品。

（3）必要生活开支，如水电燃气费、宽带通讯费、物业管理费等。

（4）保障基本生活的支出，如在安置对象就业前按照本市最低生活保障标准发放基本生活费、临时补助、职业技能培训等相关费用。

（5）与安置对象相关的其他费用。

下篇 服务实践

第六章　0—3岁：
特殊儿童养治抓起点

　　0—3 岁是机构特殊儿童的养育照料和医疗救治的关键期。2019 年，上海市儿童福利院在机构内养育的孤弃儿童中 0—3 岁占比为 2.62％，且残疾类型繁杂、残疾程度较重。儿福院坚持养治并重，将常见病进行分类罗列，防治到位，对营养不良和自主进食困难的儿童的喂养方式进行创新。从儿童基本生理成长满足进一步拓展到心理成长的呼应，尝试用亲子式护理的照料模式满足孤弃儿童的基本安全需要，对良好依恋关系及同伴关系的培养奠定了孤弃儿童的社会互动能力基础。

第一节　特殊儿童常见病的防治

一、特殊儿童常见病概述

　　福利机构内的特殊儿童作为社会上的特殊弱势群体，生长在福利机构集体养育模式下，受自身疾病和养育环境的影响，具有身患多种先天性疾病和多类型残疾等孤弃儿童的典型特点，所有这些疾病均影响孤弃儿童的生长发育。

　　福利机构内的特殊儿童的常见病基本包含两方面，一方面是指福利机构内的儿童本身罹患的基础疾病。由于福利机构儿童大部分都是被遗弃的，本身或多或少存在某种先天性异常（出生缺陷）或者后天获得性异常（比如由中枢神经感染、缺氧导致的脑瘫等脑部疾患）。我国每年都有 30 万—40 万婴儿出生后被发现患有严重的、肉眼可见的先天异常，以前最常见的 5 种先天异常依次是唇腭裂、神经管畸形、多指（趾）、先天性心脏病和脑积水。随着我国围产期医学不断发展，出生儿的先天异常的类型及比例也随之变化。以上海市儿童福利院为例，目前机构内 0—3 岁儿童在院内儿童中占比为 2.6％，3 岁以上儿童在院内儿童中占比为 97.4％；其中正常儿童约占 5％，患有不同疾病的儿童约占 95％。最常见的 5 种先天异常发生了变化，依次为脑神经系统疾患

（43%）、视听力障碍（8%）、先天性心脏病（8%）、先天愚型（6%）和肢体畸形（4%），其他疾病约占31%。与数年前相比，唇腭裂占比大幅下降，目前仅为2%；神经管畸形、多指（趾）等已很少见，某些罕见病如血友病、遗传性大疱表皮松懈症、成骨不全症等占比均低于0.5%。另一方面，福利机构内的儿童患有精神系统疾病的比例较高。仍以上海市儿童福利院为例，机构内3岁以上儿童中罹患精神系统疾病的约占10.47%。同时机构内儿童由于集体养育且大多存在先天疾患，体质差，对疾病的抵抗力差，较易出现并发症及单一疾病群体发病的现象。在福利机构中，儿童存在的基础疾病如脑性瘫痪、脑发育不全等脑部疾患极易导致继发性的癫痫发作；呼吸系统疾病如急性上呼吸道感染、支气管炎、肺炎等占比较高；腹泻病如轮状病毒肠炎等较常见；另外某些皮肤科疾病如手足口病、水痘等也易引起群体爆发。因此，有必要对福利机构内的特殊儿童积极开展早期干预，采取各种有效的预防措施和治疗手段，增强其疾病抵抗能力，消除或减轻其功能障碍，从而增加其生活自理、学习和社会交往能力，使其达到个体生存的最佳状态。

二、常见内科疾病防治

（一）急性上呼吸道感染

急性上呼吸道感染简称上感，俗称"感冒"，是小儿最常见的疾病。它主要侵犯鼻、鼻咽和咽部，导致急性鼻咽炎、急性咽炎、急性扁桃体炎等，常统称上呼吸道感染。

1. 临床表现

本病症状轻重不一，与年龄、病原和机体抵抗力不同有关，年长儿症状较轻，而婴幼儿较重。婴幼儿局部症状不显著而全身症状重，多骤然起病，高热、咳嗽、食欲差，可伴呕吐、腹泻、烦躁，甚至热性惊厥。年长儿症状较轻，常在受凉后1—3天出现鼻塞、喷嚏、流涕、干咳、咽痒、发热等症状；有些患儿在发病早期可有阵发性脐周疼痛，与发热所致阵发性肠痉挛和肠系膜淋巴结炎有关。

2. 治疗

因本病多为病毒感染，一般不需使用抗生素治疗。

（1）一般治疗：休息、多饮水，注意呼吸道隔离，预防并发症。

（2）病因治疗：使用抗病毒药物治疗 3—5 日即可。若病情重、有继发细菌感染，或有并发症可加用抗菌药物，疗程 3—5 日。

（3）对症治疗：高热可服解热镇痛剂，亦可物理降温。热性惊厥可予镇静、止惊等处理。

3. 预防：应对感冒的根本措施在于预防

（1）提高抵抗力：加强体格锻炼，参加户外活动。

（2）增强体质：饮食全面均衡并富有营养，防止儿童营养不良。

（3）给予适宜的环境：注意避寒与保暖，居室经常通风换气，不带儿童到人群密集的公共场所。

（二）支气管肺炎

支气管肺炎是小儿时期最常见的肺炎，全年均可发病，以冬、春寒冷季节较多。营养不良、先天性心脏病、低出生体重儿、免疫缺陷者更易发生。

1. 临床表现

（1）一般症状：发病前常有上呼吸道感染数日。体温可达 38 ℃—40 ℃，大多数为弛张型或不规则发热。婴幼儿多起病缓慢，发热不高。其他表现可有拒食、呕吐、呛奶等。

（2）呼吸系统：大多起病较急，主要症状为发热、咳嗽、气促。肺部体征早期不明显或仅呼吸音粗糙，以后可闻固定的中、细湿啰音，叩诊多正常。

（3）循环系统：轻度缺氧可致心率增快，重症肺炎可合并心肌炎和心力衰竭。

（4）神经系统：轻度缺氧表现为烦躁、嗜睡；脑水肿时出现意识障碍、惊厥、呼吸不规则、前囟隆起，有时可出现脑膜刺激征，瞳孔对光反应迟钝或消失。

（5）消化系统：轻症常有胃纳差、吐泻、腹胀等；重症可引起中毒性肠麻痹，肠鸣音消失，腹胀严重时呼吸困难加重。

2.治疗

当患儿确诊肺炎时，首先应根据病原菌进行抗生素治疗，越早治疗预后越好。病情稳定后可由静脉使用抗生素转为口服治疗，抗生素疗程为 7—10 天。

（1）抗感染治疗

早期使用抗生素，根据不同肺炎类型、病原菌选择适合的抗生素：肺炎链球菌肺炎首选阿莫西林克拉维酸钾，对于青霉素过敏者，或感染耐药菌的患儿，可选用喹诺酮类、头孢类药物；葡萄球菌肺炎首选半合成青霉素类或头孢类药物；肺炎支原体肺炎多选用大环内酯类抗生素，如红霉素、阿奇霉素，或喹诺酮类，如左氧氟沙星；肺炎衣原体肺炎首选红霉素，也可以使用克拉霉素治疗；病毒性肺炎根据病毒类型选择不同药物。需要特别注意的是，肺炎的抗生素治疗用药应足量、足疗程，不能因症状缓解而过早停药，否则易导致肺炎复发。

（2）对症治疗

①发热的处理：可采用物理降温，或使用退热药物，如布洛芬等。但过快退热会使患儿因大量出汗而导致抽搐，并增加消化道出血的风险。

②氧疗与呼吸支持：存在低氧血症及高碳酸血症的患儿，需要通过导管或面罩吸氧，调整给氧浓度，维持血氧饱和度。

③保持呼吸道通畅：使用祛痰剂、支气管解痉剂、雾化吸入。

（3）预防并发症发生

一旦出现并发症，及时给予相应治疗。

3.预防

（1）摄入营养丰富的饮食，加强锻炼，增强体质。

（2）室内通风，注意防寒保暖。

（3）有咳嗽、喷嚏时注意遮挡口鼻，减少病原菌播散。

（4）在秋、冬季注射流感疫苗或肺炎疫苗，联合使用可提升免疫效果。

（三）轮状病毒肠炎

轮状病毒肠炎是由轮状病毒所致的急性消化道传染病。病原体主要通过消化道传播，主要发生在婴幼儿，常由 A 组轮状病毒引起，发病高峰在秋季，故名婴儿秋季腹泻。

1. 临床表现

（1）婴幼儿表现为腹泻，排黄色水样便，无黏液及脓血，量多，一般 5—10 次／天，重者超过 20 次／天。

（2）婴幼儿多数伴有发热，体温在 37.9 ℃—39.5 ℃。30%—50%患儿早期出现呼吸道症状。其他伴发症状有腹胀、腹鸣、腹痛、恶心、呕吐等。

（3）腹泻重症患儿可发生等渗性脱水、代谢性酸中毒和电解质紊乱。

（4）轮状病毒感染引起的腹泻病程较短，一般 3—5 天，多数具有自限性。免疫缺陷患儿可发生慢性症状性腹泻。

2. 治疗

调整饮食，预防和纠正脱水，维持水、电解质平衡，合理用药，加强护理，预防并发症。

（1）目前无特效药物治疗，抗菌治疗无效。

（2）以饮食疗法和液体疗法等对症治疗为主：可口服补液盐溶液（ORS）纠正和防止脱水。

3. 预防

（1）管理传染源：应及时发现患儿及隔离患儿。

（2）切断传播途径：加强患儿的饮食、饮水及卫生护理，做好粪便的消毒工作；做好患儿所在园区的消毒工作。

（3）保护易感人群：接种免疫轮状病毒的疫苗。

三、常见精神疾病的诊断和治疗

1. 精神发育迟滞

精神发育迟滞是一组以智能低下和社会适应困难为显著临床特征的

精神障碍，是小儿常见的一种发育障碍。

（1）临床表现：主要表现为社会适应能力、学习能力和生活自理能力低下；其言语、注意、记忆、理解、洞察、抽象思维、想象、心理活动能力等，都明显落后于同龄儿童。

（2）诊断：智力低下是诊断的根据。根据智力低下的水平和社会适应能力缺损程度分为 4 级。

① 轻度：智商在 50—69 之间，成年后可达到 9—12 岁的心理年龄，幼儿期即可表现出智能发育较同龄儿童迟缓，小学以后表现为学习困难。能进行日常的语言交流，但是对语言的理解和使用能力差。通过职业训练能从事简单非技术性工作，有谋生和家务劳动能力。

② 中度：智商在 35—49 之间，成年以后可达到 6—9 岁的心理年龄，从幼年开始，患者智力和运动发育都较正常儿童明显迟缓，不能适应普通小学的就读。能够完成简单劳动，但效率低、质量差。通过相应的指导和帮助，可学会自理，进行简单生活。

③ 重度：智商在 20—34 之间，成年以后可达到 3—6 岁的心理年龄，患者出生后即表现出明显的发育延迟，经过训练只能学会简单语句，但不能进行有效语言交流，不能学习，不会计数，不会劳动，生活常需他人照料，无社会行为的能力。可伴随运动功能损害或脑部损害。

④ 极重度：智力在 20 以下，成年以后可达到 3 岁以下的心理年龄，完全没有语言能力，不会躲避危险，不认识亲人及周围环境，以原始性的情绪表达需求。生活不能自理，尿便失禁。常合并严重脑部损害、躯体畸形。

（3）治疗：早期发现，早期诊断，查明原因，早期干预。

在婴幼儿期，治疗的方法、内容以及重点是尽可能针对病因治疗，及早进行干预治疗，减少脑功能损伤，使已损伤的脑功能得到代偿。对年长儿，教育、训练和照管是治疗的重要环节。轻度经过治疗，可以接受教育；中度一般可以训练；重度和极重度以养护为主，并辅以药物和饮食治疗。

2. 注意缺陷多动障碍

注意缺陷多动障碍，俗称多动症，是指智力正常或基本正常的小儿，表现出与年龄不相称的注意力不集中，部分场合的过度活动，情绪冲动并可有认知障碍和学习困难的一组症候群。

（1）临床表现：以动作过多、易冲动和注意力不集中为主。

（2）诊断：根据美国精神病学会出版的《精神障碍诊断和统计手册》第 4 版（DSM-IV）的诊断标准（表 6-1-1），将注意缺陷多动障碍分为三型：多动为主型，注意力分散为主型和混合型。若患儿在病程的前 6 个月中既符合 A（1）又符合 A（2），则为注意缺陷、多动障碍混合型；若仅符合 A（1），但不符合 A（2），则为注意缺陷、多动障碍、注意力分散为主型；若仅符合 A（2），但不符合 A（1），则为注意缺陷、多动障碍、多动为主型。

表 6-1-1　注意缺陷多动障碍的诊断标准

A　（1）或（2）
（1）注意分散：以下症状 ≥ 6 条，持续 6 个月以上且达到与发育阶段不相适应和不一致的程度
a 常常不注意细节问题或经常在作业、工作或其他活动中犯一些粗心大意的错误
b 在完成任务或游戏中难以保持注意集中
c 别人和他说话时常似听非听
d 常不能按别人的指示完成作业、家务或工作（不是由于违抗行为或未能理解所致）
e 常难以组织工作和游戏
f 常逃避、讨厌或不愿意进行要求保持注意集中的工作（如学校作业或家庭作业）
g 常常丢失学习和活动要用的物品（如玩具、学校指定的作业、铅笔、书本或工具）
h 常容易受外界刺激而分散注意力
i 日常活动中容易忘事

（续表）

（2）多动 / 冲动：以下症状 ≥ 6 条，持续 6 个月以上且达到与发育阶段不相适应和不一致的程度

	a 常常手或脚动个不停或在座位上不停扭动
	b 在课堂上或其他要求保持坐位的环境中常离开座位
	c 常在不适当的情况下乱跑或乱爬
	d 常难以安静地玩耍或从事闲暇活动
	e 经常忙个不停像是被迫地活动过分
	f 经常话多
	g 常常别人问话未完就抢着回答
	h 经常难以按顺序排队等待
	i 常打断或干扰别人的活动（如插话或干扰别人的游戏）
B	7 岁前就有一些造成损害的多动 / 冲动或注意力障碍症状
C	一些症状造成的损害出现在两种或两种以上的环境中（如在学校、工作单位或家庭）
D	必须有明确的社会功能、学习功能或职业功能损害的临床证据
E	排除广泛性发育障碍、精神分裂症、心理障碍或其他精神疾病（如情感障碍、焦虑症、人格障碍等）引起的多动

（3）治疗

① 心理治疗：主要有行为治疗和认知行为治疗两种方式。

② 药物治疗：药物能改善注意缺陷，降低活动水平。目前国内主要是用哌甲酯及其控释片，低剂量有助于改善注意力，高剂量能够改善多动、冲动症状，减少行为问题。中枢兴奋剂仅限于 6 岁以上患者使用，晚上不宜使用。

四、常见传染病的防治

（一）疥疮

疥疮是由疥螨在人体皮肤表皮层内引起的接触性传染性皮肤病。因机构内儿童来源复杂，该病较易在机构内传播流行。疥疮患儿是主要传

染源，主要通过接触传染，包括直接接触和间接接触。

1. 临床表现

以皮肤柔嫩之处（指缝及其两侧、腕屈面、肘窝、腋窝、脐周、腰部、下腹部、生殖器、腹股沟及股上部内侧，婴幼儿、儿童亦常累及头面部、掌跖）有丘疹、水疱及隧道，阴囊瘙痒性结节，夜间瘙痒剧烈为特点。

2. 治疗

目的是杀虫、止痒、治疗并发症。

（1）疥疮患儿一旦确诊应立即隔离，并煮沸消毒其衣服和寝具。机构内集体生活者应同时治疗。

（2）治疗以外用药为主，瘙痒严重者可辅以镇静止痒药睡前口服，继发感染时同时应用抗生素。

（3）涂药时从颈部（婴儿包括头面）到足部涂遍全身，不要遗漏皮肤皱褶处、肛门周围、指甲的边缘及指甲根部的皮肤皱褶。皮疹集中的部位应反复涂药并加压摩擦。用药期间不洗澡、不更衣，疗程结束后再用热水、肥皂洗澡。

3. 预防

疥疮的主要预防措施包括避免与疥疮患者进行直接皮肤接触，同时也要避免接触疥疮患者用过的东西。

（1）在开始治疗前3天内，将所有的衣服、床上用品和毛巾等进行煮沸消毒，然后高温烘干。

（2）将不能煮沸的物品用塑料袋包扎1周以上，等疥螨饿死后清洗。

（二）水痘

水痘是由水痘—带状疱疹病毒初次感染引起的急性传染病，主要发生在婴幼儿和学龄前儿童中，临床以斑疹、丘疹、疱疹和结痂共同存在为特征。冬春两季多发，传染力强。

1. 临床表现

水痘多为自限性疾病，10天左右可自愈。

（1）潜伏期：一般为14天左右（10—20天）。

（2）前驱期：年长儿在皮疹出现前可有发热、头痛、全身倦怠、恶心、呕吐、腹痛等前驱症状，小儿则皮疹和全身症状同时出现。

（3）出疹期：在发病24小时内出现皮疹，皮疹先于躯干和头部，后波及面部和四肢，呈向心性分布。最初为粉红色斑疹，数小时变为丘疹，再数小时左右发展成疱疹。疱疹为单房性，疱液初清亮，呈珠状，后稍浑浊，周围有红晕。1—2天后疱疹从中心开始干枯、结痂，红晕消失。1周左右痂皮脱落，一般不留瘢痕。皮疹呈向心性分布，主要位于躯干，其次头面部，四肢相对较少，手掌、足底更少。皮疹分批出现，故可见丘疹、疱疹、痂疹同时存在。

2．治疗

（1）患儿应早期隔离，直到全部皮疹结痂为止，一般不少于病后两周。与水痘患者接触过的儿童，应隔离观察3周。

（2）治疗上主要采取对症治疗：皮肤瘙痒者可以口服抗组胺药；若疱疹未破裂，可局部涂擦炉甘石洗剂以止痒；若因搔抓或挤压致疱疹破裂，可用抗生素软膏涂抹患处。

3．预防

最有效的预防方式是接种水痘疫苗（水痘减毒活疫苗）。

（三）手足口病

手足口病也被称为"手口足综合征"，是由肠道病毒引起的常见急性发热出疹性传染病。

1．临床表现

主要发生在5岁以下的儿童中，潜伏期多为2—10天，平均3—5天。大多数患者症状轻微，以手、足、口腔等部位的皮疹、疱疹和全身发热为主要特征。

（1）普通病例表现：急性起病，发热、厌食、口腔黏膜出现散在疱疹或溃疡，舌、颊黏膜及硬腭等处为多，也可波及软腭，牙龈、扁桃体和咽部。手、足、臀部、臂部、腿部出现斑丘疹，后转为疱疹，疱疹周围可有炎性红晕，疱内液体较少。手足部较多，掌背面均有。皮疹数少则几个多则几十个。消退后不留痕迹，无色素沉着。

（2）重症病例表现：少数病例（尤其是小于 3 岁者）病情进展迅速，在发病 1—5 天左右出现神经、呼吸、循环系统症状，可致死亡，存活病例可留有后遗症。

2. 治疗

目前没有特效的抗该类病毒的药物和特异性治疗手段，如无并发症，预后一般良好，多在一周内痊愈。

（1）一般治疗：主要为对症治疗。

① 隔离患儿，接触者应注意消毒隔离，避免交叉感染。

② 做好口腔护理。

③ 做好清洁卫生，防止继发感染。

④ 抗病毒药最佳使用时机一般在发病 24—48 h，错过此阶段则不提倡使用抗病毒药物。

（2）重症治疗：如出现 DIC、肺水肿、心力衰竭等，应给予相应处理。

3. 预防

（1）一般预防措施：做好手足口病宣教，保护易感人群，手足口病患儿做好隔离。

（2）开展消毒工作：全面开展内外环境的消毒工作，切断传播途径。玩具和物品严格消毒；室内通风，保持空气清新。

（3）接种疫苗：目前只有针对肠道病毒 EV71 型引起的手足口病疫苗。

五、其他常见病的防治

（一）生长发育迟缓

生长发育迟缓（发育迟缓）是指在生长发育过程中出现速度放慢或是顺序异常等现象。

1. 临床表现

生长发育迟缓表现往往是多方面的，多有体格发育、运动发育及智力发育落后，但某一方面也可以为突出表现。

2. 诊断

（1）体格生长评价：福利机构一般采用的标准为 2005 年中国九省市儿童体格发育调查数据。儿童体格生长评价包括发育水平、生长速度以及匀称程度三个方面。

① 发育水平将某一年龄时点所获得的某一项体格生长指标测量值（横断面测量）与参考人群值比较，得到该儿童在同质人群中所处的位置，即为此儿童该项体格生长指标在此年龄的生长水平，通常以等级表示其结果。通常离差法以 $X \pm 2SD$ 为正常范围，包括样本的 95%；百分位数法以 P_3—P_{97} 为正常范围，包括样本的 94%。生长水平包括所有单项体格生长指标，如体重、身高（长）、头围、胸围、上臂围等，可用于个体或群体儿童的评价。

② 生长速度是对某一单项体格生长指标定期连续测量（纵向观察），将获得的该项指标在某一年龄阶段的增长值与参照人群值比较，得到该儿童该项体格生长指标的生长速度。以生长曲线表示生长速度最简单、直观，定期体检是生长速度评价的关键。

③ 匀称程度是对体格生长指标之间关系的评价。体型匀称度表示体型（形态）生长的比例关系，常选用体块指数（BMI）表示。身材匀称以坐高（顶臀高）/ 身高（长）的比值反映下肢生长状况，结果以匀称、不匀称表示。

（2）儿童神经心理发育的水平表现在儿童在感知、运动、语言和心理等过程中的各种能力，对这些能力的评价称为心理测试。心理测试仅能判断儿童神经心理发育的水平，没有诊断疾病的意义。心理测试需由经专门训练的专业人员根据实际需要选用，不可滥用。包括能力测试和适应性行为测试：

① 能力测试筛查性测验丹佛发育筛查法（DDST）主要用于 6 岁以下儿童的发育筛查。诊断测验 Gesell 发育量表适用于 4 周至 3 岁的婴幼儿，从大运动、细动作、个人—社会、语言和适应性行为五个方面测试，结果以发育商（DQ）表示；Wechsler 学前及初小儿童智能量表

（WPPSI）（图 6-1-1）适用于 4—6.5 岁儿童；Wechsler 儿童智能量表修订版（WISC—R）适用于 6—16 岁儿童，内容与评分方法同 WPPSI。

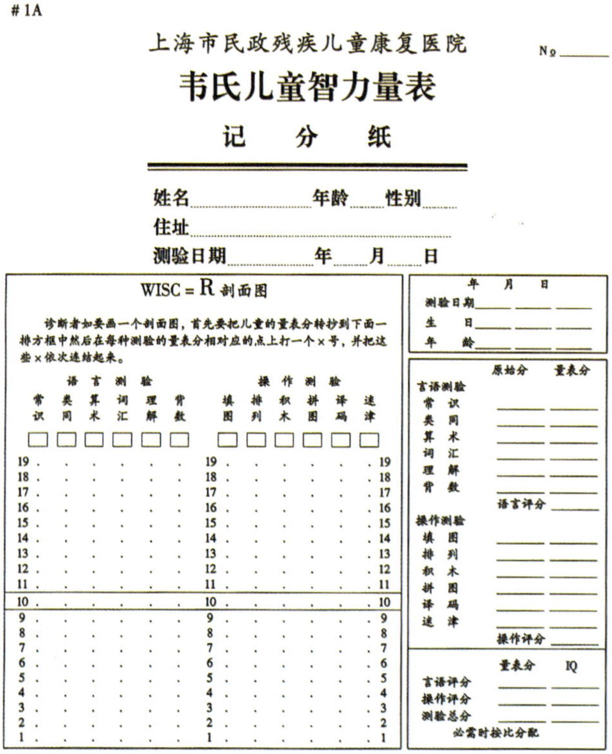

#1A

上海市民政残疾儿童康复医院　　№______

韦氏儿童智力量表

记　分　纸

姓名__________ 年龄____ 性别____

住址____________________

测验日期__________ 年____ 月____ 日

WISC = R 剖面图

诊断者如要画一个剖面图，首先要把儿童的量表分转抄到下面一排方框中然后在每种测验的量表分相对应的点上打一个×号，并把这些×依次连结起来。

语言测验						操作测验					
常识	类同	算术	词汇	理解	背数	填图	排列	积木	拼图	译码	迷津

19 18 17 16 15 14 13 12 11 10 9 8 7 6 5 4 3 2 1

	年	月	日
测验日期			
生日			
年龄			

	原始分	量表分
言语测验		
常识		
类同		
算术		
词汇		
理解		
背数		
	语言评分	
操作测验		
填图		
排列		
积木		
拼图		
译码		
迷津		
	操作评分	

	量表分	IQ
言语评分		
操作评分		
测验总分		

必需时按比分配

图 6-1-1　韦氏儿童智力量表

② 适应性行为测试智力低下的诊断与分级必须结合适应性行为的评定结果。采用日本 S—M 社会生活能力检查，即婴儿—初中学生社会生活能力量表。此量表适用于 6 个月至 15 岁儿童社会生活能力的评定。

3. *治疗与预防*

婴儿出生后早期，各系统尚处于生长发育中，出现异常情况年龄越小，早期干预康复治疗效果越好。首先通过病史、体格和辅助检查综合分析，判断引起儿童生长发育迟缓的原因，来确定治疗原则。

（1）体格发育迟缓。① 营养不足应合理营养、全面均衡饮食，培养良好的饮食习惯，促进食欲等。② 全身疾病应积极治疗原发疾病。

③家族性矮小、特发性矮小和体质性生长发育迟缓应通过各种调养，充分发挥生长潜力，可酌情使用生长激素。④先天性遗传、代谢性疾病如甲低、垂体性侏儒、先天性卵巢发育不全、小于胎龄儿等应进行相应特殊治疗及对症治疗。

（2）语言发育迟缓应尽早进行康复干预。

（二）甲状腺功能减退

甲状腺功能减退症（简称甲减），是由于甲状腺激素合成及分泌减少，或其生理效应不足所致机体代谢降低的一种疾病。按其病因分为原发性甲减、继发性甲减及周围性甲减三类，以原发性者多见，其次为垂体性者，其他均属少见。

1. 临床表现

主要临床特征为生长发育落后、智能低下和基础代谢率降低。

（1）新生儿及婴儿甲减：新生儿甲减症状和体征缺乏特异性，大多数较轻微，如母孕期胎动少、过期产分娩、出生体重大于第90百分位（常＞4 kg）；身长较正常矮小20%左右，全身可水肿，面部呈臃肿状，皮肤粗糙，生理性黄疸延长，黄疸加深，嗜睡，少哭、哭声低下、纳呆，吸吮力差，体温低，便秘，前囟较大，后囟未闭，腹胀、脐疝；心率缓慢、心音低钝。

（2）幼儿及儿童甲减：大多数先天性甲减常于出生后数月或1—2年后就诊，此时甲状腺素缺乏严重，婴儿症状典型。患儿症状的严重程度与甲状腺素的缺乏程度和持续时间密切相关。

①特殊面容：面部臃肿，表情淡漠，反应迟钝。毛发稀疏，唇厚舌大，舌外伸，眼睑水肿。

②神经系统功能障碍：智力低下，记忆力、注意力均降低。运动发育障碍，行走延迟，并常伴有听力减退，感觉迟钝，嗜睡现象。严重者由于受寒冷、感染、手术、麻醉或镇静剂应用不当等应激，可诱发黏液性水肿、昏迷，或称"甲减危象"。

③生长发育停滞（呆小病）：表情呆滞，发音低哑，颜面苍白，眶

周浮肿，两眼距增宽，鼻梁扁塌，唇厚流涎，舌大外伸身材矮小，躯体长，四肢短，上、下部量比值常＞1.5，骨发育明显延迟。

④ 心血管功能低下：脉搏细弱，心音低钝，心脏扩大，可伴心包积液，心电图呈低电压，P-R延长，传导阻滞等。

⑤ 消化功能紊乱：纳差，腹胀，便秘，大便干燥，胃酸减少，易被误诊为先天性巨结肠。

2. 治疗

甲状腺素是治疗先天性甲减的最有效药物。

（1）不论器质性病因何在，一旦确诊立即治疗；

（2）对先天性甲状腺发育异常或代谢异常起病者需终身治疗；

（3）对下丘脑—垂体性甲减患者，甲状腺素治疗需从小剂量开始，同时给生理需要量皮质激素，防治突发性肾上腺皮质功能衰竭；

（4）疑有暂时性甲减者，一般需正规治疗两年后，再停药1个半月，复查甲状腺功能，若功能正常，则可停药。

3. 预防

本病患儿如果于3月龄内开始治疗，大多预后较佳。

新生儿筛查：鉴于本病在内分泌代谢性疾病中的发病率最高，因此许多国家都已列入常规遗传缺陷病的筛查项目。通常于出生后2—3天采集外周毛细血管血至特制纸片监测TSH浓度作为初筛，TSH＞20 mIU/L时再采血测血清T4和TSH加以检测。该筛查项目方法简便、费用低廉、准确率较高，是早期确诊患儿避免神经精神发育严重缺陷的极佳预防措施。

（三）癫痫

癫痫是一种慢性的、反复出现的发作性疾病，是多种原因引起的脑功能障碍的表现。癫痫是由大脑灰质神经元反复异常的阵发性超同步化放电引起的各种临床症状，常表现为发作性的意识障碍、抽搐、精神行为异常。

1. 临床表现

根据发作形式及脑电图的变化，癫痫可分为不同的类型，见表 6-1-2。

表 6-1-2　癫痫发作的类型

分　型		主要特点
部分性发作	（1）单纯部分性发作	有运动、感觉及自主神经症状，但无意识障碍。
	（2）复杂部分性发作（精神运动性发作或颞叶癫痫）	出现意识障碍和精神症状等。
	（3）继发性全身发作	部分性发作发展至全身性发作。
全身性发作	（1）全身心强直—阵挛发作（大发作）	全身阵挛性抽搐，意识丧失。
	（2）癫痫持续状态	为大发作频繁发生，间歇期短，持续昏迷。
	（3）失神发作（小发作）	分典型发作或不典型发作，突然知觉丧失，动作中断。
	（4）其他	肌阵挛发作、强直发作、失张力发作。
不能分类的发作		不能归入上述各类的发作。

2. 诊断

首先应判断是否为癫痫，然后确定发作类型，再进一步寻找并确定病因。因为医师很难目睹患儿发作情况，因此诊断时必须有详细的病史，全面的查体和必要的辅助检查。

（1）确定是否为癫痫：详细询问保育员，尽可能获取详细而完整的发作史，是准确诊断癫痫的关键。脑电图检查是诊断癫痫发作和癫痫最重要的手段，临床怀疑癫痫的病例均应进行脑电图检查。

（2）癫痫发作的类型：主要依据详细的病史资料、脑电图检查，必要时进行 24 h 动态脑电图检测等进行判断。

（3）癫痫的病因：在癫痫诊断确定之后，应设法查明病因。在病史中应询问生长发育情况，有无脑炎、脑膜炎、脑外伤等病史。查体中有无神经系统体征、全身性疾病等。然后选择相关检查，如头颅磁共振（MRI）、CT、血糖、血钙、脑脊液检查等，以进一步查明病因。

3. 鉴别诊断

临床上存在多种多样的发作性事件，既包括癫痫发作，也包括非癫痫发作。非癫痫发作在各年龄段都可以出现（见表6-1-3），非癫痫发作包括多种原因，其中一些是疾病状态，如晕厥、短暂性脑缺血发作（TIA）、发作性运动诱发性运动障碍、睡眠障碍、多发性抽动症、偏头痛等，另外一些是生理现象，如屏气发作、睡眠肌阵挛、夜惊等。

表6-1-3　不同年龄段常见非癫痫性发作

新生儿	周期性呼吸、非惊厥性呼吸暂停、颤动
婴幼儿	屏气发作、非癫痫性强直发作、情感性交叉擦腿动作、过度惊吓症
儿童	睡眠肌阵挛、夜惊、梦魇及梦游症、发作性睡病、多发性抽动症 发作性运动诱发性运动障碍

4. 治疗

对癫痫患儿的治疗应努力控制发作，尽量提高患儿的生活质量。

（1）一般治疗：避免一切诱发因素，注意安全防护。

（2）病因治疗：对于某些可治性病因，应及时治疗。

（3）药物治疗：合理应用抗癫痫药物是治疗癫痫的主要手段。

①早期治疗：癫痫诊断明确后应尽早给予抗癫痫药物，但对首次发作，体征及影像学检查无异常者，可暂不用药物，但需密切观察。

②选药正确：主要根据发作类型来选择抗癫痫药物。癫痫大发作时，首选苯妥英钠、卡马西平；精神运动性发作时，首选卡马西平；小发作时，首选乙虎胺；持续状态时，首选地西泮。丙戊酸钠具有多重抗癫痫作用机制，对各种类型的癫痫均有效，且过敏反应少，对认知影响小，无肝酶诱导作用，所以在福利机构内使用丙戊酸钠抗癫痫比较常见。

③单药治疗与联合用药：尽量采用单药治疗。

联合用药指征：难治性癫痫患儿使用多种单药治疗方案无效；患儿具有多种发作类型，可根据发作类型联合用药。

④ 用药个体化。

⑤ 服药要规律、疗程要长：每日给药次数应视药物的半衰期而定，一般在控制发作后还要继续服药2—4年。

⑥ 停药过程要慢：患儿停药或换药前原服用药物应缓慢减量，一般要3—6个月，甚至1年，如突然停药易引起癫痫持续状态。

⑦ 定期复查：注意观察疗效和药物毒副作用，定期检测血常规和肝功能等。

（四）中耳炎

中耳炎是累及中耳（包括咽鼓管、鼓室、鼓窦及乳突气房）全部或部分结构的言行病变，好发于儿童。可分为分泌性中耳炎、急性中耳炎和慢性中耳炎。

1. **临床表现**

（1）分泌性中耳炎：由长期鼻炎、鼻窦炎以及腺样体肥大引起。常见表现为轻度听力减退，可伴有耳闷感和耳鸣。

（2）急性中耳炎：可有畏寒、发热等全身症状，小儿常伴有呕吐、腹泻等消化道症状。耳痛是儿童急性化脓性中耳炎的最常见表现，常为耳深部痛，逐渐加剧，一旦鼓膜穿孔，全身症状及耳痛均会缓解。典型的急性中耳炎可分四期：充血期、渗出期、化脓期、恢复期。

（3）慢性中耳炎：表现为长期耳流脓、脓量可多可少，有时可伴有出血，有臭味。慢性中耳炎可分为3型：单纯型、骨疡型、胆脂瘤型。

2. **治疗**

（1）分泌性中耳炎：治疗原则是清除中耳积液，改善中耳通气引流及病因治疗。

（2）急性中耳炎：治疗原则是控制感染，通畅引流及病因治疗。

（3）慢性中耳炎：局部治疗包括药物治疗和手术治疗，根据不同类型采用不同方法。

3. **预防**

对于集体养育儿童来言，每次洗澡后及时清理及保持耳道干燥是预防中耳炎发生的有效做法。注意感冒时要观察有无耳痛、流脓表现。平日需注意儿童听力表现，看电视的声音是否过响。要积极处理鼻腔、鼻咽病变，儿童有夜眠打鼾表现需要检查有无腺样体肥大。

案例分享

康康　男　2岁8个月　15 kg　正常儿

一天内排水样便4次，未见黏脓脓血。无发热，无呕吐，胃纳差。否认不洁饮食史。

查体：神志清，精神软，对答切题。双眼眶略凹陷，哭时有泪。双肺呼吸音清，未及啰音。心音有力，律齐。腹软，无胀，压痛及反跳痛（－），未及异常包块，肠鸣音亢进，6—7次/分。四肢肌张力可，活动自如。

实验室检查：血常规：正常。粪常规：色黄，质稀，隐血（－），未见红细胞，未见白细胞。

诊断：急性腹泻病（轻型）。

治疗原则：

（1）调整饮食：减少胃肠道负担，病情好转后逐步恢复病前饮食。

（2）液体疗法：轻度脱水可口服补液，用口服补液盐（ORS）或改良ORS液（即米汤＋食盐或菜汤），有呕吐及中度以上脱水需静滴补液，定量，定性，定速，缺多少补多少，累计损失量补足后病儿病情好转可继续口服补液。

（3）控制肠道内外感染：针对病原若为侵袭性细菌感染（粪常规检查示脓细胞＞15个/HP），需用第三代头孢菌素、氨基糖苷类或喹诺酮类抗菌药，病毒性肠炎用抗病毒药物，如利巴韦林（三氮唑核苷）等。

（4）微生态疗法。

（5）肠黏膜保护剂，吸附病原体和毒素，常用双八面体蒙脱石（思密达）。

处方

（1）保护肠黏膜，应用微生态制剂。

双八面体蒙脱石（思密达）1包 tid po

枯草杆菌二联活菌（妈咪爱）1袋 bid po（用40℃以下温开水或牛奶冲服，也可直接服用）

（2）补液，纠正水、电解质紊乱。

轻度脱水：ORS 50—80 ml/（kg·d）分次冲服

备注：若患儿出现中度脱水：第一天补液。

10% GS	50 ml/（kg·d）	iv gtt（8—12 h 滴完）st
10%氯化钠	2.5 ml/（kg·d）	
5%碳酸氢钠	5 ml/（kg·d）	

若患儿出现重度脱水：第一天补液。

10% GS	80 ml/（kg·d）	iv gtt（8—12 h 滴完）st
10%氯化钠	5 ml/（kg·d）	
5%碳酸氢钠	8 ml/（kg·d）	

第二天的补液量需根据病情重新估计脱水情况来决定，一般只需补充继续损失量和生理需要量。继续损失量必须根据实际损失量用类似的溶液补充。这两部分液体于12—24小时内均匀输入。能够口服者应尽量口服。

若患儿出现侵袭性肠炎的表现，需加用抗感染治疗。

NS	100 ml	iv gtt（8—12 h 滴完）st
头孢噻肟	100 mg/（kg·d）	

第二节　营养不良儿童的综合干预

一、儿童营养概述

（一）营养素需求

儿童健康成长必须要有合理营养的支持。营养能够产生能量，维持各项正常生理活动，营养能够为儿童生长提供物质基础。儿童对营养素需求量较大，但自身消化吸收功能不够完善，容易发生营养紊乱，所以必须根据儿童的生理特点，为儿童提供合理营养。

营养素分为八大类：能量、蛋白质、脂类、碳水化合物、矿物质、维生素、水和膳食纤维。其中，蛋白质、脂类和碳水化合物摄入量较大，被称为宏量营养素；维生素和矿物质需要量相对较小，被称为微量营养素。任何一种营养素过多或不足均可引起营养过剩或营养不良。其中，能量是生命中一切生化过程和生理功能的基础。食物中的碳水化合物、脂肪和蛋白质经过氧化分解释放出一定的能量，供给人体需要，被称为三大生能营养素。

（1）能量：为儿童提供的支持包括五个方面：基础代谢、食物的特殊动力作用、活动所需、生长所需及排泄消耗。能量长期摄入过多，会以脂肪形式储存于体内，造成肥胖；若能量长期摄入不足，则造成儿童体重减轻、生长减慢停滞，反应淡漠、活动减少，疾病增多，对儿童成长造成严重影响。

（2）蛋白质：是维持人体一切生理功能的物质基础，构成人体细胞和组织的基本成分，其含量约占人体总固体量的45%。蛋白质的基本单位是氨基酸，能够维持身体组织的成长代谢，小儿处于生长发育阶段，对蛋白质的质和量需求都较高。动物性蛋白质为优质蛋白，相较植物性蛋白质更易为人体吸收利用。

（3）脂类：是脂肪和类脂的总称，是机体能量的重要来源和主要储存形式，婴儿的每日的脂肪供能约占总能量的35%—45%。膳食中提供的各种脂肪酸，参与细胞代谢，并与多种病理过程相关，如果缺乏，会影响人体正常生理功能，表现为皮肤角化、生长停滞、伤口愈合不良、免疫力下降等。

（4）碳水化合物：是主要供能营养素，2岁以上儿童的膳食中，碳水化合物提供50％—60％的能量，可与脂肪酸或蛋白质合成糖脂、糖蛋白和蛋白多糖，参与细胞的生理活动。碳水化合物以糖原形式储存在肝脏和肌肉中，多余糖类可转化为脂肪形式储存，碳水化合物供给不足时，可引发低血糖，使机体分解脂肪或蛋白质供能。

（5）维生素：根据其溶解性分为脂溶性和水溶性两大类，脂溶性维生素主要包括维生素A、D、E、K，水溶性维生素主要包括维生素B族和维生素C，维生素是维持机体正常代谢及生理功能的必需的一类有机物质。维生素不能产生能量，人体内不能合成或合成量不足，必须由食物供给。脂溶性维生素摄入过量易造成中毒，水溶性维生素易排出体外，不易中毒。维生素缺乏会造成多种疾病及发育不良。

（6）矿物质：宏量元素主要为钙、磷、钠、钾、氯、镁、硫等，微量元素主要为铁、铜、锌、碘、硒、铬等14种，这些矿物质构成机体组织并维持内环境及一切生理功能，是生命所必需，不能在体内合成，不产生能量，必需由外界供给。

（7）水：水参与体内一切代谢和生理功能，维持身体内环境。儿童体内含水量较成人多，每日需水量也较成人多。每日水的需要量与年龄、能量消耗、食物中蛋白质和矿物质的浓度等有关。婴儿每日需水量为150 ml/kg，以后每3岁减少25 ml/kg。人工喂养比母乳喂养需水量多。

（8）膳食纤维：按来源，分为可溶性膳食纤维和不可溶性膳食纤维，可溶性纤维主要是各类果胶、树胶、燕麦糖等，可降低脂肪酸和胆固醇吸收，改善血脂；不可溶性纤维主要有纤维素、半纤维素及木质素等，能够促肠蠕动、增加粪便量及排便次数，减轻便秘。

（二）婴幼儿喂养

1. 福利机构内婴儿乳品喂养

出生后的婴儿喂养主要方式有母乳喂养、混合喂养及人工喂养3种方式。在福利机构内，鉴于实际情况，主要采用人工喂养方式，即使用代乳品完全代替母乳喂养。代乳品一般有鲜牛乳、全脂奶粉、蒸发乳、酸牛乳、婴儿配方奶粉、羊乳等，牛乳最常见。其中，婴儿配方奶粉是福利机构中最常用的代乳品，婴儿配方奶粉一般是参照母乳组成的成分与模式，对牛乳进行调整加工，配制成适合婴儿成长发育所需的乳品；不同配方适合不同年龄阶段的婴幼儿。婴儿配方奶粉使用方便，成分接近母乳，营养平衡全面，但缺乏母乳的免疫活性物质和酶类。

2. 婴儿辅食添加

（1）添加辅食的理由及目的

6个月以上的婴儿，乳类食品不能满足其生长发育的营养需求，其乳牙逐步萌出，消化吸收及代谢功能逐步完善，因此，需要添加辅食。首先保障婴儿的营养摄入充足，并逐步使婴儿的单纯乳类饮食过渡至半固体、固体食物。辅食的添加不足或不及时，会造成婴儿的营养摄入不足或不全面，造成生长发育落后，并且咀嚼功能不能得到充分锻炼，会造成将来的喂养困难。

（2）添加辅食的原则及方式

辅食的添加必须循序渐进，遵从以下原则：从少到多、从稀到稠、从细到粗、由一种到多种，根据婴儿实际身体情况，逐步添加，适应一种再添加一种，如在天气炎热或者疾病状况下，暂缓添加。婴儿的辅食需单独制作，保障质量。

表 6-2-1　婴儿饮食分类

月　龄	每日主食	每日辅食	辅食种类
1—3个月	6—8次奶	偶尔少量添加	流质食物：水果汁、鱼肝油制剂
4—6个月	6次奶	逐渐加至 1—2次	泥状食物：米汤、米糊、蛋黄、菜泥、水果泥、鱼泥、动物血、豆腐
7—9个月	4次奶	1餐饭 1次水果	末状食物：粥、烂饭、饼干、烂面、鱼、蛋、肝泥、肉末
10—12个月	3餐饭	2—3次奶 1次水果	碎食：厚粥、软饭、面、面包、馒头、豆制品、碎肉

3. 幼儿喂养

幼儿期仍是儿童生长发育的高速时期，对营养素需求量大，且饮食内容和形式与婴儿期相比发生很大改变，需进行合理喂养。食物以半固体及固体食物为主，蛋白质、脂肪、碳水化合物的重量比值接近1:1.2:4，蛋白质以优质蛋白为主；谷类、乳类、肉蛋、蔬菜、水果需合理搭配，食物种类丰富，制作上应较细、软、碎、烂，注意花色口感，以刺激幼儿食欲；培养幼儿有规律、良好的饮食习惯，不挑食，不偏食；逐步培养幼儿自我进食的能力。

福利机构的儿童因部分患儿患有先天性疾病的原因，可能会有饮食禁忌，其吞咽吸收功能与正常儿童也会有所差别，需根据儿童的实际情况，对饮食进行调整。

二、儿童营养不良病因及诊断标准

1. 儿童营养不良的主要病因

蛋白质—能量营养不良（PEM）是由于各种原因引起的能量和（或）蛋白质缺乏的一种营养缺乏症，常伴有各种器官功能紊乱和其他营养素缺乏。儿童营养不良的病因主要有两个方面。

（1）原发性：食物供给不足、喂养不当、不良饮食习惯和精神因素。

（2）继发性：某些疾病的因素，如消化系统疾病，一些急、慢性感染性疾病及慢性消耗性疾病。儿童的先天不足也可能导致出生后的营养不良。

儿童营养不良在儿童福利机构收养的弃婴儿中时有发现，主要是由于这些机构收养的儿童大多患有各种先天性疾病，如脑瘫、脑发育不良、精神障碍、先天性心脏病、先天性唇腭裂、先天性胃肠道畸形、四肢畸形等，部分患儿病情较严重。先天性躯体疾病、精神疾病、继发感染以及部分患儿因为环境、饮食因素发生改变而引发的喂养困难、吸收困难，造成了这些患儿能量及营养素摄入不足和利用障碍，从而造成营养不良。

2. 儿童营养不良的诊断标准

根据儿童的年龄、喂养史，临床上的体重下降，皮下脂肪减少，全身各系统功能紊乱，其他营养素的缺乏症状、体征及实验室检查，可以判断严重营养不良，对应轻度或早期营养不良则需依靠饮食史、定期生长测量、营养评估及敏感试验指标进行诊断。营养不良诊断主要通过以下方式：

（1）病史有较长期的膳食摄入不足，喂养不当，消化系统疾病，慢性消耗性疾病或低出生体重史。

（2）能量营养不良者以消瘦为特征，蛋白质营养不良者以水肿为特征，既有体重明显下降又有水肿者为混合型。

（3）合并症常合并贫血、维生素 A、B 族和 C 缺乏及锌缺乏；重者生长发育停滞，全身各脏器和免疫功能紊乱。

（4）体格测量：

① 体重低下：儿童的体重低于同年龄、同性别人群正常值的均数，低于中位数减 2 个标准差，但高于或等于中位数减 3 个标准差，为中度体重低下；如低于参照人群的中位数减 3 个标准差为重度体重低下。此指标反映儿童过去和（或）现在有慢性和（或）急性营养不良。

② 生长迟缓：儿童的身高低于同年龄、同性别人群正常值的均数，低于中位数减 2 个标准差，但高于或等于中位数减 3 个标准差，为中度生长迟缓；如低于参照人群的中位数减 3 个标准差为重度生长迟缓。

③ 消瘦：儿童的体重低于同身高、同性别人群正常值的均数，低于中位数减 2 个标准差，但高于或等于中位数减 3 个标准差，为中度消瘦；如低于参照人群的中位数减 3 个标准差为重度消瘦。

满足体格测量的一项指标均可诊断为蛋白质—能量营养不良。

三、儿童营养不良的治疗方式

儿童营养不良在机构收养的儿童中发病率相对高于家庭儿童，主要是由于机构收养的弃婴儿先天性疾病的发病率高，先天不足。部分患儿因喂养困难，吞咽困难，吸收困难多方面因素导致了营养不良的发生，而营养不良与原始疾病、生活环境变化、各种急慢性感染相互交叉影响，互相作用，造成了治疗的困难。营养不良会出现全身各器官系统功能低下，影响儿童正常的生长发育，严重营养不良会造成儿童死亡，故必须采取必要的措施及时来纠正这一状况。

儿童营养不良的一般治疗方式，主要是判断病因、调整饮食、营养支持和积极治疗并发症。

1. 祛除病因

积极查找并治疗原发病；对于急慢性感染，及时进行控制，减少由于疾病引发的额外消耗。

2. 营养治疗

（1）营养支持治疗：积极补充营养物质，根据营养不良状况的轻重及患儿的摄入耐受能力，逐渐增加热量和营养物质。轻度营养不良可从每日 250—330 kJ（60—80 kcal）/kg 开始，尽快添加高蛋白高热量食物，中、重度营养不良需参考既往饮食情况，从每日 167—250 kJ（40—60 kcal）/kg 开始，逐步少量增加，当增加能量至满足追赶生长需要时，可达到 628—711 kJ（150—170 kcal）/kg，待体重接近正常时，恢复至生理需要量。

日常饮食中，举例来说，常规配方奶粉约 70 kcal/100 ml，雀巢小百肽能奶粉可达到 100 kcal/100 ml，猪瘦肉约 216 kcal/100 g，白煮蛋约 80 kcal/ 个，还有很多蔬菜水果类食物，能够提供各类营养素。需根据患儿的年龄及实际饮食吸收能力选择合适的食物，多样搭配，做到营养配比均衡。

补充营养物质和能量的方式包括肠内营养（EN）和肠外营养（PN），目的是增加患儿大分子和小分子营养素的摄入。其中，肠内营养主要指经口营养补充和管饲的方法；肠外营养主要是指通过胃肠外（如静脉）途径供给营养物质的方法。肠外营养的目的不仅是维持氮平衡，提供营养底物，更重要的是维护细胞代谢，改善机体整体功能，以促进患儿康复。

对于部分轻、中度患儿，吞咽吸收功能较好的，可采用单纯经口喂养的方式。部分中、重度营养不良患儿不能耐受肠道喂养或者耐受较差，可以根据患儿的胃肠功能，采用肠内肠外共同治疗的方式，为其提供足够的蛋白质及能量。

在肠内肠外营养的选择方面，长期不能耐受肠道内营养的患儿，如各种消化道畸形手术前后的患儿、患严重消化道炎症的患儿、早产儿、低出生体重儿，以及一些患肠道外疾病的患儿，都是肠道外营养的适应者。如果单纯地采用肠外营养的方式，时间较长往往会造成患儿代谢紊乱、吞咽功能减退、胃肠功能不正常，经阶段性治疗后再次改予经口进食补充能量及营养素发生困难；而在能量储备低，胃肠道功能差的情况下，如果单纯地采用肠内营养方式，又往往效果不佳；故必须在治疗前对患儿的吞咽和胃肠功能经行评估，如果胃肠道有机能能够安全使用胃肠道的，根据患儿摄入能力，坚持使用肠内营养，并且观察患儿吞咽功能考虑普通喂养或者鼻饲喂养方式，注意护理，尽量防止呛入窒息，而肠内营养也能够尽快帮助胃肠道功能的恢复和改善，能量不足部分可采用静脉营养方式进行补充，肠外营养可以对无法进行进口摄食，或者摄食不足的患者起到积极有效的辅助治疗。

由于营养不良患儿的胃肠道吸收功能较差，使用短链及中链配方奶粉可有效地增加患儿对于营养素的吸收，减少胃肠负担，故在选用奶粉方面，可使用特殊配方奶粉。营养粥采用高热能高蛋白原材料食物，以提供更高效的能量。肠外营养选择上，可采用脂肪乳剂、复方氨基酸注射液、10%葡萄糖注射液混合输注的方式，也可以添加一些矿物质、微量元素。长期静脉营养可引起维生素的缺乏，可适量进行补充。

（2）药物治疗：可采用胃蛋白酶、B族维生素等促进消化；采用锌剂提高味觉敏感度，提高食欲；并可采用正规胰岛素治疗，降低血糖，增加饥饿感，提高食欲。

3. 并发症的治疗

及时处理各种危重状况，如严重腹泻、各种感染、电解质紊乱及各种维生素缺乏等症，严重贫血可少量多次输成分血，低蛋白血症可输注白蛋白。

4. 中医治疗

小儿营养不良在中医可归为疳证，主要是由于小儿脏腑娇嫩，脾胃不充，运化不健；或饮食不洁，感染诸虫，以致损伤脾胃，形成积滞，因而形成体瘦萎黄、皮毛憔悴、肌肉消烁等症。福利机构内的该类儿童大多受先天不足，后天脾胃赢弱所累，可通过小儿推拿捏脊手法的良性刺激，达到调和经络、阴阳、气血、脏腑之功能，从而达到有效治疗的作用。

根据上海市儿童福利院在 2019 年度局级科研课题《小儿捏脊疗法治疗营养不良儿童的疗效研究》的研究：通过将 60 例 2—11 岁营养不良的孤弃儿童随机分为常规治疗组和捏脊＋常规治疗组，每组各 30 例，对比分析两组儿童在 6 个月内生长发育方面的变化；结果显示小儿捏脊疗法对营养不良儿童的体重变化影响较大，干预期间捏脊组儿童体重变化自捏脊两个月后与常规治疗组的差异性就达到了极其显著性水平（$P < 0.01$），捏脊组身长、头围变化及肠道发病率与常规治疗组相比达到显著差异（$P < 0.05$）。研究表明小儿捏脊疗法对机构内营养不良儿童的治疗有效。

小儿捏脊疗法是一种较为简单易学、安全易行、几乎不增加经济成本的中医传统推拿手法，这种手法可以作用于不同类型的疾病。半年的实践证明了在儿童福利机构由护理员对儿童进行捏脊疗法是可行的，也是可推广的。

小儿捏脊的具体手法：用双手拇指与食指、中指相对捏住脊柱皮肤，捏法自下而上从龟尾到大椎，捏 3—5 遍，接下去使用"捏三提一"手法，既每捏 3 下再将背脊皮提 1 下，如此再捏两遍，不分证型，统一手法。

四、儿童营养不良的预防

营养不良对于儿童生长发育的影响主要与其发生的年龄、持续的时间及营养不良的程度相关。发病年龄越小、营养不良程度越高，其远期影响越严重。营养不良会造成患儿生长发育的广泛落后，除了体格发育的落后，其认知、思维能力也会形成缺陷，如果不能及时纠正，会造成永久性的体格、智力发育迟缓。所以，对于儿童营养不良，要引起足够重视，及时治疗，积极预防。

针对儿童营养不良的成因，将儿童营养不良的预防主要分为以下几个部分：

（1）提供足够的营养物质：平时要做到饮食的合理搭配，根据儿童的年龄生长需求指定针对性的食谱，营养配比合理，要补充足够的高蛋白食物。

（2）合理膳食：根据儿童的消化功能，进行食物的选择，儿童年龄较低时，食物应尽量细软碎；食物烹调注意色香味，以刺激儿童食欲。

（3）培养儿童良好的饮食习惯：不强迫进食，根据儿童年龄与能力培养儿童自我进食，教育儿童不偏食挑食，创造舒适的进食环境，培养规范良好的饮食习惯和行为。鼓励儿童增加户外活动，增强体质，促进食欲。

（4）判断病因，积极治疗：针对患儿的原发病，及时治疗，对于急慢性感染要积极治疗及时控制，减少营养的额外消耗。

案例分享

安安　女　1 岁 6 个月　疾病诊断：脑瘫

治疗前体重 3.03 kg，体重低于同年龄、同性别人群正常值中位数减 3 个标准差，属重度营养不良，严重消瘦，生长发育明显落后，采用鼻胃管管饲的方式，辅以肠外静脉营养，对其营养不良进行治疗，同时采用间隙推注方式，q3h（6:00—24:00），治疗周期为 3 个月。

营养需要量配置：根据患儿体重，计算所需能量，以每公斤 50—60 kcal/kg 起步，然后根据其营养吸收及体重增加状况，前两周每周递加 30—40 kcal/kg，以后每周递加 10—20 kcal/kg。所需要的能量及营养素，采用肠内和肠外营养的方式共同完成补充。其中肠内营养主要使用短肽（小百肽）及配方奶粉、营养配方米粉（亨氏）及自制的营养粥，根据儿童的胃纳状况配置；肠外营养主要使用20%脂肪乳剂、8.5%复方氨基酸注射液、10%葡萄糖注射液共同配置，治疗周期为2—3周。每日液体摄入量为120—140 ml/kg。每日按标准剂量给予儿童善存，补充维生素及微量元素。

营养状况指标测定：身长体重测定每周1次，血常规测定每周1次，生化指标测定每2周1次，生化指标主要包括血脂、血胆固醇、血清蛋白、肝功能、血糖及电解质。

经过肠内肠外营养治疗3个月后，患儿的体重增加到4.5 kg，较治疗前有明显改善，为显效，平均每月增加0.49 kg，无明显的呕吐、腹胀、胃潴留、腹泻症状。身高也由治疗前的60 cm增加到61 cm，血生化指标中，血清总蛋白从51 g增加到61 g，均较治疗前有所增长。

综合患儿的全身因素，根据患儿的实际吸收状况、治疗的营养改善状况，提供充足的营养支持，及时调整营养治疗的方式方法，积极治疗原发病，这些都能够积极地改善患儿的营养不良症状。

第三节 自主进食困难儿童的喂养

一、自主进食困难儿童的概述

WHO（世界卫生组织）关于婴儿添加辅食指导指出绝大部分婴儿在 8 个月左右就可以掌握手指食物，他们可以用手自己拿起一些小粒的软的食物，然后自己进食。儿童在完成自主进食动作时需要头和躯干的控制，手、眼的协调以及舌、唇和颌面部的运动的配合，而这些功能正是患有先天或后天疾病的孤弃儿童所缺乏的。他们往往存在着总体发育落后，咀嚼或吞咽障碍、手眼口协调功能障碍、进食与呼吸协调困难、身体控制能力低下而稳定性差等问题。因此，在进食中应该采取特殊的护理要求、方法和注意事项，在确保儿童疾病不出现复发、加重和并发的前提下，给予他们较多的帮助，用更长的时间和耐心训练他们独立进食的能力，使儿童能够得到足够的营养供给，促进其生长。

7—24 月龄胃肠道等消化器官的发育，感知觉以及认知行为能力的发展也需要其有机会通过接触、感受和尝试，逐步体验和适应多样化的食物，且需随着年龄的增长从被动进食过渡到主动进食。

常见自主进食障碍有外在原因，如不适合的进食环境，进食姿势，食物的形态，进食的器具，帮助的方式；儿童自身原因，如不同疾病导致的发育迟缓，肌肉协调功能障碍，吞咽、咀嚼功能障碍，生活节律混乱（便秘、睡眠障碍、抗痉挛药物的影响）等。

二、自主进食困难儿童的评估

儿童进食困难是困扰照料者与临床儿科医生的常见问题，包括进食障碍和吞咽障碍，常由多因素所致，且存在个体差异。摄食障碍是食物进入口腔之前的转移障碍，吞咽功能障碍是将食物经口转移到胃的生理功能发生障碍。在培养儿童自主进食过程中仅存在进食障碍的儿童为轻度自主进食困难，中重度存在吞咽障碍、伴或不伴进食障碍，需对儿童意识水平，头部与躯干部，唇控制等导致儿童自主进食困难的原因进行观察，使用标准吞咽功能评价量表（SSA）（见表 6-3-1）对儿童进行评估。

表 6-3-1　标准吞咽功能评价表（SSA）

第 1 步　初步评价

意识水平	1= 清醒 2= 嗜睡，可唤醒并做出言语应答 3= 呼唤有反应，但闭目不语 4= 仅对疼痛刺激有反应		
头部和躯干部控制	1= 能正常维持坐位平衡 2= 能维持坐位平衡但不能持久 3= 不能维持坐位平衡，但能部分控制头部平衡 4= 不能控制头部平衡		
唇控制（唇闭合）	1= 正常	2= 异常	
呼吸方式	1= 正常	2= 异常	
声音强弱	1= 正常	2= 减弱	3= 消失
咽反射	1= 正常	2= 减弱	3= 消失
自主咳嗽	1= 正常	2= 减弱	3= 消失
合　计	分		

第 2 步　饮一匙水（量约 5 ml），重复三次

口角流水	1= 没有 /1 次	2 ≥ 1 次	
吞咽时有喉部运动	1= 有	2= 没有	
吞咽时有反复的喉部运动	1= 没有 /1 次	2 ≥ 1 次	
咳　嗽	1= 没有 /1 次	2 ≥ 1 次	
吞咽时喘鸣	1= 有	2= 没有	
声音质量	1= 正常	2= 改变	3= 消失
合　计	分		

附注：如果该步骤儿童不能正常吞咽 5 ml 的水，即 3 次尝试中多于 1 次出现咳嗽或者气喂，或者出现吞咽后声音嘶哑（即喉功能减弱），则不再继续第 2 步，在第 2 步中出现咳嗽或气喂，或出现吞咽后声音嘶

哑，就认为是不安全吞咽，第 2 步 3 次吞咽中有 2 次正常或 3 次完全正常，则进行下面第 3 步。

第 3 步　饮一杯水（量约 60 ml）

能够全部饮完	1= 是	2= 否	
咳　　嗽	1= 无 /1 次	2 ≥ 1 次	
哽　　咽	1= 无	2= 有	
声音质量	1= 正常	2= 改变	3= 消失
误　　咽	1= 无	2= 可能	3= 有
合　　计	分		

　　SSA 是由 Ellul 等于 1996 年首先报道，经科学设计专门用于评定吞咽功能的指标，分为三个部分：（1）临床检查包括意识、头与躯干的控制、呼吸、唇的闭合、软腭运动、喉功能、咽反射和自主咳嗽，总分 8—23 分；（2）让患者吞咽 5 ml 的水 3 次，观察有无喉运动、重复吞咽、吞咽时喘鸣及吞咽后喉功能等情况，总分 5—11 分；（3）如上述无异常，让患者吞咽 60 ml 水，观察吞咽需要的时间、有无咳嗽等，总分 5—12 分；该量表的最低分为 18 分，最高分为 46 分，分数越高，说明吞咽功能越差。

　　SSA 结果判断：根据儿童饮水的情况推断是否存在误吸。阳性——儿童有饮水时呛咳或饮水后声音变化，推断误吸；阴性——儿童无饮水时呛咳或饮水后声音变化，推断不存在误吸。

　　SSA 结果阴性可经口喂养为中度自主进食困难，SSA 结果阳性不可经口喂养为重度自主进食困难。

三、自主进食困难儿童的一般喂养方法及注意事项

（一）自主进食困难儿童就餐准备

1. 环境准备

　　为了增进儿童食欲，促进消化吸收，保证身体健康，应该为其提供一个良好的用餐环境和用餐气氛。进食环境选择整洁、安静的进食场

所，为避免分散儿童的注意力，进食前应收起玩具。

2．用具准备

对自主进食困难的儿童而言，他们不能像正常儿童一样使用餐具，需要一些特殊的辅助餐具来协助，使进食动作得以完成。

（1）粗柄匙和加套粗柄匙：适用于手抓握能力差的儿童握持，匙体不能太深。手抓握功能更差的儿童可以在匙的柄上再加个套，帮助抓握固定。对金属匙的改造，使匙柄加宽，便于儿童抓握。金属匙改造后，按照儿童适应的倾斜度，对金属匙柄做一定角度的弯曲。

（2）宽底杯：杯子的底部较宽，防止使用时杯子摔倒。

（3）缺口杯（斜口杯）：普通杯子喝水时容易碰到儿童的鼻子，引起头的后仰而出现肌张力增高。使用缺口（或斜口）的杯子可以使儿童饮水时头不必后仰，防止痉挛发生。

（4）双耳杯：杯上安装两个把手，杯子的边缘厚一些，双手握杯，保持手在身体中线内持杯喝水。

（5）带有吸盘的碗：碗的底部带有吸盘，便于在餐桌上固定。

3．食物的准备

食物的选择根据儿童喂养的实际情况来定，第一阶段以乳类为主，以提高奶量为基础。在自主进食困难儿童吞咽评估转良的前提下，适当增加奶量，奶量每次增加 10 ml，每天不超过 30 ml。当每天乳量达 800 ml—1000 ml 或每次乳量超过 200 ml 时应添加辅食。食物的质感会影响儿童的吞咽，正常儿童添加辅食时遵循辅食添加原则，辅食质和量的改变应循序渐进，从少到多，从稀到稠，从细到粗。添加新食物时每次只加一种，待儿童适应后再添加其他新食物。对轻中度自主进食困难儿童，在喂养初期因其吞咽和闭嘴困难等原因，在添加奶糕的过程中，应调制密度均一，有适当黏性、较稠密的奶糕，添加的量从少量开始，即从 1—2 勺开始，以后逐步增加，后续在奶糕中添加奶粉、蛋黄、蛋白粉等增加营养。双质地的食物（例如：汤饭）较难控制，特别是对有吞咽困难的孩子，他们能配合口肌去控制固体（饭），但是不一定能同时处理口里的液体。联合国儿童基金会建议，孩子一开始添加辅食就可以给泥状食物，也可以一开始把一些食物作为手指食物给孩子。

（二）自主进食困难一般喂养方法

1. 喂奶方法

（1）环境准备，喂奶前洗净双手。

（2）喂奶前先试温，滴1—2滴乳液于自己手腕内侧，不烫手即可。

（3）根据婴儿月龄、残疾类型选择奶头，观察奶头大小时不能用手捏。（4个月内婴儿用的奶头，以奶瓶倒置时，乳汁一滴一滴流出，两滴之间稍有间隔为宜。4—6个月的婴儿则以乳汁能连续滴出为宜。6个月以上婴儿则可以稍快速滴出连成一细流为宜。轻中度自主进食困难儿童吸吮无力及吞咽能力差，使用大孔奶嘴时由于吞咽不及时易引起呛奶、呛水，有造成隐性误吸的危险，应根据实际情况控制液体流量、流速，防止误吸，重度无法进食者予以鼻饲喂养）。

（4）将儿童抱起，呈半卧位，从头部前方喂奶。

（5）喂奶时，护理员手持奶瓶稍倾斜，使奶汁充满奶嘴及奶瓶的前半部，进食困难儿童在吸吮过程中，护理员用手指向内挤压两侧颊部为辅助，以提高吸吮能力。要让婴儿的嘴裹住整个奶头，不要留有空隙。

（6）避免喂奶前后大声哭闹。

（7）喂奶时注意观察儿童吸吮，面色，吞咽情况；喂奶完毕，让婴儿趴在护理员的肩上，用手轻拍婴儿背部，使吸进去的空气排出。

（8）喂完奶后，抱起和放下婴儿的动作要轻，活动度要小，并且让婴儿侧卧位。

2. 喂饭方法

（1）环境准备，开饭前洗净双手。一人一巾、一碗、一匙。

（2）进食前以冷水进行口腔清洁，通过刺激，给予脑皮质和脑干一个警戒性的感知刺激，提高对进食吞咽的注意力。

（3）不具有头控能力和躯干直立能力的儿童应抱起喂食，垫高其头部使颌部向下，切不可让其平躺在工作人员的腿上进行喂食。需保持半卧位的体位，平卧位喂食会增加呛咳的机会，造成不安全因素。

（4）具有头控能力和躯干直立能力的儿童，可坐于护理员大腿或椅子上进食，坐在护理员身上的进食姿势，能加大髋关节屈曲，防止肌张力增高而过度伸展，从头部前方喂食，食物应从儿童嘴的前下方喂入，减少呛咳的机会。进食时尽量保持90度坐，减少手、脚、头的身体动作，头部稳定在身体正中，背部挺直，髋关节屈曲，两腿分开，双脚平放在地面上，双肘放在餐桌上。进食后保持坐立位30—60分钟，防止食物返流。

（5）根据自主进食困难程度调整饮食类型，选择合适的一口量，量过多或过少会使食物从口中漏出或出现口腔感觉刺激不足；用勺子将食物放置在舌体的中央位置，如超过中央位置容易引起呕吐反射，在勺子抽出口腔前，用勺子背面轻轻地下压舌部来诱导双唇闭合及吞咽；喂食过程中应注意进食速度，前一口吞咽完成后再喂入下一口，避免两次食物重叠入口，拿出调羹时避免撞到牙齿，鼓励孩子关闭唇，用唇除掉调羹上的食物。注意：有强咬反射的孩子用不能咬碎的塑料调羹。

（6）给予小块固体食物（牛肉干、面包干等），用以锻炼儿童的咀嚼能力。

（7）用背架支持的半坐位进食姿势，从头部前方喂食。用背架支持的坐位进食姿势，髋关节屈曲，下肢外展，保持肩部向前。

（8）进食后用温开水清洁口腔。自主进食困难者口腔感觉差，进食后食物易残留在口腔及咽部，容易随呼吸进入气管，有潜在肺部感染的危险。口运动治疗（OMT）是利用触觉和本体感觉刺激技术，遵循运动技能发育原理，促进口部（下颌、唇、舌）的感知觉正常化，抑制口部异常运动模式并建立正常的口部运动模式的治疗过程。对自主进食困难的儿童进行口部运动治疗，并通过有计划、有针对性的进食训练，使其口腔内敏感度降低，增加口腔运动力量，使舌、咽喉等肌群得到锻炼，有效提高相应肌群运动的协调性和灵活性。

（9）吞咽困难的原因是痉挛、肌张力低下、合唇困难、舌头控制困难等。对于吞咽困难儿童，进食前，鼓励儿童舌头向口腔内两侧活动，舌尖从上门牙往后舔；进食时，用匙把食物送到舌的后部，并轻轻压下，引发吞咽动作；进食后，护理员用手在儿童的下巴处往前摸，再用手指在颈部从上往下摸，协助咽下食物；每次喂的食物要少，吞咽完毕后，再送下一次。

（10）咀嚼能力差的儿童是由舌头控制食物困难，口腔内部痉挛、过敏、肌张力低下等因素造成的。自主进食困难咀嚼能力障碍儿童进食前，应进行减低敏感性训练，舌头在口腔内做两侧运动进行咀嚼训练；进食时把食物放置在两侧牙齿上，便于咀嚼。

3. 辅助喂养方法

（1）单独进食的儿童，肩部需要控制，手保持正面伸展型。见图6-3-1。

图 6-3-1　辅助喂养方法

（2）儿童与护理员的座位隔着桌子角，儿童独自进食，护理员帮助控制头部并用手按压在儿童的胸前。见图6-3-2。

图 6-3-2　辅助喂养方法

（3）对能独立进食的儿童，护理员用手纠正儿童不对称的进食方式，上肢应屈曲放置在桌上，腹部贴着桌子。

（4）儿童独立进食时，在躯干和头部控制困难的情况下，必须用骑跨坐位的方式来解决，如坐位时背部弯曲，必要时给予腰部支撑。

（5）指导儿童拇指放置在柄的下方握持汤匙。

4. 针对自主进食困难儿童喂养实际操作过程中存在的不同问题，具体处理方法见表6-3-2。

表6-3-2   自主进食困难喂养问题与处理方法

问　　题	处理方法
不能把食物从口前推后	提起下巴，头向后，用地心引力帮助（注意：吞咽时头返回正中）。
吞咽反应慢	吞咽时压低下巴。
舌头活动度少	把食物放在能动、有力的一边。
舌头前伸	提起下巴，头向后（注意：吞咽时头返回正中），送食物时调羹在舌头上给几秒坚定压力，拿出调羹时稍微向上唇方向。
咬调羹	提起下巴，头向后，手按胸膛，孩子慢慢会放松，把调羹拿出不要强迫（注意：应用不能咬碎的塑料调羹，用铁的会伤害孩子的牙齿）。
唇不关闭（食物漏出）	用手指按下上唇或用食指及中指合上下唇。
用牙齿取调羹上食物	用手指按下上唇或拿出调羹时稍微向上唇方向缩。

5. 日常口部运动训练

护理员对儿童进行口腔运动功能的整体评估，根据评估的结果实施口部运动治疗。儿童取端坐位于护理员怀中，操作者洗手，戴上一次性PE手套，双手触摸儿童两侧面部颊肌，食指、中指以适中力度快速按摩颊肌1—2分钟；将右手的拇指放在患儿口唇下方，食指固定下颌关节，中指固定下颌处，把下颌以柔和的力度向上推，使上下颌合拢。右手拇、食指置于环状软骨下方，稍稍用力推喉部并固定数秒，以促进吞咽反射。右手食指伸入口腔内，按压刺激上门牙上方的牙龈处，并从中间位置开始向左右两侧摩擦，同方法按摩下牙龈；食指放在口腔内两侧颊部，指腹以旋转方式进行按摩，左右侧各 1 分钟；把医用棉签放在舌尖，然后沿着舌正中线由舌尖向舌根部滑行，当到达舌中后 1/3 交界处时，诱导呕吐反射，将舌体从左侧推向右侧，左右侧交替进行 3—5 次。口部运动宜空腹或餐后两小时进行，每日 1 次，每次 20 分钟。

（三）自主进食困难儿童一般喂养注意事项

1. 注意事项

（1）护理员在为中度自主进食困难儿童进行喂食前，必须要明确认识喂食困难的儿童存在误吸的危险性以提高警惕。

（2）准备食物符合儿童自身进食情况，吞咽能力差者务必将食物切碎或是尽量准备糊状、煮烂的食物，方便吞咽。

（3）儿童用餐时不能相互打闹，特别是嘴里有食物时，不要让其走动玩耍、奔跑或讲话。应该教育儿童把食物完全嚼碎以后再吞下，且不能拿食物来玩。

（4）3 岁以下的儿童，最好不玩体积较小的物品，要看管并叮嘱他们不要随便将细小物品放入口中。

（5）儿童哭闹时不要喂药、药丸，药片碾压成粉后兑水服用。

2. 发生异物吸入窒息处理

喂养过程中要多注意观察，如儿童出现面色潮红、口唇、甲床青紫，呛咳、气急、烦躁不安不能呼吸以及用双手抓住颈部等气道梗阻情况时，一位护理员应立即拨打电话通知医生，同时留守护理员询问儿童，以确定其是否被异物噎住，并判断儿童能否发声。若不能发声则为气道完全梗阻，不要先忙于人工呼吸，这样可能使异物进一步深入气道中，应立即采用海姆立克法进行抢救。

海姆立克急救法（Heimlich Maneuver）又名"海氏急救法"，是美国医师亨利·海姆立克（Henry J-heimlich）1974 年发明的一套利用肺部残留气体形成气流冲出异物的急救方法。海姆立克急救法是全世界抢救气管异物患者的标准方法。自主进食困难儿童喂养不当易出现急性呼吸道异物堵塞，由于气道堵塞后无法进行呼吸，故可能致儿童因缺氧而意外死亡。

救治方法：

（1）小于 1 岁的婴儿：首先护理员一只手固定住儿童头部，将其面部朝下，保持头低脚高，用另一只手掌根部连续叩击肩胛骨连线中点处 5 次。然后将儿童翻转成面部朝上，保持头低脚高，检查有无异物排出。如未发现异物，立即用中指和食指按压患儿两乳头连线中点处 5 次。反复交替操作上述两个步骤，直到异物排出。见图 6-3-3。

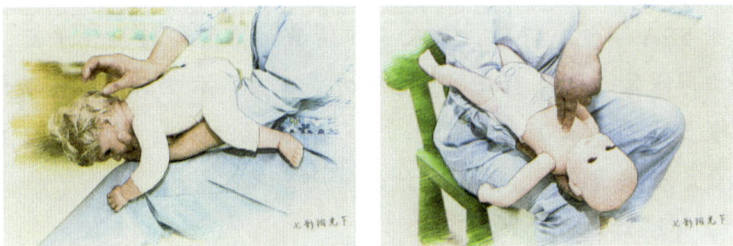

图 6-3-3　海姆立克急救法

（2）1 岁以上的儿童：若儿童意识清醒可以站立，首先让儿童站立，护理员在儿童身后，儿童身高较矮者，护理员跪在其身后，然后护理员一条腿在前，插入儿童两腿之间呈弓步，另一条腿在后伸直，双臂环抱儿童腰部，使其上身前倾。最后护理员一只手握拳，拳眼放在儿童脐上两横指上方，另一只手包住拳头并连续、快速、用力向儿童的后上方冲击，直到异物吐出。见图 6-3-4。

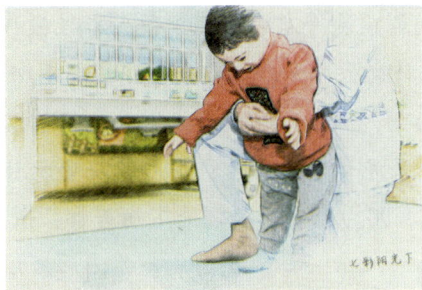

图 6-3-4　海姆立克急救法

案例分享

1. 基本情况

泉泉　男　1岁9个月　疾病诊断：脑发育不全伴重度营养不良

泉泉于2018年12月18日进入儿童福利院，当时实足年龄9个月，体重5.8 kg，身长68 cm，头围42 cm，胸围42 cm。查体结果：神清，反应迟，双肺呼吸音清，未闻及干湿啰音，皮下脂肪菲薄，四肢活动差，肌张力低，哭声弱。

2. 自主进食困难评估

根据SSA测量表评估，泉泉意识清醒，不能维持坐位平衡，能部分控制头部平衡，咽反射减弱，呼吸方式正常，吞咽时有喉部动作。重复3次喂5毫升水有1次吞咽时咳嗽，评分为26分，为中度自主进食困难儿童。在被遗弃后，入院评估为重度营养不良。

3. 具体喂养过程

进入福利机构后，医生及营养师制定饮食计划，给予配方奶和奶糕喂养。护理员为其喂奶前先洗净双手，滴1—2滴乳液于自己手腕内侧试温。针对其吸吮无力和咽反射减弱，选择奶瓶倒置时乳汁能连续滴出的奶头。抱起从头部前方喂奶，奶瓶稍倾斜，使奶汁充满奶嘴及奶瓶的前半部，让他的嘴裹住整个奶头，不留有空隙。吸吮过程中护理员用手指向内挤压两侧颊部，辅助提高其吸吮能力。每次喂奶时都观察其吸吮、面色、吞咽情况，给予及时处理。喂完奶后让其趴在护理员的肩上，护理员用手轻拍其背部使吸进去的空气排出。

护理员为其喂奶糕前洗净双手，调制适当黏性较稠密的奶糕，进行辅食培养。泉泉不能维持坐位平衡，能部分控制头部平衡。护理员抱起泉泉，抬高其头部使颌部向下，从1勺开始逐步增加，根据其吞咽及营养吸收状况，逐步增加蛋黄、果泥等增加营养；用勺子将食物放置在舌体的中央位置，勺子抽出口腔前，用勺子背面轻轻地下压舌部，诱导双唇闭合及吞咽，前一口吞咽完成后再喂入下一口；鼓励泉泉关闭唇，用唇除掉调羹上的食物；将泉泉每日的进食量、进食表现进行全面评估，做好交接班记录工作。

4. 效果展示

对泉泉进行合理喂养后，泉泉的每季度生长发育体检报告显示，重度营养不良改善，体重稳步上升。见表6-3-3。

表6-3-3　泉泉生长发育体检表

日　　期	体重（kg）	身长（cm）	头围（cm）	胸围（cm）
2018-12-18	5.80	68	42	42
2019-3-18	6.50	70	42	43
2019-6-18	7.00	73	43	43
2019-9-18	8.0	75	44	44
2019-12-18	9.25	78	46	45

四、自主进食困难儿童的特殊喂养方法及注意事项

（一）自主进食困难儿童的特殊喂养方法

在福利机构内可能有部分儿童由于自身疾病的原因导致自主吸吮、自主吞咽能力部分或完全丧失，还有一些儿童由于处在疾病的某个阶段不能经口进食需要鼻饲喂养，以保证机体各种营养物质的供给。这些自主进食困难儿童在经过各种一般喂养方法后仍进食困难的，经医生评定后可运用特殊喂养方法——鼻饲法，以保证生长发育所需。

1. 鼻饲的对象和目的

（1）对象：由于自主吸吮、自主吞咽能力部分或者完全丧失或因为疾病的某阶段需要鼻饲喂养。自身疾病原因导致不能自主进食：如脑发育不全、脑性瘫痪、精神发育迟缓、小颌畸形、唇腭裂等。疾病的某个阶段不能经口进食：如唇腭裂修补术后、气管食管瘘、先天性声门狭窄气管插管术后等需要鼻饲喂养。

（2）目的：经胃肠道插入导管，给患者提供必需的食物、营养液、水及药物，是为特殊儿童提供或补充营养，保证其体格发展的极为重要的方法之一。

2. 鼻饲的定义和鼻饲法具体实施过程

（1）鼻饲法的定义：鼻饲法是将导管经鼻腔插入胃内，从管内灌注流质食物、水分和药物的方法，是某些特殊患者摄取营养的主要途径。经胃肠道插入导管，给患者提供必需的食物、营养液、水及药物的方法称为管饲饮食，是临床中提供或补充营养的极为重要的方法之一。

（2）鼻饲法的具体实施过程：合理规范的护理操作会给患儿更多的安全感和舒适感。鼻饲管置管失败的原因与鼻饲管的选择、患者、护士三方面有直接关系。

①准备用物：操作者洗手戴口罩；鼻饲流质，注意温度适宜，如果鼻饲药物，先磨碎并溶入水中，并注意药物和饮食应分开注入；治疗盘内准备好鼻饲用物放于治疗车上；选择合适的胃管，一次性胃管的选择与儿童的体重的关系：6F: 2 kg，8F: 3—9 kg，10F: 10—20 kg，12F: 20—30 kg。

②患儿准备：核对患儿，做好患儿的解释工作，注意语气温柔，面带微笑；摇高床头 30°—60°，选择合适的鼻腔并用生理盐水棉签清洁。

③插管：打开无菌包铺无菌巾于患儿颌下；选取合适的置管长度，并做好标记；经鼻腔插入的测量方法有两种：一种是患儿发际到剑突的长度，另一种是患儿鼻尖到耳垂再到剑突的长度。由口腔插入的长度是口角至耳垂再到剑突的长度；弯盘置口角旁；用生理盐水纱布润滑胃管前端，插胃管从鼻腔或口腔进入胃部；插管动作应轻稳，脑瘫、无吞咽能力的儿童常存在插管困难，对这些儿童插管时先将其头后仰，当胃管插至会厌部约 10 cm 时，将患儿头部抬起使下颌靠近胸骨柄以增大咽喉部通道的弧度，当患儿出现恶心、哭闹、屏气时应稍作停顿，待患儿安静后再插入，对不合作的患儿应由两人配合操作。

④检查鼻饲管是否在胃内：抽胃液，并用 pH 试纸确认为酸性胃液，测量 pH 值是较为可靠的依据；注入空气 10 ml，用听诊器置于胃部，听到气过水声；胃管末端置盛水杯中，无气泡出现。见图 6-3-5。

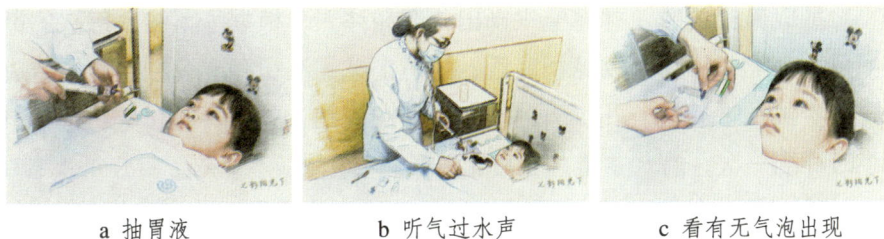

| a 抽胃液 | b 听气过水声 | c 看有无气泡出现 |

图 6-3-5

⑤固定鼻饲管：鼻翼部和面颊部，目前上海市儿童福利院采用 3M 纸质胶布联合 3M 透明敷贴进行固定。见图 6-3-6。

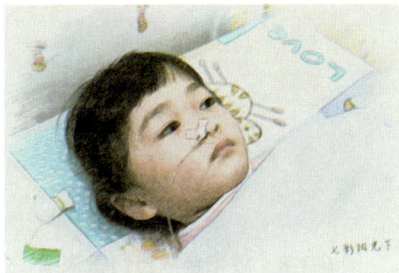

图 6-3-6　固定鼻饲管

⑥鼻饲药液及流质：每次鼻饲前需确定鼻饲管在胃内方可注入；确定胃内是否有潴留，如有潴留，鼻饲时应减去潴留量，潴留量大时，应通知医生，是否暂停鼻饲；以手腕内侧试温，或在手腕内侧滴几滴奶液，以不感觉烫为准。鼻饲温度：保持在 30 至 40 摄氏度，每次鼻饲前须采用奶温测量仪测温。见图 6-3-7。

图 6-3-7　鼻饲液测温

抽取鼻饲流质，并将空气排出，缓慢注入。根据医嘱注入每次的鼻饲量，全部食物和药物鼻饲完后，为防止鼻饲液积存于管腔中变质造成胃肠炎或堵塞管腔，用温开水 20 ml 冲洗管路，持续鼻饲的患儿，每 4 小时冲洗一次，温开水量为 10 ml。

⑦ 鼻饲完毕，鼻饲管翻折关闭开口处，并用纱布包裹鼻饲管末端。鼻饲后头部抬高 20—30 分钟，防止吸入性小儿肺炎的发生，以利于食物在消化道的正常生理运行。见图 6-3-8。

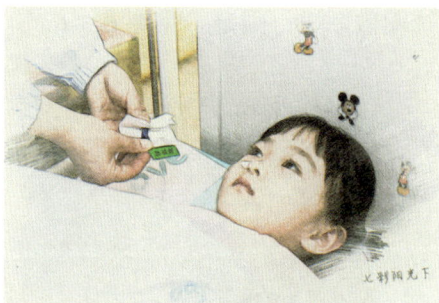

图 6-3-8　纱布包裹鼻饲管末端

鼻饲管的留置时间一般为一周，还可根据材质判断，聚氨酯、硅胶管为每月更换一次。更换时间为早上五点鼻饲完成后拔除鼻饲管至下次再鼻饲时由另外一侧鼻孔插入，如有堵塞、滑出等情况应及时更换。

⑧ 整理床单位，清洁用物。鼻饲用一次性治疗碗和一次性注射器每日更换。见图 6-3-9。

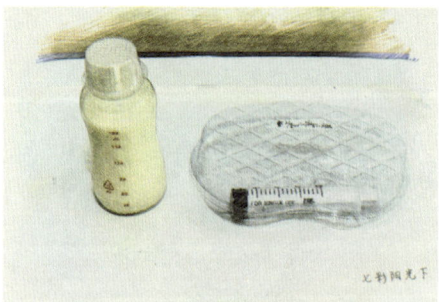

图 6-3-9　一次性用品每日更换

3. 鼻饲疗效的判断

（1）规范化自制匀浆膳的使用

以上海市儿童福利院为例，院内鼻饲儿童的自身基础性疾病比较多，生长发育总体落后，年龄偏大，单纯的配方奶已经不能满足其对营养的需求，故通过课题研究，科学合理地设计了匀浆膳代替配方奶使用。

规范化自制匀浆膳是由医师和营养师根据儿童年龄、疾病的特点及能量需求，参考营养学制定规范的每日食谱，由专业培训过的专职护士制作匀浆。匀浆膳第一日给予半量，第二日适当增加，第三日达到全量，一直维持到鼻导管拔除。

匀浆膳食谱内食材涵盖：① 谷类及薯类；② 动物及蛋白性食物，包括肉、禽、鱼、奶、蛋等；③ 豆类及其制品；④ 蔬菜水果类；⑤ 纯热能食物，包括动植物油、淀粉、食用糖和酒类。每 100 ml 匀浆膳中包含：亨氏营养米粉 3.9 g+ 配方奶 73 ml+ 蛋黄 1.6 g+ 亨氏蔬菜泥 10 g+ 亨氏猪肉猪肝泥 5 g+ 蛋白粉 1 g+ 肉松粉 0.45 g+ 白砂糖 3.6 g+ 香蕉 8g。

规范制作方法：操作者洗手，戴口罩，所需物品按需要量称重，将 800 ml 配方奶加热至 60 ℃—70 ℃，依次放入米粉、蛋黄、牛奶、蔬菜泥、猪肝泥、蛋白粉、肉松粉和白砂糖，用食品飞利浦搅拌机制成稠状物。早上做出 1 天的用量，每次喂食时取出 1 份加热后胃注。每天下午 14:30 鼻饲儿童食堂配送的苹果水或生梨水 100 ml。按照喂养时刻及剂量表给予患儿鼻饲，每日匀浆膳食 6 次，中间喂水及果汁等。鼻饲时刻表为早上 6:00 匀浆膳，8:30 匀浆膳，10:00 水，11:30 匀浆膳，12:00 水，13:30 匀浆膳，14:30 果汁，16:30 匀浆膳，20:00 匀浆膳。每 100 ml 匀浆膳和配方奶的营养成分含量比较见表 6-3-4。

表 6-3-4　每 100 ml 匀浆膳和配方奶的营养成分含量比较

营养素	配方奶	匀浆膳
总热量（kcal）	65.6	95
蛋白质（g）	1.68	3.02
脂肪（g）	3.56	3.48
碳水化合物（g）	6.56	12.3
VA（mg）	57.9	57.8
VB1（mg）	0.06	0.07
VB2（mg）	0.10	0.09
钙（mg）	57.5	58.8
铁（mg）	0.76	0.86
锌（mg）	0.69	0.71

（2）评价指标

①定期测量身高、体重：身高体重是评价小儿时期生长和健康状况的重要指标之一，在很大程度上能够综合性反映小儿的体格发育和健康状况。每月第一个星期三测量身高，每周三测量体重。

② Kaup 值的计算，Kaup 指数是身高体重的一种判断方法，也是综合评价婴幼儿体格营养状况的指标之一。

③实验室检查，每 3 个月进行血清总蛋白、血红蛋白、淋巴细胞总数的测定。血清总蛋白是血清固体成分中含量最多的一类物质，具有维持血管内正常胶体渗透压和酸碱度、运输多种代谢物、调节被运输物资的生理作用等多种功能，并与机体的免疫功能有着密切的关系。淋巴细胞是机体体液免疫的主要细胞。

4. 脱离鼻饲治疗前的准备

（1）加强基础护理：每日 2 次口腔护理，采用小纱布包裹于护理人员食指上，蘸取生理盐水进行擦拭。鼻腔护理每日 1 次，用棉签蘸生理盐水清洁并湿润鼻腔。见图 6-3-10。

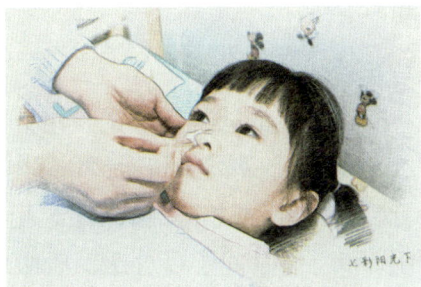

图 6-3-10　生理盐水棉签清洁湿润鼻腔

（2）每日予以翻身拍背。见图 6-3-11。

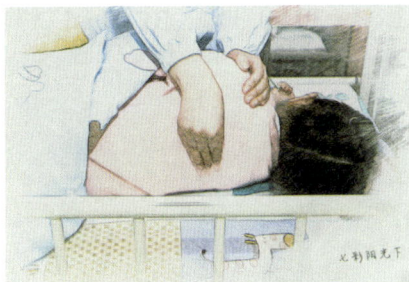

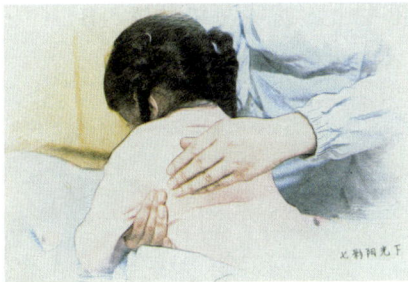

图 6-3-11　翻身拍背

（3）加强辅食添加；用安抚奶嘴训练吮吸能力，每日鼻饲前
15 min，每日 3 次。见图 6-3-12。

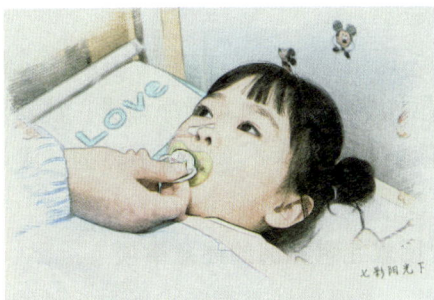

图 6-3-12　安抚奶嘴训练吮吸能力

（4）鼻饲同时给予吞咽和吮吸能力训练，鼻饲前用针筒抽吸牛奶后
向患儿嘴中缓慢滴注，结合鼻饲前的安抚奶嘴训练，促进患儿吞咽和吮

吸能力的恢复。

（5）做好吞咽能力的评估

①评估方法：采用洼田饮水试验，该试验由日本学者洼田俊夫提出，分级明确清楚，操作简单。鼻饲前和干预后每隔 2 周分别评估患儿的吞咽功能。方法：使患儿端坐或抬高床头 30°，用注射器让患儿喝温开水，根据其呛咳情况和所需时间予以分级。吮吸能力分为五级：Ⅰ（优）、Ⅱ（良）、Ⅲ（中）、Ⅳ（可）、Ⅴ（差）。Ⅰ级：能顺利地 1 次将水咽下。 Ⅱ级：分 2 次以上，能不呛咳地咽下。Ⅲ级：能 1 次咽下，但有呛咳。 Ⅳ级：分 2 次以上咽下，但有呛咳。Ⅴ级：频繁呛咳，不能全部咽下。吮吸每级分 A、B、C 三档：A：30 ml 试验。B：10 ml 试验。C：5 ml 试验。见图 6-3-13。

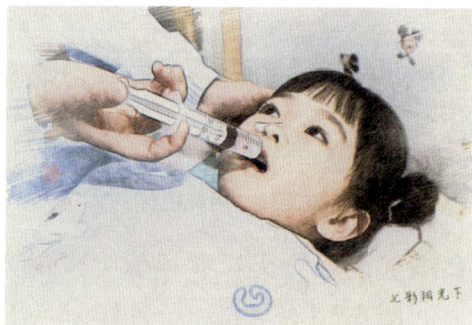

图 6-3-13　吞咽能力评估

②自主进食和鼻饲相结合阶段 根据洼田饮水试验评估在Ⅳ级以上给予自主进食锻炼，先从少量开始，循序渐进，注意观察儿童反应，如出现呛咳剧烈应暂停喂食，喂食不够的量由鼻饲完成。

（二）自主进食困难儿童鼻饲的注意事项

（1）每次鼻饲前一定要确认鼻饲管在胃内，鼻饲前注入少量温开水润滑管腔。

（2）遵医嘱缓慢灌入鼻饲液或药物，一次鼻饲量不超过 200 ml，间隔时间不少于两小时，避免灌入空气，避免速度过快，避免鼻饲液过冷过热。新鲜果汁与奶液应分别灌入，避免产生凝块。

（3）每次用注射器抽吸鼻饲液时，应反折胃管末端，防止导管内容物反流或空气进入造成腹胀。

（4）鼻饲毕应再次注入少量温开水，冲净胃管，避免食物积存于管腔中变质，造成胃肠炎或者堵塞管腔。

（5）妥善固定，保持胃管通畅，管壁清洁，防止灌入食物反流，防止胃管脱出。

（6）洗净注射器，放治疗碗中备用。

（7）鼻饲后30分钟内禁止翻身、拍背、吸痰等操作。

第四节 亲子式护理在儿童照料中的运用

来自上海市儿童福利院的调查研究显示，超过 95％的弃婴具有身体的残疾，且伴随不同程度的生长发育落后，具体表现为：体格的生长发育落后于中国九城区普通婴幼儿的正常水平；与最初照料者（母亲）的分离在不同程度上影响了他们早期依恋关系的建立。另对上海市儿童福利院 39 名 8—24 个月的孤残婴幼儿依恋类型分布调查的结果显示，安全型依恋占比仅为 20.5％，显著低于上海地区普通婴幼儿的 67.8％，可见机构对孤残婴幼儿身体层面和心理层面的培育发展都存在着严重的不足。我国国内现行的孤弃儿童照料模式，主要有集体养育（福利机构集体养育和代养机构集体养育）和家庭式照料（家庭寄养和类家庭模式），以集体养育为主。集体养育的特点是，注重安全性和营养的给予，但在情感给予上，因受到照料模式的限制，工作人员不能为孤弃儿童提供持续性的照顾，两者之间无法建立起相对稳定的关系，导致孤儿在成长过程中缺乏必要的情感交流。婴幼儿期是生长发育的重要时期，这个阶段体格发育和心理发展的状态将对儿童的终身健康产生影响。大量研究发现，婴幼儿的健康成长，需要照料者与婴幼儿长期稳定的、高质量的互动，护理人员日常护理工作方法的差异直接关系到孤弃婴幼儿的生长发育。因此，儿福院运用亲子式护理照料模式，使儿童在身体发育、智力发展和运动能力等方面得到提高。

（一）亲子式护理的积极影响

2014 年上海市儿童福利院开展了《亲子式护理对福利机构 0—30 个月孤残婴幼儿身心发育的影响》课题研究，参照责任制护理的发展目标，并结合我院儿童身心发展的需求，选取 48 名 0—30 个月的孤弃儿童作为研究对象，探索亲子式护理模式与现行的集体护理模式对儿童身心发育的不同影响。结果发现，在体格发育和心理发育各指标上，采用亲子式护理模式照料的儿童要显著优于现行的集体照料模式下的儿童，并表现出"赶上生长"的趋势。

2016 年上海市儿童福利院在上一课题成果的基础上继续开展了《亲子式护理模式在上海市儿童福利院孤残儿童照料中的推广研究》的课题研究。从扩大研究对象的数量、年龄段、疾病类型、参与人员和班组的规模等方面着手，选取 52 名 0—10 岁的在院孤弃儿童作为研究对象，并针对不同类型的疾病展开深入研究。结果发现，亲子式护理模式对孤儿智力发展有显著的影响。

通过 2014—2016 年的课题研究，将干预组和对照组分别运用亲子式护理模式和集体养育模式进行照料，经过两组数据对比，得出亲子式护理模式对孤弃儿童产生以下几个方面的积极影响：

1. 促进儿童身体发育

运用亲子式护理模式，儿童的身高、体重等身体指标有明显的改善，都在向正常范围内发展。具体数据如表 6-4-1 所示，对两组 0—3 岁儿童的体格发展变化进行统计比较。结果发现，干预组的儿童身高平均增长了 7.75 厘米，对照组平均身高增长了 5.18 厘米，对两组均值进行 T 检验，差异达到了显著水平。干预组的儿童体重平均增加了 2.57 千克，对照组体重平均增加了 1.45 千克，对两组均值进行 T 检验，差异也达到了显著水平，说明亲子式护理模式对孤弃儿童身体发育具有一定促进作用。

表 6-4-1　干预组和对照组身高及体重发展的比较分析

组　　别	干预组 （N=18）		对照组 （N=18）		T
	M	SD	M	SD	
身高的变化	7.75	3.00	5.18	2.42	2.92**
体重的变化	2.57	1.27	1.45	0.80	3.37**

注：** 为 P < 0.01（P < 0.01 为统计学意义上有显著差异，下同）

2. 促进儿童体格运动的发展

运用亲子式护理模式能够加快儿童全身新陈代谢，增强心脏功能，有利于儿童正确的站姿、坐姿的形成；使其动作规范协调，有利于儿童良好形象的塑造，可使机体变得更加灵活；加快儿童在抬头、翻身、坐、站、走等身体运动能力上的发展。课题针对我院 48 名 0—3 岁儿童的智力发展水平的测量，包括四个维度，分别为动作能、应物能、言语能和应人能。具体数据如表 6-4-2 所示，均呈现出智力落后、程度变小的趋势。对这四组数据分别做配对样本的 T 检验，其差异性均达到了显著性水平，说明亲子式护理模式对孤弃儿童体格运动发展具有积极影响。

表 6-4-2　0—3 岁儿童智龄落后程度干预前后的变化对比

组　别	前　测 (N=38)		后　测 (N=38)		T
	M（月）	SD（月）	M（月）	SD（月）	
动作能的变化	15.70	13.74	12.57	12.30	6.28**
应物能的变化	16.94	13.24	13.75	12.47	6.77**
言语能的变化	17.24	13.15	13.76	12.44	6.71**
应人能的变化	15.79	12.87	13.31	12.12	6.75**

注：** 为 $P < 0.01$

3. 促进儿童心智发育

亲子式护理模式对儿童心智发育水平主要的影响为：儿童能更快地学会新本领，与他人的情感关系更融洽，适应环境变化的能力增强等；提高了儿童的自信心，使儿童遇到问题会努力坚持，培养了他们坚强的意志；提高了他们集体生活的观念，能够与同伴和睦相处。我院对两组孤弃儿童在心理发展指数上的差异进行对比分析。智力发展指数和运动发展指数用来描述儿童在同龄人群中的位置，分数增加表示在人群中有进步，分数降低表示发展更加落后。具体数据如表 6-4-3 所示，干预组儿童的智力发展指数平均增加了 2.28 分，运动发展指数平均增加了 22.71 分，表明该组儿童在智力发展和运动发展两个维度上都在进步。而对照组儿童的智力发展指数平均减少了 12.2 分，运动发展指数平均减少了 12.6 分，表明该组在智力发展和运动发展两个维度上更加落后。对两组儿童指标的变化的均值进行 T 检验，差异达到了极其显著的水平。

表 6-4-3　0—3 岁儿童干预组和对照组心理发展指数的比较分析

组　　别	干预组（N=18）		对照组（N=18）		T
	M	SD	M	SD	
智力发展指数 MDI 的变化	2.28	4.46	−12.20	15.01	3.49**
运动发展指数 PDI 的变化	22.71	21.03	−12.60	15.74	5.60***

注：** 为 P < 0.01，*** 为 P < 0.001（P < 0.001 为统计学意义上有极显著差异）

4. 提高护理人员的工作能动性

通过对护理人员能力的培养，增加其与儿童的沟通交流，在促进儿童发展的同时，护理人员自身的素养也同样得到了提高。此举不但增强了护理员的抚触、按摩、护理常识等专业知识和技能，而且在操作的过程中护理员与儿童情感关系的建立，使她们工作的成就感和满意度也有所提升，并获得了孩子们的喜爱，促使她们更好地投入工作状态。

案例分享

1. 案例背景

乐乐　女　3 岁　疾病诊断：双眼视网膜细胞瘤、智力发育迟缓

乐乐于 2017 年进入上海市儿童福利院，她体型偏瘦，不会走路和说话。被家人抛弃后，由于缺乏家庭关爱，她性格内向，不爱主动说话，对外界事物也少有兴趣。2019 年，由于疾病原因，她的左眼被摘除。手术后，原本内向的她脾气变得愈发古怪，经常莫名其妙地发脾气，一遇到不顺心的事就嚎啕大哭，只有当护理员把她抱起来哄逗很长时间后她才会停止哭闹。

2. 实施过程

自上海市儿童福利院开展《亲子式护理模式在上海市儿童福利院孤残儿童照料中的推广研究》课题后，乐乐的日常生活就由护理员小王负责。

小王承担着"妈妈"这一角色，关心和照顾乐乐。只要她当班，乐乐的晨间护理、喂饭、换尿布等所有的护理操作基本都由她来完成。晨间护理时，小王妈妈会笑眯眯地把给乐乐挑选好的衣物拿给她穿，乐乐却常是无甚反应地看着小王妈妈，有时还伸手把小王推开。小王却抱起乐乐耐心地哄着，逗她开心，乐乐才不情愿地配合穿上衣服。

乐乐体质不好，容易感冒发烧，特别是术后的一段时间，小王妈妈很是心疼。在医生和班组长的指导下，她给乐乐制定了有针对性的喂养计划，增加营养的摄入，以提高她的免疫力。喂饭时，小王妈妈事先准备好营养丰富的饭菜，教乐乐系上围兜，指导乐乐正确的进食姿势，让她学着自己用勺吃饭。初时，乐乐胃口差，大哭大闹不愿意吃饭。小王妈妈便轻声安抚着乐乐，并以奖励作为引导："我们乖乖把饭吃完了，妈妈奖励给你吃喜欢的巧克力。"乐乐刚学吃饭的时候，饭粒掉得到处都是，小王妈妈从不责备，还叮咛她"多吃点、不着急"。慢慢地，乐乐的饭量变大了，吃饭的速度也快了。小王还会抽出时间教乐乐学说话，唱儿歌，有时她们还去户外看花、看小金鱼。

在长此以往的呵护照料下，乐乐现在愈发聪明了，更喜欢和依赖小王妈妈了，小王也越来越用心地照料她的日常生活起居。

3. 效果展现

乐乐有了小王妈妈后，性格逐渐开朗起来，不太哭闹也喜欢笑了。当乐乐看到陌生人时，也愿意主动上前打招呼，并能准确地识别分辨出"爸爸、妈妈、爷爷、奶奶"。在小王妈妈的悉心照顾下，10个月后，如图6-4-1（身体测量数据直方图）所示，乐乐长高了，也长胖了。现在她能够自己吃饭、穿脱衣服，会唱儿歌、跳舞，能完整地说话，也能去托班上课了。同时，乐乐的认知能力和逻辑表达能力也有了些许进步，如图6-4-2（神经心理测试得分数据直方图）所示，乐乐在"动作能DQ""应物能DQ""言语能DQ""应人能DQ"项上的评估数值均有不同程度的增长。

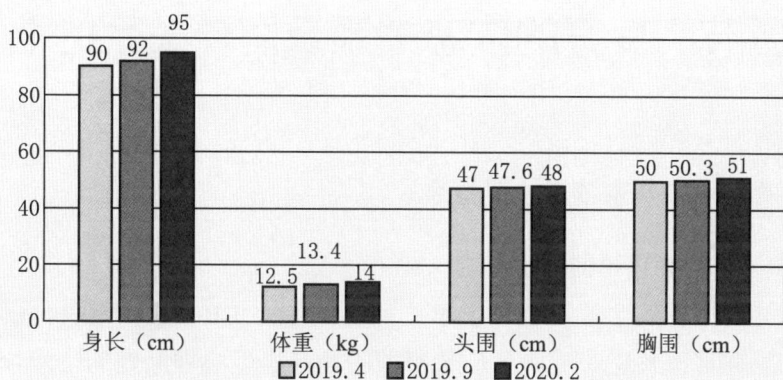

图 6-4-1　身体测量

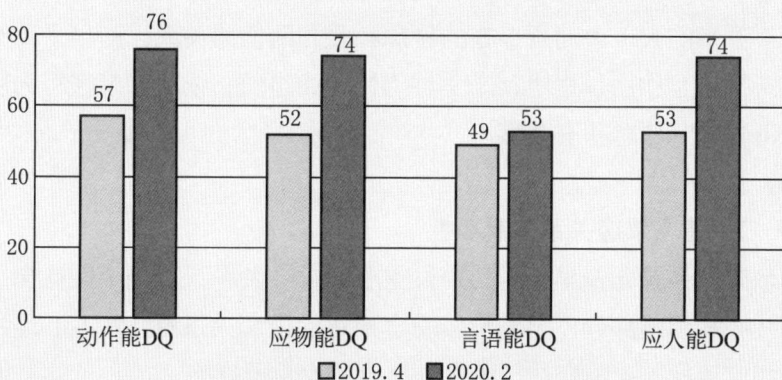

图 6-4-2　神经心理测试得分数据

另一方面，护理员小王与乐乐建立了良好的情感关系，她的工作成就感和满意度也得到了提升，从而促使她更好地投入到工作状态中。

4. 效果评价

近十个月过去了，通过运用亲子式护理模式，乐乐的体格发育指标、运动发展能力、心智发育水平都较前有了积极的进步。孤弃儿童由于缺乏正常家庭结构所提供的关注与情感支持，在身心发展上都会遇到阻碍。因此在日常护理中，我们需要运用细心与耐心，依从亲子式的护理方法，聆听孤残儿童们的具体需求，理解他们的真实感受，给予他们更多家庭般的关爱、理解和帮助，为他们的身心健康提供助力，使他们能更好地融入社会，享受更好的生活。

第五节　良好的依恋关系及同伴关系的培养

一、福利机构儿童依恋关系特点

（一）依恋理论的提出

英国精神病学家、心理学家约翰·鲍尔比（Bowlby）在研究孤儿院的儿童时，发现幼时缺乏母亲照顾的儿童出现心理问题的比例较高，于是于 1969 年发表巨著 *attachment & loss*，系统地创建了依恋理论，将儿童早期的依恋情感定义为：儿童与其抚养者（通常为母亲，或是能够代理母亲的人）之间所存在的特殊和强烈的情感关系，产生于儿童与抚养者的相互作用过程中，是一种感情上的追随、依附和亲密行为以及由此带来的归属感和安全感。

（二）建立依恋关系的重要性

依恋关系是儿童早期生活中最重要的社会关系，也是个性社会性发展的开端和组成部分，早期形成安全稳定的依恋关系对儿童的心理发展进程和成年后的人际交往、人格发展等都有重要影响。

（三）福利机构儿童依恋类型分布特征

美国学者 Ainsworth 创建了"陌生情境法"，把婴儿与抚养者之间的关系分为 3 种不同的依恋类型，即 A 型（焦虑 / 回避型），B 型（安全型），C 型（焦虑 / 矛盾型）和 8 种依恋亚型。后来 Main 等又区分出一种新的不安全依恋类型：D 型（混乱型）。其中 B 型为安全依恋，A 型、C 型、D 型为不安全依恋。

儿童福利机构中的儿童都是遭受遗弃的孤弃儿童，被遗弃的儿童中有的刚出生就被遗弃送入儿童福利机构，有的可能仅仅被父母照料了一小段时间就被遗弃进入儿童福利机构照料。这些儿童进入福利机构的月龄普遍较小，进入陌生的机构后，面对陌生的环境和新的抚养者（孤弃儿童护理员，以下简称护理员），极易导致婴幼儿形成焦虑、回避、退缩以及淡漠的表现。

上海市儿童福利院曾对院内 39 例孤弃婴幼儿的依恋类型做过调查，发现儿童福利机构婴幼儿的安全型依恋比例远低于普通婴幼儿的比例（上海地区安全型依恋比例为 67.8%，机构内安全型依恋比例为 20.5%），而 A 型（焦虑/回避型）依恋达到了 43.6% 的比例，远远高于普通婴幼儿 6.4% 的比例。

（四）福利机构儿童在依恋发展阶段的具体表现

约翰·鲍尔比（Bowlby）将儿童早期依恋情感和社会化的发展分成四个阶段，即无差别的社会反应阶段（从出生到 3 个月）、有差别的社会反应阶段（3—6 个月）、特殊的情感联结阶段（6 个月至 2 岁）、目标调整的伙伴关系阶段（2 岁以后），福利机构儿童在四个发展阶段的具体表现如下：

（1）无差别的社会反应阶段（从出生到 3 个月）：这个时期，婴儿对人的反应的最大特点是不加区分、没有差别，福利机构内的婴儿同样如此。普通婴儿一般从第 5 周开始对着照料者笑，而机构内的婴儿由于发育较落后，可能要到第八周左右才会对着护理员笑。无论是普通婴儿还是机构内的婴儿，在这个阶段都会对陌生人报之以同等的笑。

（2）有差别的社会反应阶段（3—6 个月）：这个时期，婴儿对人的反应开始有所选择，出现了区别化对待。疾病、残疾程度较轻的机构内婴儿在这个时期的反应和普通婴儿基本相似，对熟悉的护理员更为偏爱，笑得更多，在护理员喂奶、陪伴玩耍后经常会挥舞小手、蹬小脚，面对陌生人时尽管没有明显的排斥，但是无兴奋的表情。疾病、残疾程度较重的机构内婴儿在这个时期在面对熟悉的护理员时表现较为平淡，偶尔会笑，但持续时间不长。

（3）特殊的情感联结阶段（6 个月至 2 岁）：从 6—7 个月起，婴儿开始具备认知客体永久性的能力，对熟悉的存在更为关切，特别愿意和母亲在一起。通常，婴儿从 6—7 个月开始，普遍能与稳定和持久照

顾他 / 她的抚养者之间建立起依恋关系，一直到 24 个月之前，是亲子依恋关系形成的关键期。

如果说在 6 个月之前，机构内的婴儿和普通婴儿的区别不是很明显，那么在 6 个月之后，他们在和护理员的情感联结上会出现明显的差异。易养型婴儿与主要照顾他 / 她的护理员慢慢建立起了依恋关系，表现为在一起时特别高兴，而当护理员离开时则哭喊，不让其离开，会产生很深的分离焦虑，期待护理员重现。同时，对陌生人的存在感到焦虑，看到陌生人会害怕、排斥和哭闹。A、B、C、D 四种类型的依恋关系一般就是在这个时期形成的。

（4）目标调整的伙伴关系阶段（2 岁以后）：2 岁后，儿童能认知并理解母亲的情感、需要和愿望，知道她爱自己，不会抛弃自己，也知道交往时应考虑她的需要和兴趣，并以此调整自己的情绪和行为反应。

儿童福利机构内的婴幼儿在这个时期普遍表现得比普通婴幼儿更为"懂事"，当护理员工作时，儿童会自己玩耍或跟小朋友一起玩耍，较少出现哭闹的情况，而当护理员忙完工作陪伴在儿童周围时，部分儿童会用呼唤、动作或哭泣来吸引护理员的注意，部分儿童则自顾自玩耍，对护理员的离开和重现没有反应。这个时期的儿童表现各异，部分儿童不安全依恋的行为特征愈发凸显。

二、良好依恋关系的培养

（一）良好依恋关系的重要性

在儿童的生命早期阶段，抚养者如果能给予儿童敏感的、及时的、协调的情感照料，可以帮助儿童建立安全的依恋关系。这种早期亲子关系的质量，直接影响儿童情绪的安全感、自我意识甚至认知发展，同时也直接影响儿童的内部生理和大脑的构造性发展，进而影响儿童的智商。因此，关注早期与儿童的互动方式，运用情绪、感觉和肢体交流，敏感地、合拍地、及时地回应儿童的情感需求，帮助儿童建立高质量的安全型依恋，对于儿童来说是其一生最珍贵的礼物。

（二）影响儿童形成良好依恋关系的因素

儿童早期的依恋情感产生于与抚养者长期互动的过程之中，儿童自身的特质与抚养者参与照顾儿童的方式和特点都可能影响儿童安全依恋关系的建立。儿童福利机构中的孤残婴幼儿往往都是因残被弃，本身就带有各种疾病和残疾，比如严重的心脏病、脑瘫、聋哑等，疾病的特征极易导致护理员采取不敏感的抚养方式，无法对儿童的生理需求和情感信号准确感知，并及时恰当地作出回应，因此常常错失建立良好依恋关系的契机。

在儿童福利机构中，一般儿童人数与护理员人数比例为4:1或6:1，而普通家庭中儿童与照料者之间的比例达到了1:2甚至1:6，集体养育模式导致护理员无法随时关注每一名儿童，三班制导致护理员频繁变动、流动率过高，护理员与每个儿童的平均互动时间非常有限，很难维持长时间的个别化的一对一互动。高质量互动的缺乏，使得福利机构内的儿童不仅无法建立对特定护理员的依恋关系，而且导致部分儿童出现了一些明显的自我刺激行为。

由此可见，儿童自身的疾病特征、护理员不敏感的抚养方式、高质量互动的缺乏，是导致福利机构儿童不安全依恋比例偏高的重要因素。

（三）福利机构培养良好依恋关系的具体做法

良好依恋关系（即安全依恋）形成的最重要的两个因素是抚养者和儿童，由于福利机构采取的是集体养育模式，和普通家庭的养育模式存在很大的差异性，因此在培养儿童良好依恋关系的过程中要兼顾到福利机构的特殊性和儿童个体的差异性。

福利机构中的护理员在长期照顾儿童的过程中所采取的抚养方式，直接影响着儿童能否形成安全型依恋以及依恋的安全程度。在日常的照料过程中，需注意以下几个方面：

1. 护理员养育方式的一致性

福利机构一般采取的都是集体养育模式，根据儿童的年龄分组进行集中养育，以上海市儿童福利院为例，每个班组儿童数量在 20—25 名之间，配置的护理员人数一般为 9—10 名，采取的是三班制，每天照顾儿童的护理员人数一般为 3—4 人，护理员还频繁变动，流动性大，这就要求一个班组的所有护理员在严格按照操作流程对儿童进行照料的同时，还要加强沟通交流，在养育的理念和方式上尽量统一，避免出现同一儿童采取不同养育方式的情况。

2. 护理员养育方式的敏感性

0—3 岁的婴儿能否建立安全依恋，护理员的照料方式是否具有敏感性是关键性因素。当婴儿处于不适状态时，护理员要能及时帮助其解除不适，如及时更换尿布、及时擦去唇边的奶渍等；陪伴婴儿时，护理员能经常微笑或逗他玩耍等；当婴儿发出咿呀之声时，护理员能及时做出积极的反应。上述这些行为，可以使婴儿感觉到护理员能帮助其减轻自己的痛苦，与自己共享快乐，由此，婴儿会对护理员产生信任感，把护理员当成自己的"安全基地"，进而形成良好的依恋关系。

相反，如果在照料婴儿的过程中，护理员经常对婴儿的痛苦和要求置之不理，婴儿就很难把护理员当成自己的"安全基地"，信任感的缺失，极易导致婴儿形成不安全依恋。

由此可见，护理员对婴儿生理和心理等各方面的需求做出敏感反应，是促进安全依恋形成的重要因素。

3. "亲子式"护理模式的重要性

0—3 岁婴儿的照料工作繁忙而琐碎，在进行各项护理操作的过程中积极推广"亲子式"护理模式，有利于护理员和儿童建立起信任、亲密的亲子关系。比如在进行洗澡操作时，可以通过眼神、言语、抚触等方式和儿童进行沟通。言语交流和保持舒适的触觉可以让儿童感受到自己生活在一个安全、温暖的环境中，身心放松，有利于"安全基地"的建立。

4. 护理员之间关系的和谐性

一个班组的护理员之间的关系是否和谐，班组的氛围是否和谐，都会影响到儿童的情绪和认知发展，进而影响儿童建立安全型的依恋关系。因此，护理员应统一思想，在发生矛盾、遇到问题时要积极地沟通、解决，不可带着不良情绪去照顾儿童。0—3岁的婴儿虽然在情绪智力上发展还不够成熟，但是护理员的不良情绪会让婴儿感到紧张、压抑，与护理员之间也就很难建立信任、亲密的关系。

5. 护理员—儿童关系的稳定性

福利机构所采取的三班制的工作方式，导致护理员一直处于频繁的流动当中，不同于家庭内儿童照料者的稳定性。在实际的护理操作中，可以通过合理的安排尽量保证每一名儿童都有相对固定、主要的抚养者。每一名护理员可以对应 4—6 名儿童，在进行各项护理操作时，均以这些儿童为主。在儿童遇到情绪困扰、生理不适时，也由负责该名儿童的护理员进行处理和干预。护理员与儿童的一一对应，可以帮助儿童对护理员尽快建立起信任关系，在日积月累的照料过程中逐步建立起良好的依恋关系。

6. 婴儿的个人气质的影响

在安全依恋形成的过程中，婴儿并不是完全处于被动的地位，其个人气质也起着作用。护理员对不同气质的婴儿会做出不同的反应，直接影响到依恋的"质"。比如那些"困难型婴儿"，整天吵闹不止，吃喝拉尿无规律，极少露出笑容，就较难引起护理员的依恋之情。对那些久哭不止、难以安抚的婴儿，久而久之，护理员也会慢慢地丧失信心，在实际照料过程中对该名婴儿照料的敏感性也会降低，会出现忽视、麻木的情况。婴儿的生理和心理的需求如果长期得不到回应，建立安全型依恋的可能性就几乎为零。因此，面对"困难型婴儿"，需要护理员更敏感、更耐心。

7. 婴儿疾病类型产生的差异性

福利机构中的婴幼儿往往都是因残被弃，完全健康的儿童很少，不同程度的疾病和残疾也导致了儿童在建立良好依恋关系上的差异性。行动能力不受限的儿童和护理员互动的时间比行动能力受限的儿童多，表达能力强的儿童得到的关注比无法表达的儿童多，有行动能力、表达能力强的儿童在生活照料中更容易吸引护理员的注意力，彼此之间的互动的频率较之其他儿童高，与护理员建立安全型依恋的概率也远远大于其他儿童（尤其是卧床儿童）。因此，面对脑瘫、卧床等一些行动能力受限的儿童和表达能力欠缺的儿童，护理员在工作中要尽量做到不偏不倚，甚至要给予他们更多的关爱和耐心。

三、特殊儿童依恋障碍的干预

经不完全统计，儿童福利机构孤残婴幼儿的安全型依恋比例远低于普通婴幼儿的比例（上海地区安全型依恋比例为 67.8％，机构内安全型依恋比例为 20.5％）。当然不安全型依恋不一定是依恋障碍，但依恋障碍一定是不安全型依恋。福利机构中的不安全型依恋的比例之高也造成了依恋障碍在福利院的孤弃儿童中比较常见。

依恋障碍是发生在儿童期的一种社会功能障碍。通常，如果频繁更换照料者，孤弃儿童无法对照料者形成特定的依恋，可能产生脱抑制性依恋障碍；如果儿童被忽视或虐待，可能产生反应性依恋障碍。

（一）依恋障碍的具体表现

1. 脱抑制性依恋障碍的主要特征

（1）2 岁时，通常出现依赖他人，并且对照料者和成人有无选择性的依恋行为。

（2）4 岁时，主动寻求照料者的注意，讨好照料者；或者无区别地向陌生人表示友好，如伸手要陌生人拥抱。

（3）在同伴中没有好朋友，常与同伴发生冲突。这类儿童常与同伴交往失调，在环境影响下伴发情绪或行为紊乱。

2. 反应性依恋障碍的主要特征

（1）行为退缩，经常一个人独处。

（2）沉默寡言，不与同伴交往和游戏。

（3）对周围环境似乎存在极大的恐惧，无法安慰。

（4）常见自伤和伤人行为。

（二）依恋障碍的干预

依恋干预是针对童年依恋障碍的系统干预方法。

1. 依恋干预的原理

（1）根据依恋产生的原因，照料者提供良好的环境补偿儿童的依恋缺失，建立良好的循环。儿童福利机构可以给儿童提供"类家庭模式"的照顾，在生活和心理上给予儿童全方位的照料，以此补偿儿童的依恋缺失。

（2）照料者和儿童之间的积极互动。在日常的照料过程中，照料者和儿童互动时，照料者要主动引导儿童的行为，而不是被动地对儿童的行为做出反应。为了减少儿童控制、掌握活动的局面，照料者的行为应清晰一致。在照料者建立的规则和限制范围内，培养儿童学会信任、尊重和自我控制。在此，照料者学会一定的养育技巧和管理自己的情绪非常重要。依恋障碍的儿童经常会有攻击、无助、情绪低落的反应，这些不良情绪会感染照料者。同事、朋友间相互信任、支持也非常重要。依恋障碍的儿童有时会同照料者的某一方结成联盟反对另外一方。而且，有时在亲戚朋友面前，表现得非常可怜，如果成人们表现出同情，这正落入他的陷阱，他自己也会觉得非常可怜，而不珍惜现在所拥有的一切。不管是谁，对儿童表达爱的方式应该稳定和一致。

（3）照料者和儿童互相认可。在福利机构中经常会出现一些尴尬的局面，儿童对照料者的努力不认可，没有感恩心理，认为是理所当然的。在依恋干预的治疗过程中，照料者确认儿童的身份，儿童也确认照料者的身份。在各种场合，如一日三餐时间、就寝时间、娱乐时间等，为儿童建立归属感。

莫斯（Moss）（1998）概括出的一些技巧或许能帮助照料者。

① 确认孩子的身份，如将孩子的照片放在冰箱上，或者向来访者介绍孩子。

② 积极的互动，如拥抱孩子，或者进行亲子游戏。

③ 当孩子愤怒、恐惧和悲伤时，照料者以建设性的方式回应。

④ 鼓励身体的接触，如一起蹲在地上玩，拥抱，拍拍肩膀或者进行需要身体接触的游戏。

⑤ 回复孩子早期应发展的任务，如喂养、唱歌或者照料者逗弄孩子。

⑥ 保持眼神接触。

⑦ 教孩子做有趣的事情。

2. 依恋干预的具体方法

依恋干预的措施就像一级一级的台阶（图6-5-1），依恋障碍儿童每跨上一个台阶，就是向爱与信任靠近了一步，当他们登上台阶的顶端，学会感激，成功就在眼前，就可以比较顺利地融入收养家庭，进而回归社会。

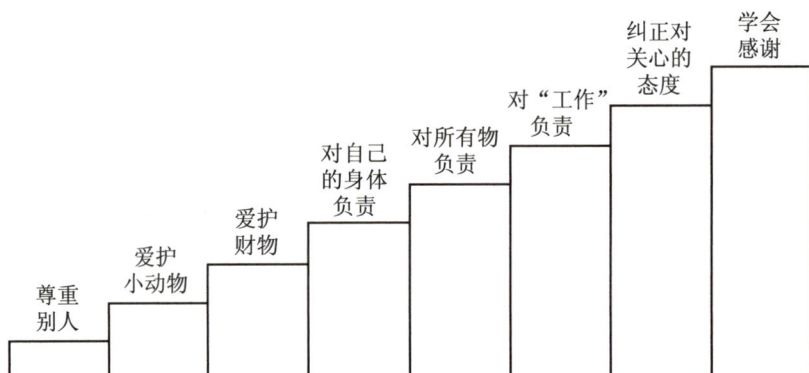

图 6-5-1　依恋干预的阶梯

（1）尊重别人

儿童学会尊重别人，才会相信别人也能尊重他。首先儿童要学会在说话或倾听时，与他人目光接触，这是尊重他人的第一步。儿童要学会尊敬成人，如与成人同行时保持并排走、别人说话时保持安静等。照料者应及时表扬儿童的此类行为，或者当着儿童的面向别人称赞他。这会鼓励、增加儿童尊重他人的行为。

（2）爱护小动物

依恋障碍儿童常常会通过虐待弱小的动物来显示力量，证实自己

162

对周围环境的控制力。事实上，相当多的女童有残忍倾向。照料者也可在儿童接近动物的时候，以温柔、慈爱的方式亲近儿童，如把他抱在怀里或搂着他的双臂，然后问他此时对动物的感觉，比如可以问："我们现在离小动物这么近，你觉得怎么样？""看看小动物的眼睛，它在说什么呀？""我们这么抚摸它，它会喜欢吗？"等。如果儿童能把对动物的不良情绪说出来，就很少会虐待它们了。如果儿童不能爱护身边的小动物，那么他们就很可能难以学会善待其他的生命，这对他们的成长是很不利的。

（3）爱护财物

儿童从对待身边财物的方式中学会如何对待世界上的其他事物。儿童从学会爱护所有的家具、图书、课本等，从而学会去爱护其他的人和物。如果儿童破坏了某个物件，他应被暂时取消使用这一物件的权利。例如，如果儿童在阅读时，弄坏了椅子，那么在接下来的阅读时间里，他只能站着或者坐在地板上阅读。

（4）对自己的身体负责

责任心是人们生存的一大条件。依恋障碍的儿童因为存在自伤和伤人的倾向，所以，首先必须学会对自己的身体负责，学会如厕、洗澡、刷牙、洗脸等。有时儿童可能因为缺乏这些技能而显得有点脏。照料者应教会儿童这些技能，而不是因此嫌弃他们，比如每天早晨和儿童一起刷牙、洗脸，示范给他们看。要让儿童感到他们是被爱的，别人是在帮助他们。

（5）对所有物负责

儿童必须整理好自己的床铺和衣物才能开始一天的活动，这是儿童责任心的表现。一些依恋障碍儿童不能用语言或直接地表达愤怒，就会通过排泄物来发泄自己的情绪，把衣物弄脏。有些孩子会把这些脏了的衣物藏起来，试探照料者是否有足够的能力来处理这些事情，以判断他们是否值得信赖。如果发生这样的情况，照料者可让另一位儿童将衣物找出，给予一定的奖励，然后进行处理，证明自己是可以信任的。有些儿童希望自己收拾这些衣物，照料者应允许他们这么做，还可以帮忙准备好洗涤用品。

（6）对"工作"负责

照料者可以给儿童分配合适的"工作"，表示期望并相信儿童能把它做好，比如扫地、摆放桌椅等。"工作"应有明确的目标。当依恋障碍儿童努力完成"工作"并得到他人的赞赏时，他能感觉到自己对于他人来说是很重要的，自己不是一个可有可无的人。他也会从中学会如何回报他人，从而与他人建立良好的关系。

（7）纠正对关心的态度

对关心的态度关系到人们一生与他人关系的建立和保持。一些依恋障碍儿童会用哭泣等类似的行为来博得成人的关心和怜悯，以控制成人的行为。这时照料者可用各种方式，如拥抱、充满爱意的眼神、话语等，让儿童知道他并不可怜，并不无助，他和自己在一起会非常幸福，他可以信任自己。另一些依恋障碍儿童则可能对照料者的关系视若无物，不懂得感谢。

（8）学会感谢

学会感谢，儿童会为自己已经拥有的感到快乐，而不会沉湎于所失去的。这是种积极的人生态度。儿童福利院成长的孩子因为没有去自我中心化，因此，总认为别人的照顾是理所当然的，不知感谢，更谈不上永恒的感恩心理。儿童要对照料者的给予或帮助说"谢谢"，反过来，也是同样。对于大年龄的儿童，照料者可让其每天写下当天感受最深的3种情绪，并写出3件值得感谢的事情。

在干预过程中，以上8项措施是可以同时进行的，并非完成了一项措施再进行下一项，它们的阶梯关系是根据程度来确定的。

3. 依恋干预过程中应注意的几个问题

（1）一些依恋障碍儿童可能同时会有精神障碍，如儿童抑郁症，此时照料者需寻求专家的帮助，进行诊断，做必要的药物治疗。

（2）干预过程中，照料者对儿童的行为应给予有效的反馈。正确的行为要给予奖励，如给好吃的东西、拥抱、摸摸头、赞赏的微笑等。不正确的行为应批评，如不能参加集体游戏、打扫公共卫生等。奖励和批评都要尽量利用当时的情境，尽量自然化、生活化。例如：大家一起享用晚餐的时候，某个儿童与其他孩子发生了争执，那么可以罚他一个人坐到旁边去吃，不要对他解释也不要和他说教，但照料者的态度应该是平和的。另外，反馈应具有示范性。比如，儿童要学会感谢，那么照料者之间对对方的帮助和给予也要表示感谢，做出示范。

（3）每个儿童的照料者通常不止一个，照料者之间应该互相支持和理解。因为，依恋障碍儿童很可能在不同照料者面前表现不一致，引起他们之间的矛盾从而控制成人的行为来感觉自己的力量。遇到这种情况，照料者之间应商量如何解决问题，而不是互相指责。

（4）主要照料者不宜经常更换，且要做好随时受挫的心理准备。儿童自尊的建立是取得治疗成功的基础。但是通常儿童自尊的发展和他的进步速度不一致，儿童可能已经能够很好地完成任务，而他的自尊水平可能还很低。所以他们很可能在取得了一定的进步之后，会退步或徘徊不前。另外，一些特殊的节日或事件可能会引发儿童对过去痛苦经历的回忆，这也会影响治疗效果。

四、特殊儿童同伴关系的特点及培养模式

同伴关系是儿童在早期生活中除亲子关系之外的重要社会关系。同伴交往是儿童社会认知和发展的重要途径。儿童福利机构中的儿童大多数都是在月龄较小的时候就被遗弃进入了福利院，他们童年的大部分时间都是在福利院度过的，在这些特殊儿童的人际支持系统中，家庭这一重要支持系统是缺失的，因此他们的同伴交往和普通儿童的同伴交往存在许多不同。

同伴关系对儿童的社会适应和人格的健康成长具有重要的作用。安娜·弗洛伊德调查了第二次世界大战中的 6 个孤儿，他们在缺少亲人照料的情况下发展了类似亲子关系的依恋模式，发展正常。当儿童在面临恐怖或陌生环境时，在场同伴可以起到与父母同样的作用，他们可以通过同伴消除其紧张感和压抑感，因此同伴关系是儿童情感支持的重要来源。同样，对于儿童福利机构的孤弃儿童而言，同伴关系的好坏关系到

他们今后的健康成长。

（一）特殊儿童同伴关系的共同点和独特性

通过观察发现，儿童福利机构中的特殊儿童的同伴关系既有共性，又具有独特性。共同特点为：具有强烈的交往动机，但防御心理也很强；行为上回避、排斥同伴；同伴交往方式较为单一；有侵犯性行为；交往策略较少。独特性为：特殊儿童进院前不同的生活背景和身体残疾程度导致了在同伴交往中不同的表现，有的儿童在不同情境中都会出现攻击性行为，不懂礼貌，不听话，骂人打人，常常被拒绝；有的儿童在同伴交往中常出现退缩行为和受欺负现象，同伴接纳类型表现为被拒绝。

（二）影响儿童福利机构特殊儿童同伴关系的几个因素

1. 环境因素

儿童福利机构采取的集中养育模式，缺乏对特殊儿童的思想行为引导，影响了他们的社会化水平；机构严格的封闭式管理使特殊儿童缺少与外界的交流与沟通，因而限制了他们的同伴交往能力的发展。

2. 自身因素

早年家庭环境的变故、孤儿的身份、病残的身体等原因，给儿童幼小的心灵带来了重大的创伤，安全型依恋在他们身上很难形成，在同伴交往中也难以建立信任感和依赖感。部分儿童由于缺乏最基本的情感表达和沟通方式，无法理解或表达自己的喜怒哀乐，更无法理解他人的情感，在社会交往中往往会采取"打""抢"的形式，在一定程度上影响了良好同伴关系的建立。

3. 抚养者因素

机构内护理人员的流动性大对特殊儿童建立同伴关系也是障碍之一，护理员对他们的关注和爱缺乏稳定性和长久性，特殊儿童很难感受到真诚，特殊儿童会将这种情感迁移到其他人际交往情境中，在与同伴交往中带有较强的防御心理，从而影响同伴关系质量。

4. 群体因素

儿童福利机构内的儿童整天生活在群体中，群体对他的影响是全面而深远的。群体构成的复杂性、多样性对特殊儿童会造成一定的困扰，很多时候他们会分不清哪一种行为是正确的，哪一种行为是错误的，儿童的模仿能力很强，如果不能及时进行教育和引导，则会影响良好同伴关系的建立。不良情绪和行为的形成也会影响同伴关系的质量。

（三）0—3 岁婴幼儿同伴关系的具体表现和培养方法

不同年龄阶段的儿童在同伴交往中的表现均有所不同，也许有人会觉得 0—3 岁婴幼儿不存在同伴关系，其实同伴关系在儿童早期阶段同样重要，且对儿童今后同伴关系的发展影响颇深。

1. 0—12 月婴儿同伴关系的具体表现和培养方法

新生儿出生后，就对同类有明显的偏好。出于生存的需要和客观条件局限，婴儿在生命之初的几个月里，接触最多，最亲密的是照顾自己的抚养者而不是同伴。这样的社交环境对婴儿生存有利但并不意味着婴儿初期没有或不能开展同伴交往。其实，婴儿很早就能对同伴的出现和行为做出反应，比如两个月左右的婴儿能够注视同伴；3 至 6 个月的婴儿能相互触摸和观望；6 个月以后，看见旁边的婴儿时，能发出微笑以及"咿呀"的声音。

儿童福利机构中的婴幼儿由于采取的是集中养育模式，相对于普通家庭中的婴幼儿而言，和同伴相处的时间是很充裕的，在护理员忙于事务性工作的时候，他们开始了对同伴的探索：小床靠在一起的婴幼儿会互相看着对方，熟悉了之后，甚至会伸出小手相互触摸；在围栏里活动的时候，会尝试着爬向对方，用手去抓对方的衣服或小手；如果两名护理员分别抱着一名婴儿，逗其中一名婴儿说话时，另一名婴儿也会跟着发出"咿呀"的声音，同伴之间的模仿很常见。

培养方法：此时期福利机构中婴幼儿的同伴关系和普通婴幼儿的区别不大，他们活动的范围都有局限性，更多的是满足于生理的需求。但需注意的是，由于是集中养育模式，护理员在进行护理操作时肯定会有先后，比如喂奶、换尿布，婴幼儿之间也有竞争意识，尤其是那些敏感型的婴幼儿，如果优先喂养同伴，他会大声哭泣来引起护理员的注意。如果他的行动能力允许，他可能会去抢夺同伴的奶瓶。因此，在日常的护理操作中，除了尽量创造条件增加婴幼儿之间的互动机会外，还应关注敏感型婴幼儿的具体行为表现，适当地调整喂养顺序，或者通过语言安抚他的情绪，避免消极情绪的累积。

2. 1岁至1岁半儿童的具体表现和培养方法

随着身体运动能力和言语能力的发展，幼儿的社会性交往变得越来越复杂，交往的回合也越来越长。这时候幼儿之间的简单交往最突出的特征是出现应答性的社交行为，即一个孩子对另一个孩子发出的微笑、语言或非语言的声音、抚摸、轻拍或递给玩具的动作，能引起对方的反应。比如，对方会报以微笑，发出声音，注视他的行动等。从此，幼儿之间的最初的直接接触和互动开始发生。

福利机构内的特殊儿童此时期的具体表现有：

（1）看到来人会招招手，会微笑，对经常照顾他的抚养者有十分明显的依恋行为。

（2）交往受情绪控制：高兴时乐于与人交往，生气时则拒绝游戏。

（3）需借助玩具或其他媒介发起交往活动。

（4）喜欢与同伴接近，孩子之间容易互相吸引，常常由于探索而引起摩擦。例如看到同伴的玩具很有趣，也会伸手去摸摸，拿来玩玩。若同伴不肯，就用推、打、咬等方法去夺得，因而常引起摩擦、冲突。

培养方法：

（1）在满足幼儿生理需求的同时，对幼儿的情感需求予以积极的回应。比如喂奶时，护理员可以同幼儿进行眼神交流；换尿布时，可以同幼儿进行言语交流；陪伴幼儿玩耍时，手把手教他一起玩。保持舒适的触觉和言语交流对于促进依恋关系的建立非常有帮助。

（2）当幼儿哭闹时，护理员要尽量及时地进行安抚，帮助其尽量保持积极的情绪体验。

（3）为幼儿提供适合的玩具，比如毛绒玩具、牙胶、小皮球等，在数量上要保证一人一个。

（4）此时期的幼儿对一个物体的专注力时间较短，手中的玩具常常玩不了几分钟就会扔掉，转而去抢同伴的玩具，因此经常会出现抢夺玩具而发生的冲突，对于抢夺的行为，护理员要及时进行制止，告诉幼儿这是不好的行为，同时引导幼儿通过互相交换玩具的形式来共享所有的玩具。

3. 1岁半至2岁幼儿的具体表现和培养方法

1岁半以后，由于幼儿的语言和行走自由得到发展，能接触更多的新事物，进而产生对新事物的好奇和兴趣，模仿性或互补性交往行为也经常出现。这个年龄段幼儿的同伴交往特点是，虽然同在一起玩，但互不干扰，各玩各的，熟悉以后会相互观察，互相模仿。

福利机构内的特殊儿童此时期的具体表现有：

（1）由于机构内护理员和儿童的比例达到1:4至1:6，故幼儿的语言发展和行走的能力都要落后于普通家庭的婴幼儿，幼儿更多的是躺在摇椅上或者坐在围栏里独自玩耍。

（2）渴望关注的需求越来越强烈，经常通过哭闹、扔玩具等行为来引起护理员的关注。

（3）同伴之间会相互观察，互相模仿；比如一个哭，另一个也会跟着哭。

（4）想要练习行走，在围栏内会试图抓着栏杆自己站起来，渴望看到外面的世界。

培养方法：

（1）语言训练的形式比较灵活，比如在进行各项护理操作时，通过播放儿歌的形式刺激婴幼儿的语言，同时护理员要鼓励婴幼儿说，敢于表达自己的需求。在幼儿的发育高峰期，尽量增加日班护理员的人数，给予幼儿更敏感的照料。

（2）护理员对幼儿的需求及时予以满足，如不能及时回应，可用其他方式转移其注意力，比如给他一个毛绒玩具。

（3）对于一些不好的情绪和行为，护理员要及时予以纠正，以免这种情绪和行为在群体中"传染"开。

（4）在护理操作时，可增加一些锻炼行走能力的训练，比如在穿好衣后可以扶着幼儿在床上跳一跳，增加下肢的力量；在幼儿学会行走后，应增加其户外活动，满足其对外部世界的好奇心。

4. 2—3 岁儿童的具体表现和培养方法

2 岁以后，随着身体运动能力和言语能力的进一步发展，儿童的社会性交往变得越来越复杂，同伴交往的回合也越来越长。

福利机构内的特殊儿童此时期的具体表现有：

（1）同伴交往关系是以物体为中介的。同伴在一起活动，主要是各自对物体的摆弄和操作。也就是说他们是对玩具或其他物体感兴趣，而不是对同伴感兴趣。

（2）同伴交往最主要的形式是游戏。最初他们交往的目的主要是为了获取玩具或寻求帮助，随着年龄的增长，幼儿的目的也越来越倾向于同伴本身，即他们是为了引起同伴的注意，或者为使同伴与自己合作、交流而发出交往的信号。

（3）十分乐意与护理员交往，开始采用各种行动、语言来吸引护理员对自己的注意。

（4）在跟成人交往的过程中逐步学会道德判断，凡是成人表示赞许并说"好""乖"的行为，幼儿便认为是好的行为；反之，凡是成人表示斥责并说"不好"的行为，幼儿便认为是坏的行为。

培养方法：

（1）在游戏时间，经常会出现这样一种情况：软垫上散放着很多玩具，垫上的几名幼儿各自玩着玩具，一旦玩腻了手中的玩具，就开始抢夺同伴的玩具。护理员在陪伴其玩耍时，可适当设计一些互动的环节，吸引幼儿参与进来，比如共同用积木搭建一座城堡，逐步培养幼儿的合作意识。

（2）随着年龄的增长，幼儿之间的互动也越来越多，护理员应积极营造幼儿之间共同游戏的良好氛围，设计新颖的游戏形式，尽可能吸引所有幼儿的注意力，在游戏过程中，时刻关注每一名幼儿的反应。当幼儿之间发生冲突时，及时予以处理。

（3）在幼儿发出各种信号吸引护理员注意时，护理员如果不能及时予以回应，也应及时用语言进行回应，并让幼儿学会等待。

（4）对幼儿的一些好的行为，要及时给予肯定，并在群体中进行表扬，起到正向激励引导的作用。

由此可见，早期同伴交往是婴幼儿整个社交系统的重要组成部分。它在促进婴幼儿社交技能及策略的获得，促进婴幼儿社交行为向友好、积极的方向发展，促进婴幼儿情绪情感的发展，促进婴幼儿认知能力的发展，促进婴幼儿个性、自我意识的形成与发展等方面都有重要的作用。

案例分享

1. 基本情况

小明　男　3 岁　疾病诊断：唐氏综合征

小明出生 1 个月后被父母遗弃在医院，两个月大时进入儿童福利院生活。在 A 组生活了两个月之后，转入 B 组，之后一直在 B 组生活到 3 岁零两个月大，后因班组调整，目前在 C 组生活。

小明从 B 组转入 C 组时一点都没有哭闹。进入 C 组后，由于年龄最小，加上小明爱笑，因此护理员都十分喜欢他。有陌生人来访时，小明会眯着小眼、主动伸出小手要人抱。在围栏内玩耍时，通常都是无所用心地独自玩耍。小明语言发展较落后，很多时候都是用手势来表达自己的需求。

小明在 B 组生活的时候，经常会用额头或者后脑勺撞击床栏，也会扶着床栏不停地来回摇晃身体，像一个"小不倒翁"。转入 C 组生活后，撞击床栏的情况有所好转。

2. 行为分析诊断

从小明的表现基本可以判断出这是一名典型的脱抑制性依恋障碍的儿童。

童年脱抑制性依恋障碍的诊断要点主要有以下几点：

（1）2岁时，通常出现依赖他人，并有泛化、无选择性的依恋行为。

小明在出生1个月后即被遗弃，进入儿童福利院后，辗转换了3个班组。在B组的生活时间最长，B组是领养组，基本都是3岁以内、待领养的儿童，疾病和残疾程度都较轻。小明在B组受到的关注度不高，据B组的护理员介绍，小明从小就不认生，谁抱都可以，见到陌生人也是如此。从小明进入C组之后的表现也能看出，小明存在着泛化、无选择性的依恋。

（2）4岁时，寻求照料者的注意，讨好照料者，或者无区别地向陌生人表示友好。

小明十分喜欢和护理员互动，对于周围的同伴常常视若无睹，只要有护理员坐在围栏内，小明总是喜欢靠着护理员坐或者坐在护理员的身上，还会做出一些滑稽的表情逗护理员笑，讨好护理员。有陌生人来访时，小明更是表现得异常兴奋，常常会跑到来访者面前，伸出双臂要人抱。

（3）经常与同伴发生冲突，或者没有好朋友。

小明在B组生活时，同伴和他的年龄相差不大，和同伴之间的冲突一般都是因为抢夺玩具。虽然在B组生活了3年，但是和其他儿童都没有建立起亲密关系，可以说没有好朋友。

小明的表现除了符合童年脱抑制性依恋障碍的诊断要点外，还存在着自我刺激行为。自我刺激行为是一种不良行为，最明显的自我刺激行为是前后或左右摇晃身体，或以身体撞击墙或护栏。研究发现，严重的自我刺激行为有可能导致头部损伤或影响大脑发育，还会影响儿童的社会性情绪发展，妨碍其社交行为。

3. 原因分析

（1）小明之所以出现泛化、无选择性依恋，主要是因为小明自进入儿童福利院后，换了3个小组，照料者更换的频率也很高，导致小明没有机会与人建立起选择性依恋。小明在B组受的关注度不高，说明护理员对他采取的是不敏感的照料方式，对其生理和心理上的需求都没有给予积极的回应，导致小明没有建立起安全型依恋。

（2）小明出现自我刺激行为的原因很大程度上也是因为护理员不敏感的照料方式，及护理员对其发出的生理和情感需求的信号未能及时捕捉并予以回应。小明在 B 组生活的时候，护理员对他的关注度不够高，而转入 C 组后，受到的关注度明显上升，刚开始到 C 组时，在护理员忙碌的时候，小明还是会撞击床栏，但是护理员只要有叫他的名字、温柔地摸一摸他的头等行为，小明就会停止自我刺激。在游戏时间，小明基本都是围着护理员转，护理员也很乐意抱抱他，陪他一起玩，小明的自我刺激行为明显减少。

4. 干预的主要做法

（1）改善护理员与儿童之间的关系，减少换小组的频次，保证小明有相对固定的、主要的护理员，帮助其建立安全型依恋关系。

（2）改进日间集体照料过程中护理员和小明之间的互动，采取敏感的照料方式，对小明的生理和情感需求及时予以回应。

（3）保持舒适的触觉和言语交流，当小明出现自我刺激行为时，护理员及时采取拥抱、抚摸和言语等动作进行干预。

（4）护理员之间加强沟通，保证对小明照料方式的一致性。

（5）肯定护理员的付出，充分调动护理员工作的主观能动性。

第七章　3—6岁：特殊儿童康教重早期

上海市儿童福利院经过不断尝试、积累经验，于 1985 年正式成立了上海伤残儿童康复中心，面向院内及社会上伤残的儿童开设康复课程。截至目前已在聋儿语训、自闭症康复、脑瘫儿童运动障碍康复训练等领域积累了大量经验。启心学校为儿福院内特殊教育学校，通过开展幼小衔接，优化送教上门，强调全人教育，已开设"脑瘫儿童""自闭症儿童""唐氏综合征儿童""轮椅儿童"特教班，全方位、多维度保障了孤弃儿童的受教育权。

第一节　言语障碍儿童的康复方法

一、言语障碍的概述

1. 定义

此章节主要介绍言语和语言的相关内容。在人们的日常生活中，言语（speech）和语言（language）两个词往往被混用，但从言语病理学的角度来说，两者是有区别的。

（1）言语的定义：言语包括从语音表象到发出语音、听到语音、感知和理解语音的全过程。言语的产生通过三个系统的协调运动来实现，它们是呼吸系统、发声系统和构音系统。

（2）语言的定义：语言是人类社会中约定俗成的符号系统，它是一个以语音或字形为物质外壳（形态），以词汇为建筑构建材料，以语法为结构规律而构成的体系。人出生以后，各个言语器官经过长期综合的协调，逐渐形成有声语言（语音），人们通过应用语音达到口语交流的目的。广义的语言包括口语、肢体语言、手语、旗语、计算机语言等。

（3）言语障碍的定义：在言语产生和理解过程中，连接说话人大脑和听话人大脑的依次发生的一系列神经学、生理学和物理学事件，称为言语链（图 7-1-1）。言语链中任一环节的功能障碍都属于言语障碍。

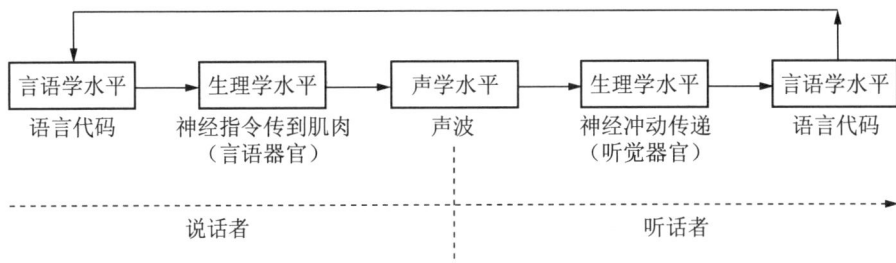

图 7-1-1　言语链

（4）语言障碍的定义：语言障碍实际上指的就是个体在运用语言的过程中所表现出的语言学知识系统达不到他的年龄应该达到的标准的状况。语言障碍不仅包括个体在言语表达方面的缺陷，而且还包括在言语理解方面的缺陷。

2. 言语障碍康复训练重点

（1）"构音"（articulation）一词指声道运动以产生言语声的过程，是按"音系处理"发出的指令，通过神经运动系统形成语音的行为，是将发声行为所产生的嗓音加工成有语义语音的言语行为。构音对声道运动的要求是，构音器官互相协调地、准确地、按时地以一定的运动方向、力度和速度进行运动；构音行为是声道不同结构以一系列重叠的动作改变声道不同部位的形状、管径和对流出气流的阻挡程度，同时形成不同的共鸣腔的过程。构音又含有"形成音素"的意思，是应用声门以上声道的构音器官构成语音的过程。目前儿童福利机构康复语言训练着重于以构音障碍为主的训练方法。

（2）语言发育迟缓：是指与同龄儿童相比，孤弃儿童在理解和运用语言方面显著落后的状态。这些儿童语言发展的速度较慢，语言的实际成绩低于实足年龄。造成儿童语言发展迟缓的原因是多方面的，常见于听力损失、智力落后、情绪障碍等，而儿童福利机构中的听力障碍、脑瘫、唐氏、自闭症儿童均存在语言发育迟缓问题，这类问题也是儿童福利机构语言康复训练的重点。

二、言语障碍的评定

（1）由于言语是通过呼吸系统、发声系统和构音系统构成，因此在言语障碍中便是通过对上述三个系统的功能性评估来进行评定。见图 7-1-2 构音评估表，图 7-1-3 构音评估工具。

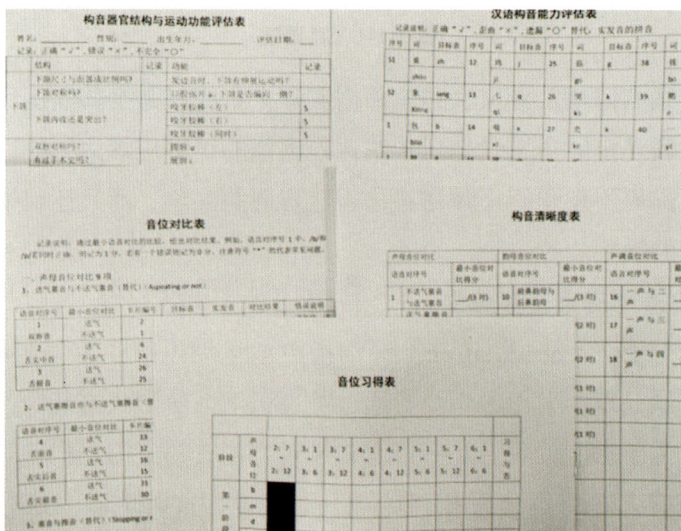

图 7-1-2　构音评估表

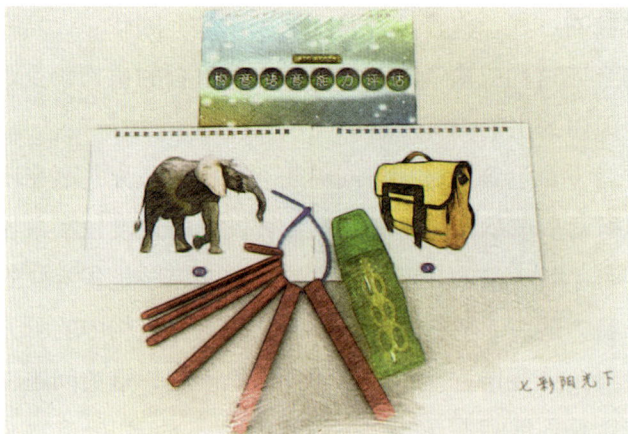

图 7-1-3　构音评估工具

（2）（S—S）语言发育迟缓检查评价总结。见评估表 7-1-4 语言发育迟缓评估表，图 7-1-5 语言发育迟缓评估工具。

图 7-1-4　语言发育迟缓评估表

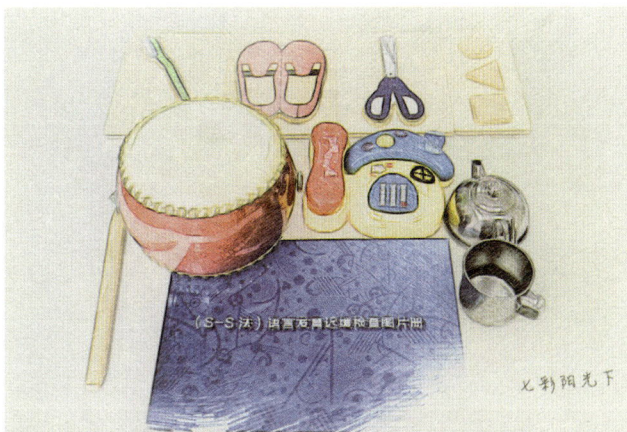

图 7-1-5　语言发育迟缓评估工具

三、言语障碍的康复方法

（一）言语障碍的康复

根据不同的言语障碍功能异常类型，有不同的康复方法，但各个功能之间是紧密联系的。在日常的康复当中，我们整理了包括呼吸、口部肌肉、构音及发音练习四个方面的康复方法，以提高言语障碍儿童的言语清晰度和言语流畅性，为正常的言语沟通做保障。

1. 呼吸训练

（1）呼吸放松练习

将有节律的呼吸与放松运动相结合，通过手臂和肩部的运动带动肋间肌群和肩部肌群运动，使肌群乃至全身都得到放松，从而促进呼吸系统整体功能的提高。

（2）生理式腹式呼吸

通过不同的体位，如仰位、侧位、站位、坐位，让患儿体验非语言状态下呼吸时呼和吸的过程，帮助儿童建立正确、自然、舒适的生理腹式呼吸方式，为言语呼吸奠定基础。

（3）吹气笛层次训练

利用专业的气笛，次数由少到多，由易到难吹响气笛，增强腹腔肌肉力量和吹气气流。见图 7-1-6。

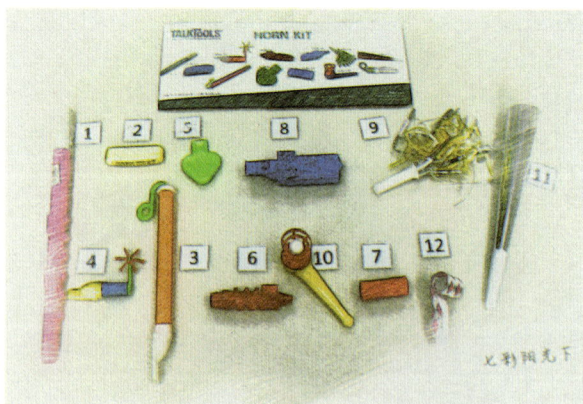

图 7-1-6　气笛 1—12 号

也可以利用其他活动，如吹泡泡、吹纸巾、吹羽毛等，提高儿童对吹气训练的兴趣，增强气流。见图7-1-7。

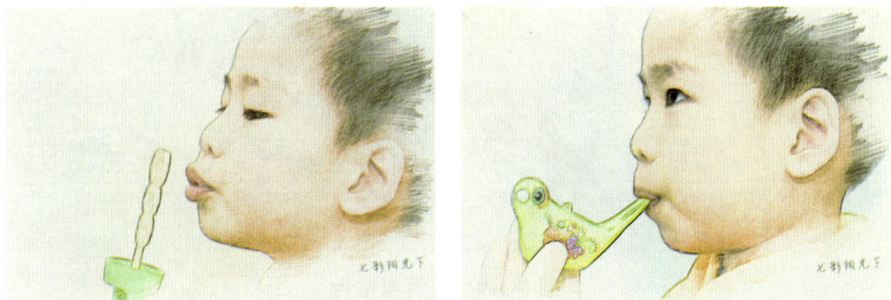

图7-1-7　吹泡泡等吹气训练

2. 口部肌肉训练

（1）舌肌

舌尖舔物法：儿童伸出舌尖，教师将棒棒糖放在儿童舌尖上方，要求儿童舌尖向上舔棒棒糖。要保证儿童是用舌尖而非舌叶去舔，促进儿童舌尖单独上抬。见图7-1-8。

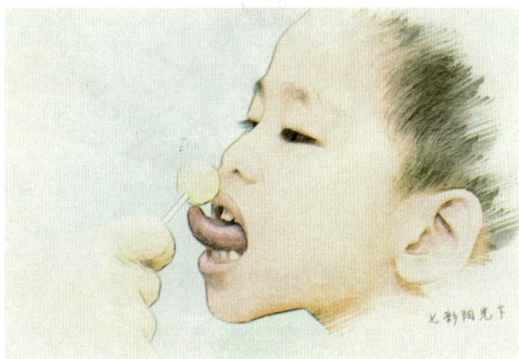

图7-1-8　舔棒棒糖

舌尖侧边推物法：儿童伸出舌尖，教师将压舌板放在舌尖的侧边，要求儿童用舌尖将压舌板推到侧边。注意不要碰到舌叶的侧缘，促进儿童舌尖单独上抬。见图7-1-9。

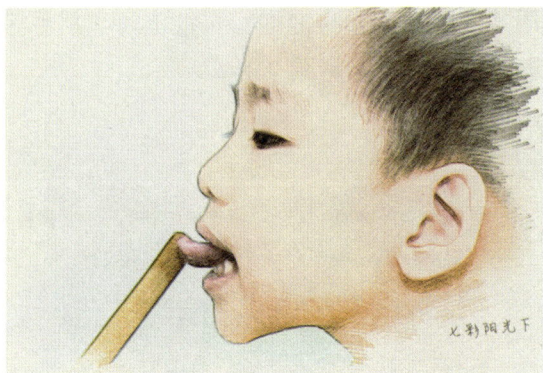

图 7-1-9　压舌板推舌

刷舌尖法：儿童伸出舌尖，教师用牙刷从舌尖向舌叶方向快速刷整个舌尖，重复数次，或者教师用牙刷从舌尖向舌侧方快速刷整个舌尖，注意不要刺激舌叶，促进儿童舌尖单独上抬。见图 7-1-10。

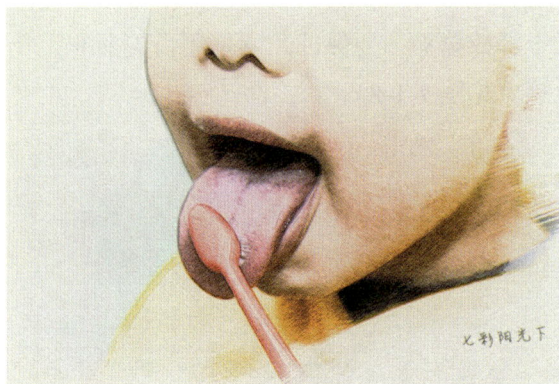

图 7-1-10　刷舌

勺底压舌法：让儿童张开嘴巴，教师手持一把勺子放在儿童舌中上方，然后用勺底用力向下压舌中间，用来促进儿童形成舌尖和舌两侧缘上抬。

吸管刺激法：教师手持一杯黏稠的液体（酸奶、粥等），让儿童用双唇夹住吸管，唇和舌协同用力向上吸，用来促进儿童形成舌尖和舌两侧缘上抬。见图 7-1-11。

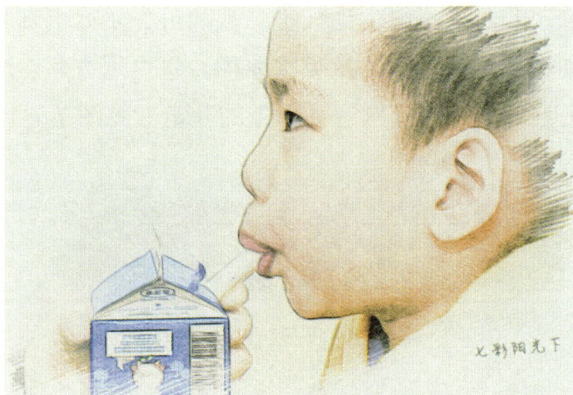

图 7-1-11　吸管刺激

压舌板刺激法：儿童张开嘴巴，教师用压舌板轻轻刺激儿童舌尖1/3 处，使舌尖和舌两侧缘上抬，中间呈碗状，用来促进儿童形成舌尖和舌两侧缘上抬。

挤舌法：儿童将舌伸出，然后主动将舌变硬变紧，提高舌肌肌力。

推舌法：儿童用力向外伸出舌尖，教师把压舌板放在舌尖上，轻轻把舌尖向里推，要求儿童用舌尖向外反推压舌板，提高舌肌肌力。见图 7-1-12。

图 7-1-12　舌尖反推压舌板

（2）唇肌

吸吮法：教师手持圆形冰棒（棒棒冰），让儿童用双唇用力夹住冰棒，然后吸吮，若儿童不能主动吸吮，教师可先用冰水刺激双唇，诱导儿童做吸吮动作，然后再让儿童吸吮冰棒。也可用香蕉、冰块等圆形物体作为吸吮工具，用来治疗唇运动低下的儿童。见图7-1-13。

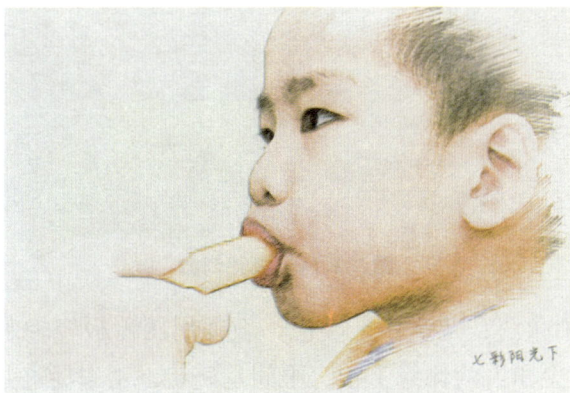

图 7-1-13　吸吮棒冰

抵抗法：教师用压舌板向上推儿童的上唇，让儿童用力向下抵抗，然后用压舌板向下推儿童的下唇，让儿童用力向上抵抗，用来治疗唇运动低下的儿童。见图7-1-14。

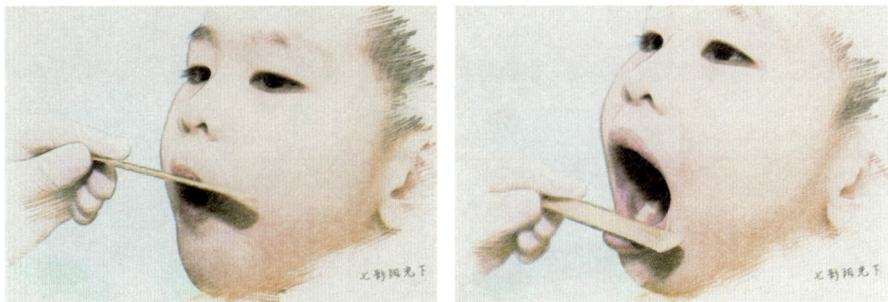

图 7-1-14　压舌板压上下唇

自助指压法：教师拿着软球或者有弹性的玩具，放在儿童的双唇上，轻压双唇，让儿童用唇抵住玩具发双唇音："ba""pa"，用来治疗唇运动低下的儿童。见图7-1-15。

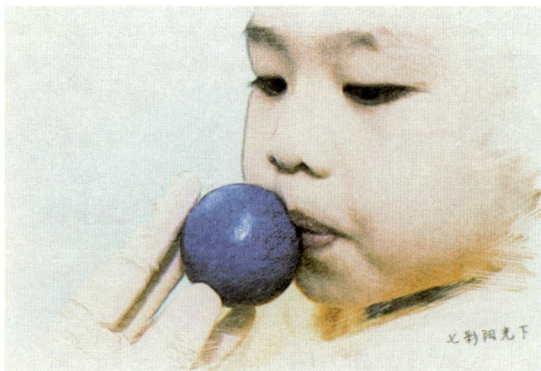

图 7-1-15　软球压双唇

面条练习法：教师将煮熟的面条的一端放在儿童双唇之间，要求儿童用双唇用力将面条夹住，并用双唇将面条吸入嘴内，用来提高口轮匝肌的力量，促进圆唇及唇内收运动。见图 7-1-16。

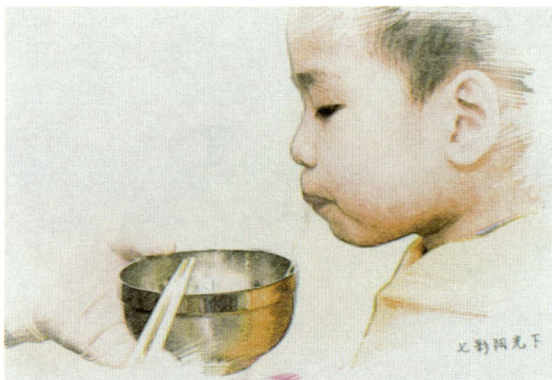

图 7-1-16　吸面条

拉纽扣法：教师将系有牙线的大粒纽扣放进儿童唇内侧与牙齿之间的空隙内，儿童用双唇将纽扣包住，然后教师轻轻拉牙线，儿童则用双唇用力把纽扣包住。可根据儿童唇和唇肌的大小选择大小不同的纽扣来训练，用来提高口轮匝肌的力量，促进圆唇及唇内收运动。见图 7-1-17。

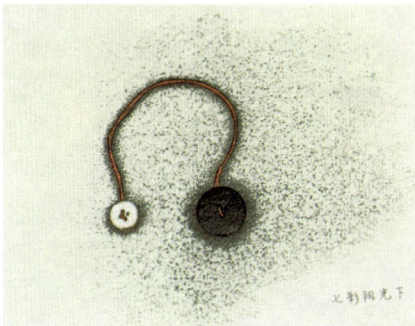

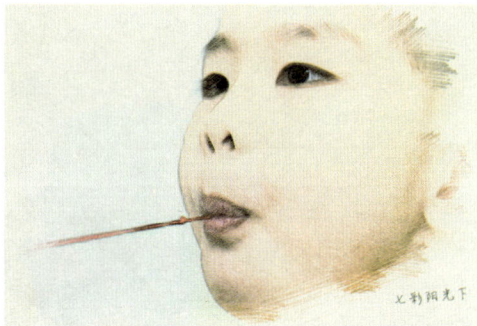

图 7-1-17 拉纽扣

（3）咬肌

深压咬肌法：要求儿童咬紧牙关，教师用手摸紧张或松弛的咬肌，并用手指深压咀嚼肌，儿童在咀嚼或咬东西的时候效果更好。用来增加咬肌力量和下颌的感知觉。见图 7-1-18。

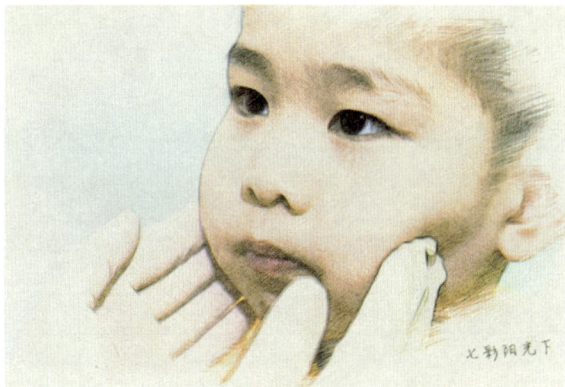

图 7-1-18 深压咬肌

咀嚼食物法：给儿童提供橡皮糖或者鸡肉丁，让儿童用自然的咬合动作用力咀嚼。用来增加咬肌力量和下颌的感知觉。

3. 构音技巧训练

教师通过构音技巧的表述与示范，协助儿童正确发音。构音技巧如下表 7-1-1（节选核心韵母）。

表 7-1-1　发音技巧（节选核心韵母）

		发音技巧
核心韵母	a	下颌向下充分打开，声带振动发"a"音。
	i	嘴角向两边伸展，露齿，上下齿缝间留有空隙，舌尖向前用力发音。
	u	双唇拢圆，中间只留一个小口，舌头向后缩，声带振动，送气发音。
	e	嘴巴张开一小半，不要张得太大，舌位靠后，声带振动发音。
	o	嘴巴圆起来，声带振动发"o"音。
	ü	双唇收缩成扁圆形，舌位与发"i"时相似，发音时软腭和小舌上升，关闭鼻腔通路，声带振动发音。

4. 发音练习（举例：表 7-1-2）

表 7-1-2　发音练习（节选）

声母	单音节词语	双音节词语	三音节词语
b	八、笔、脖、布、白、表、冰、绑、斑、辫	爸爸、壁虎、鼻子、黑板、香槟、翅膀	白萝卜、水彩笔、马路边、放鞭炮、打棒球、小板凳
m	妈、摸、米、木、猫、门、忙、梦、买、面	蚂蚁、蘑菇、米饭、玉米、积木、字母	马尾辫、摩托车、小蚂蚁、哈密瓜、搭积木、大熊猫
d	大、地、读、袋、灯、店、刀、豆、丢、蹲	地毯、读书、袋鼠、草地、口袋、花朵	大猩猩、叠被子、吹笛子、打电话、小蝌蚪、花蝴蝶
h	哈、鹤、花、黑、红、黄、坏、火、海、湖	河马、蝴蝶、猴子、女孩、大海、彩虹	贺年卡、黑芝麻、救护车、大灰狼、运动会、玫瑰花
p	爬、坡、皮、牌、盘、盆、胖、瓶、跑、碰	葡萄、排球、瓢虫、山坡、手帕、奶瓶	泼水节、葡萄干、吹泡泡、打喷嚏、洗手帕、电灯泡
t	她、剃、吐、腿、头、团、糖、疼、停、桶	梯子、土豆、兔子、宝塔、楼梯、海豚	太阳镜、拖拉机、小提琴、梳头发、小白兔、垃圾桶
g	嘎、哥、骨、盖、狗、瓜、棍、缸、光、弓	鸽子、鼓手、公路、唱歌、蛋糕、糖果	嘎嘎叫、过小桥、肉骨头、南瓜灯、敲小鼓、易拉罐

（二）语言发育迟缓的康复

主要目标是增加儿童的词汇量和理解词意的能力，帮助特殊儿童接近或达到正常同龄儿童的语言理解和表达能力水平。为了达到这个目标，应该为语言发育迟缓儿童制定详细的康复训练计划。

（1）努力扩大儿童的生活范围，增加其社会经验。一方面通过组织参观、春秋游活动，把特殊儿童带入社会，激发其语言交往的兴趣，丰富其语言内容，扩大其词汇量。另一方面教给特殊儿童具体的社会技能（如电话的使用、购物的技巧等）和待人接物的常识，使特殊儿童在和社会的接触中得到更多的成功体验。

（2）创设丰富多彩的语言环境。一方面形成一种和谐融洽的教室气氛，让语言发育落后的儿童自觉产生说话的意愿，另一方面把多彩的游戏融入课堂，增加特殊儿童语言交流的机会，引导他们多说话。见图7-1-19。

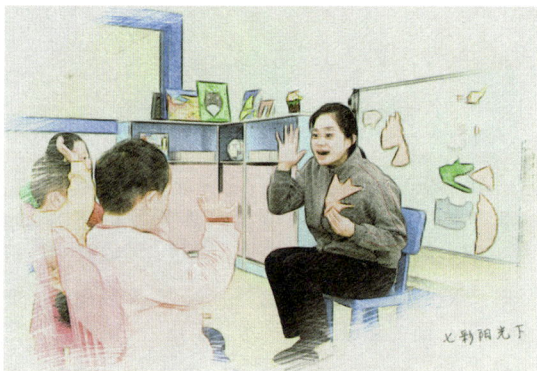

图 7-1-19　课堂游戏

（3）给特殊儿童提供适当的语言刺激和反馈。训练过程中教师注意倾听，及时给予反馈：点头、微笑、鼓励、表扬等。见图7-1-20。

图 7-1-20　鼓励发音

（4）按照语言发展顺序，有计划地训练字、词、句、语法规则以及不同情境下语言的运用。

案例分享

背景：儿童福利机构内脑瘫儿童12名，年龄在7—12岁，均有不同程度的构音障碍及语言发育迟缓。把这些儿童集中组成一个脑瘫班，针对这些儿童的言语语言问题，采用集体小组训练与个别化训练相结合的方式。

1. 发音的初评与复评

在脑瘫班的集体教学活动开始前，教师对学生进行发音初评，找出学生发音错误的走向，并进行原因分析，在课堂授课中实时注意有错误发音走向的学生，同时反馈给其个训教师，以便个训教师跟进练习。在授课后进行复评，以确保教学目标的达成。如下表7-1-3。

表7-1-3　脑瘫班发音评估记录（节选）

测试音：a

学生	课前初评			原因分析	课后复评		
	第一次	第二次	第三次		第一次	第二次	第三次
A	×	ha	ha	气息不足	√	√	√
B	ha	×	à	气息不足	×	√	√
C	√	√	√		√	√	√
D	—			发音器官功能不全，无法发音	—		
E	√	√	√		√	√	√
F	√	√	√		√	√	√
G	√	√	√		√	√	√
H	×	×	√	舌体紧张，严重后缩	×	√	√
I	e	e	×	下颌不能充分打开	√	e	√
J	√	e	√	下颌控制不稳定	√	√	√
K	ha	ha	ha	下颌控制不稳定	√	√	√
L	√	√	√		√	√	√

记录说明：正确"√"，歪曲"×"，遗漏"○"替代：实发音的拼音。

2. 脑瘫班的集体小组训练模式

（1）教师演示发音，帮助学生找准发音部位。

通过教师示范，让学生观察口部动作，触摸喉部，感受声带是否振动等方式帮助学生找准发音的部位。

（2）教师强调发音技巧，辅助学生正确发音。

教师通过语言指导或者手势强调发音技巧，适时提醒学生发音时应做的口型、舌头摆放的位置等，引导学生正确地发音。

（3）学生逐一进行发音练习，帮助其他学生提高发音辨识能力。

请学生以开火车的形式逐一进行发音练习，同时请其他学生认真观察其口型，认真倾听其发音，并告知正在进行发音练习的学生发音是否正确，再由教师进行小结，正确的予以肯定，歪曲或替代的进行纠正。由此增强课堂互动性，提高所有学生的参与度，强化发音技巧和提高发音正确与否的辨识能力。

3. 个别化训练方法补足短板

在集体教学中，由于存在学生残疾程度不同，发音器官功能损失不一，性格不同等问题，因此教师无法在短暂而又宝贵的集体课上解决的问题将由个别化康复进行跟进。

（1）气息不足的小 A

呼吸的锻炼不是一蹴而就的，在集体教学活动中的口腔操不足以提升小 A 的气息水平。在个训中，教师在帮助其巩固集体教学活动内容的同时，利用不同层次的汽笛帮助小 A 进行呼吸强化训练，以提高小 A 的气息支持，帮助其在课堂重拾自信。

（2）舌体紧张的小 H

虽然集体活动的口腔操中舌的运动占了一半，但是对于无法自主进行各项舌运动的小 H 来说，依然得不到有效的锻炼。针对这一情况，个训教师首当其冲为其进行刷舌、压舌、挤舌等各项舌的被动训练以增强其舌的感知能力，随后利用果酱、棒棒糖等食物进行舌位诱导，提高小 H 的舌部功能。

（3）无法发音的小 D

小 D 是发音器官受损严重的脑瘫儿童，他没有有意识的发音，针对他的情况，教师将 AAC①（辅助沟通系统）用于个别训练，教授他指认图片表达所听到的词语，指认图片组合（职业＋礼貌用语）与不同的教师打招呼道再见，自主表达自己的想法（想要、帮帮我、对 / 错）等。小 D 将个训教师制作的 AAC 沟通板带到了集体课堂，通过沟通板和教师、同学进行互动，大大增加了学习质量。

在言语康复中，教师们针对脑瘫（图 7-1-21）、自闭症、唐氏及发育落后儿童等不同病症，不同言语障碍类型的儿童进行集体小组与个别化训练。训练中利用评估工具判断特殊儿童的言语语言发展水平，针对不同儿童的特点制定相应的训练方案，力求为特殊儿童提高言语水平与生活质量。

图 7-1-21　脑瘫儿童集体教学活动

---

① AAC：辅助沟通（augmentative and alternative communication，AAC）指运用一定的技术、设备及相关理论，补偿或改善由于言语语言方面发展受限的儿童或成人的沟通能力。美国言语语言听力协会（American Speech-Language-Hearing Association，ASHA）指出 AAC 系统是一个综合系统，包括提高沟通交流所使用的符号、提供的帮助、沟通策略和所用沟通技术。

第二节　运动障碍儿童的康复方法

一、运动障碍儿童的概述

　　据不完全统计，儿童福利机构存在不同程度运动功能障碍儿童的概率为 95％以上，涉及类型为脑性瘫痪、运动发育迟缓、唐氏综合征、脑积水、脊柱裂、马蹄内翻足等。主要表现为运动障碍、肌张力异常、姿势异常、反射异常。运动发育迟缓儿童除了运动障碍外，还可伴有智力、语言、社交等方面的异常。本章节主要围绕儿童福利机构的脑性瘫痪、运动发育迟缓、唐氏综合征儿童展开叙述。

二、运动障碍儿童的康复方法

（一）运动障碍儿童的运动疗法

1. Baboth 法

　　目前机构内脑性瘫痪儿童康复治疗主要运用的是波巴斯（Baboth）法。Baboth 法又被称为神经发育疗法，是由英国神经学博士，著名的物理治疗师波巴斯夫妇所创造的物理治疗方法。他们通过研究认为，脑性瘫痪儿童运动发育障碍主要表现为两个方面：一是婴儿期的整个原始运动模式持续时间延长；二是作为正常运动基础的正常姿势反射发育迟缓或者发育不全。神经发育疗法的重点可概括为：一是阻止异常的姿势反射活动；二是促进正常的姿势反射发生；三是发展正常的运动能力和自动反应能力。其目标是：治疗师在与脑性瘫痪儿童一对一的情况下，指导儿童逐步经历正常的运动发育阶段，即让脑性瘫痪儿童逐步学会正确地抬头、翻身、坐、爬、跪、站立，直到最后独立行走。

　　机构内运动障碍儿童主要以脑性瘫痪为主，其中以痉挛型为常见。脑性瘫痪儿童由于脑部在尚未发育成熟阶段受到损害或损伤，从而造成各种姿势障碍与运动障碍。主要表现为头部控制差，不能抬头、翻身、独坐、爬行、站立及行走。运动疗法是物理治疗的主要部分，是徒手及凭借器械进行运动训练以达到恢复运动功能的治疗方法。脑性瘫痪儿童采用运动疗法的目的是抑制和阻止异常的姿势反射和运动模式，从而激发和促进正常运动功能的发育。因此运动疗法是脑性瘫痪儿童康复治疗的重要手段之一。

针对机构内脑瘫儿童的运动康复，首先进行粗大运动功能测试量表（GMFM）的评估和测试，常用量表是GMFM88，主要分为5个能区，A区为卧位与翻身，B区为坐位，C区为爬与跪，D区为站立，E区行走、跑、跳。小组对5个能区88项测试结果进行讨论，制定训练计划，治疗师按照训练计划实施一对一的个性化康复训练。

训练过程中遵循儿童的生长发育规律。对肌张力较高的脑性瘫痪儿童，治疗师可以先让儿童进行头部和四肢的被动运动，被动抬头及屈伸四肢，牵拉四肢肌腱，以缓解肌肉痉挛、增加关节活动度、降低肌张力，达到放松肢体的目的。其次，治疗师运用各种康复器具对其进行功能训练。对于头部控制能力差的儿童，利用楔形垫及训练球进行抬头功能的训练。具体训练项目包括：垫上，球上仰卧位及俯卧位的抬头训练；楔形垫抬头训练等。对于腰背部控制能力差的儿童，利用训练球、平衡板、滚筒及梯背架让其进行直跪、坐位平衡、跪行等增加腰背部控制能力的训练。具体训练项目包括：爬行训练，垫上和球上坐位平衡训练，扶跪、独跪及跪行训练等（图7-2-1）。对于平衡机协调能力差的儿童，可以利用大小平衡板、高低台阶及障碍物设置等提高平衡协调能力。具体训练项目包括：坐及站立平衡板训练，上下台阶训练，跨越障碍物训练等（图7-2-2）。

图 7-2-1　扶跪训练

图 7-2-2　平衡板训练

　　脑性瘫痪儿童的运动功能康复是一个持久渐进的过程，所以在训练过程中，除了治疗师完成之外，一定要强调儿童的参与性，从治疗师给他们提供必要的支持和帮助，逐步过渡到让他们不断学会独立完成训练项目，让训练从被动变成主动，以便达到更好的训练效果。

　　运动功能发育落后及唐氏综合征儿童不存在异常的姿势反射和运动模式，所以运动功能训练主要侧重于遵循正常生长发育顺序，提升平衡协调能力，加强肌力训练。

　　2. 全方位密集训练治疗法

　　该系统为机构内的运动障碍儿童提供更先进的治疗方法和手段。

　　全方位密集训练系统（图7-2-3）是由波兰物理治疗师夫妇理查德（Richard）及伊莎贝拉·科西恩尼（Izabela Koscienlny）将全方位动态运动器材引进美国，并统合此器材的基本概念与思若速特装具训练法（TheraSuit Method）及配合运用思若速特装具（TheraSuit）和全方位运动器材，针对脑性瘫痪及功能障碍儿童的个别需求，灵活地运用各种治疗手法和诱发技巧，制定出的训练计划。思若速特装具是一种安全有效的运动治疗辅助工具，能提供正确本体感觉输入。在针对脑性瘫痪或功能障碍儿童的密集运动训练治疗中，其全功能动态校正衣为儿童提供了一种安全及

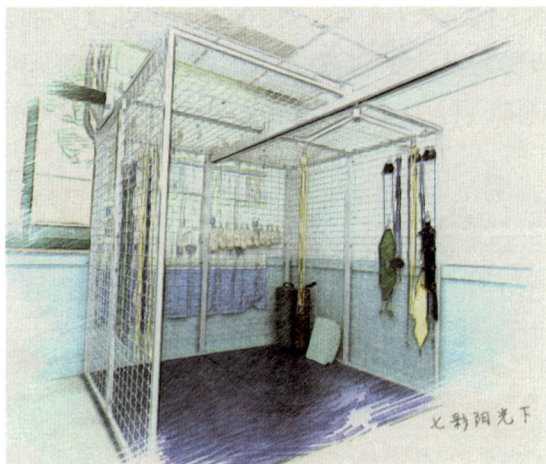

图 7-2-3　全方位密集训练系统

有效的运动训练辅助工具。其主要作用是为穿上思若速特装具时的运动功能障碍儿童，提供体位或姿势的支持与稳定，提供动态的助力或阻力，提供诱发与促进的功能，以提供姿势稳定及正常的本体感觉输入。

训练治疗主要让运动障碍儿童穿戴 TheraSuit 衣服（全功能动态矫正衣）并穿上系统配置的大小合适的矫型鞋，运用全方位器（滑轮及悬吊系统），让脑性瘫痪及运动障碍儿童降低病理运动模式，使其肌张力正常化，增加其关节活动度及提供姿势稳定性（图 7-2-4）；并在正常的本体感觉输入影响下，增强其肌力、肌耐力，提高其平衡与协调性，使其维持正常姿势进行各种功能性活动训练（坐、爬、跪、走等），最终达到功能与活动技巧独立完成的效果。

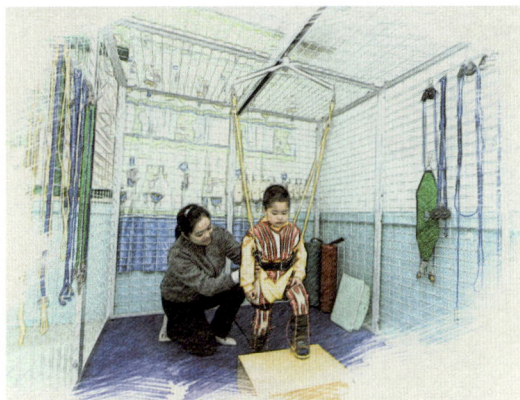

图 7-2-4　身着全功能动态矫正衣训练

3. 水疗法

水疗法是利用水的物理化学性质，经各种方式作用于人体，以预防、治疗疾病的方法。水疗利用水的温度、水静压、水的浮力和阻力，达到降低肌张力、缓解肌痉挛、维持和扩大关节活动度、提高心肺功能、纠正挛缩、改善感觉功能、改善平衡能力和协调性等功效，从而达到提高运动能力、扩大关节活动度的目的。在儿童福利机构内，针对儿童的特点和需求可选择如下设施设备：漩涡池（小池）——采用涡流浴缸，利用水冲撞时的机械刺激缓解患儿的肌张力（图 7-2-5）；按摩池

（大池）——通过水的按摩作用促进血液循环（图7-2-6）；自主式轨道移位机；可移动升降淋浴椅（图7-2-7）；升降操作台；电热消毒箱等。其中，自主式轨道移位机利用其智能电动升降的特点和自主水中行走的特点，满足不同残疾程度患儿的需求；可移动升降淋浴椅通过位置的调整解决了残疾儿童行动不便带来的转移困难问题，简单有效满足其转移和淋浴的需求。

图7-2-5　漩涡池　　　　　　　　图7-2-6　按摩池

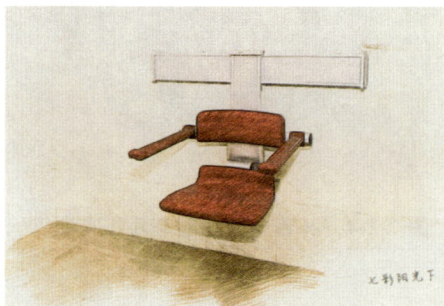

图7-2-7　可移动升降淋浴椅

（二）运动障碍儿童的作业疗法

运动障碍儿童的作业疗法主要针对儿童患病所致的上肢功能障碍进行功能性及日常生活能力训练，以达到身体心理各方面的康复。对机构内运动障碍儿童进行作业治疗之前先进行上肢及手部功能的评估：分为上肢基础功能评估，包括上肢肌张力、关节活动度、肌力、中心位放置、上肢稳定性、有无关节变形等；手部基础功能评估，包括伸手抓放能力、双手协调能力、手眼协调等；手部精细操作能力评估，包括日常用品操作、书写技巧、手指灵活性等。通过以上项目的评估制定相应的上肢及手部训练计划，对儿童进行功能性及日常生活操作作业训练。

脑瘫儿童大多由于上肢肌张力增高，头部控制能力差，导致双手不能放置中线位及进行活动，故中线位放置及过中线位的活动对儿童的上肢功能的发展是非常重要的。治疗师通过对上肢进行被动运动降低肌张力，放松肌肉，缓解痉挛，增加关节活动度，进行上肢中线位功能训练，主要有中线位抓放积木、套圈（图 7-2-8）、抱球等。手部精细功能的训练项目主要包括插棍、插钉板（图 7-2-9）、搭积木、穿珠等手眼协调及双手协调的训练；日常生活操作能力训练主要包括解系纽扣、拉拉链、穿系鞋带、餐具的正确使用等。

图 7-2-8　套圈

图 7-2-9　插钉板

对于存在手部畸形的儿童也可以使用各种手部矫形器和助器具训练，如上肢屈曲严重的可以使用夹板、绑带等保持伸展位固定，手部握拳拇指内收不能展开的可以使用分指板进行固定，手部功能尚可的儿童可以使用辅助餐具进行进食训练，使用辅助书写工具提高书写能力。

脑瘫儿童的作业治疗主要侧重于功能性训练，运动功能发育落后及唐氏综合征儿童则主要侧重于日常生活操作能力的训练。因此作业疗法训练不仅能提高儿童的上肢及整体运动功能，还能提高其日常生活自理能力，进一步增强儿童的自信心。

（三）运动障碍儿童的感觉统合治疗

1. 定义

感觉统合就是指人的大脑通过感觉系统（包括视、听、嗅、味、触等）收集周围环境中存在的各种各样的刺激，将它们整合起来，形成知觉，以便大脑能够及时有效地对刺激作出适当的反应，这一过程我们称为感觉统合。感觉统合治疗是一种感知运动整合训练，是一种以神经发展及神经生物学为基础而发展出来的治疗方法。对于运动障碍儿童来说，便是在其理论上加以游戏的形式让儿童参与（图 7-2-10）。

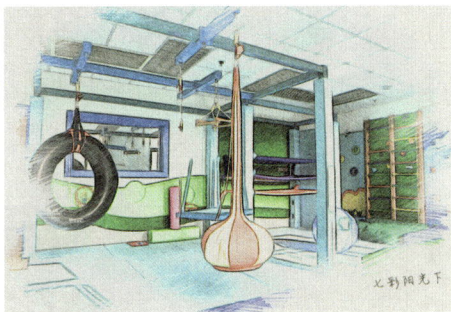

图 7-2-10　感知运动整合训练室

2. 感觉统合针对性训练项目

（1）触觉训练：强化皮肤、大小肌肉关节神经反应、辨识感觉层次，调整大脑感觉神经灵敏度。

使用器具：按摩球、海洋池、平衡触觉板、阳光隧道（图 7-2-11）等。

图 7-2-11　阳光隧道

（2）前庭平衡训练：调整前庭信息及平衡神经体系自动反应机能，促进语言神经组织健全，前庭平衡觉及视听能力完整。

使用器具：圆筒、平衡踩踏车、按摩大龙球、滑梯（图7-2-12）、平衡台、晃动平衡木、跳袋、圆形滑车等。

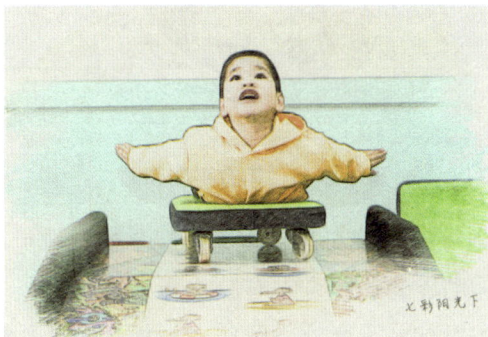

图7-2-12　滑板训练

（3）弹跳训练：调整固有平衡、前庭平衡、感觉神经体系，强化触觉神经、关节信息，促进左右脑发展。

使用器具：羊角球、跳床（图7-2-13）、跳袋等。

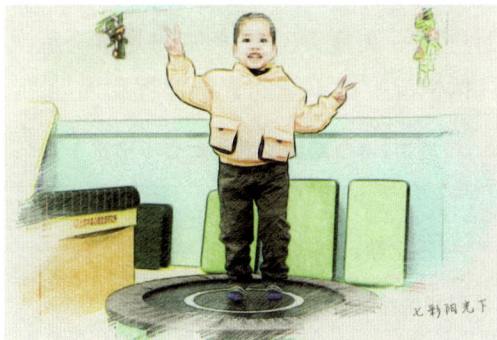

图7-2-13　弹跳训练

（4）固有平衡训练：调整背部中枢神经和地心引力协调，强化中耳平衡体系，协调全身神经机能，奠定大脑发展基础。

使用器具：独角凳、大陀螺（图7-2-14）、脚步器、竖抱筒等。

图 7-2-14　固有平衡训练

（5）本体感训练：强化固有平衡、前庭平衡、触觉、大小肌肉双侧协调，灵活身体运动能力，健全左右脑均衡发展。

使用器具：按摩球、平衡木、跳床、滑板、S型平衡台等。

（6）综合训练项目：万象组合、彩虹接龙等。

3. 感觉统合一对一个体化训练

感统训练项目的制定、实施需先通过感统核对量表（见表7-2-1）的评定，通过测算得出评定结果，根据评定结果（见表7-2-2）制定训练计划。每周安排2—3次，每课时为60分钟，通常每课时的训练项目为4项。每6个月进行一次复评。重度失调儿童训练次数应更多一些，根据不同孩子的具体情况安排不同的训练课程和周期。

表 7-2-1　感统发展核对表（节选）

儿童姓名： 评估日期：	性　　别： 评估次数：		年　　龄： 评估人：	编号：
请家长简述儿童在学习和情绪方面的困难的问题				
1. 3. 5.			2. 4. 6.	
★ P目前情况	★ B以前曾有过		★ P+B从小至今继续出现所述情况	
• 请与指导老师作客观勾选				

（续表）

- 儿童若未到该题所指年龄，请不要圈选该题。
- 题中情况若只呈部分现象而非全部不，请评勾部分情况，并划线标出。

	没很偶常总 有少尔常是
1. 儿童特别爱玩旋转圆凳，玩公园中的旋转地球或飞转设施，不觉得晕。	BP □□□□□
2. 儿童看来正常、健康，有正常智慧，但学习阅读或做算术特难。	BP □□□□□
3. 在眼睛看得见的情况下，屡碰撞桌椅、杯子或旁人，方向和距离感差。（等64项）	BP □□□□□

表 7-2-2　感统测评核对结果表

姓名：　　　　　　性别：　　　　　　年龄：

感觉统合发展各种综合状况	起止题号	分数	评估描述
1. "前庭平衡和大脑双侧分化情况"分布	1—10		
2. "脑神经生理抑制困难"部分	11—20		
3. "触觉防御"部分	21—34		
4. "发育期运动障碍"部分	35—45		
5. "视觉空间和形态感觉状况"部分	46—50		
6. 本体觉"重力（地心引力姿势）不安全症"部分	51—60		
7. "头晕、头痛、成绩暴落，心绪不佳"部分（7岁以上）	61—62		
8. "对压力挫折第三自我形象不良"部分（7岁以上）	63—64		
9. 感觉统合整体评估	1—64		

诊断

（1）针对脑瘫儿童的个体化训练：由于脑瘫儿童主要存在运动障碍和姿势异常，并可能伴随有其他障碍，因此对脑瘫儿童开展的训练项目主要取决于受训个体的具体特点，重点是前庭训练和本体感的训练，同时可以兼顾粗大运动、精细动作、肌力和耐力等的训练。脑瘫儿童多存在前庭功能异常，多表现为前庭不敏感，所以在训练中需加大训练强度。可采用俯卧位、仰卧位头脚颠倒等体位进行秋千游戏。脑瘫儿童由于运动能力受限，成长过程中触觉感受较少，常常会存在触觉异常，因此触觉训练也是其训练的重点之一，利用感统教室的设备给予儿童丰富的触觉刺激，例如用按摩球在受训儿童的肩部、背部、腿部等处进行滚压、轻推、轻轻弹击，也可选用干毛巾、软毛刷或治疗师的手轻擦儿童的背部、腹部、腕部、颜面部、手脚等部位的皮肤。

（2）针对运动发育落后包括唐氏综合征等儿童的个体化训练：由于儿童福利机构的儿童集体养育的特殊性，多数儿童存在相关刺激不足的情况，因而会出现不同程度的感统失调。根据该情况，训练的重点除了前庭、本体的基础训练，还需在触觉、视觉、听觉、运动觉等多方面进行不同程度的刺激与训练。总而言之，鉴于儿童间的个体差异性，对于程度较轻或是训练水平不断提高的儿童，治疗师可在低位统合训练的基础上，重点开展高位统合训练项目，充分发展其优势能力。

4. 感觉统合小班化训练

0—3岁是开发大脑潜能的关键期，3—7岁是感觉统合能力发展的关键期，孩子的感觉统合能力是在母体中开始形成，并在后天的不断训练中完善的。福利机构的孩子由于摇抱少、爬行不足、活动受限、运动协调性差等原因，导致感觉统合能力发展不足。而那些年幼时遭受过心灵创伤的，如出生后不久就被遗弃在儿童福利机构的婴儿，其控制情感和接受感官输入信号的皮层颞叶区几乎没有发育，这类儿童容易产生情感和认知方面的问题。针对上述情况，将福利机构中的一个班组作为一个整体进行小班化训练，在训练中，让更多的小朋友参与到游戏中去，通过游戏和各种肢体感官的刺激，改善其平衡能力，增强其协调能力、自信心和自我控制能力，培养其学习合作意识，加强其人际交往能力等。

第三节　生活、康复、教育一体化服务

一、福利机构内运动障碍儿童的日常康复指导

（1）福利机构内程度较重的脑瘫儿童一般以卧床为主，由于肌张力过高、痉挛程度较重，甚至有角弓反张模式的儿童，仰卧位姿势可导致痉挛加重，侧卧位姿势不仅可以缓解痉挛和降低肌张力，也可使上肢对称放于胸前活动。通常侧卧位时，脑瘫儿童头颈部不能保持前曲容易后仰，容易造成从侧卧位翻回至仰卧位。为了防止这种情况发生，可以在儿童的肩背部及臀部放置一个一定厚度且较舒适的物件，比如枕头、卷起的毛毯等。这样既能保持侧卧位的正确姿势，更能防止儿童从侧卧位翻回至仰卧位。如果有双下肢内收肌痉挛且有交叉现象的儿童，可以在其双下肢膝盖内侧处加放一个合适的枕头，既能防止下肢交叉畸形，又能方便保育员进行大小便护理。定时改变左右两侧侧卧位姿势，促进肢体对称发展。

（2）对于能坐椅子的脑瘫儿童，正确的坐姿是非常重要的，不仅能使头部、躯干得到锻炼，也能很好地防止不正确的坐姿导致躯干及下肢的畸形。正确的端坐位姿势要求椅子的高度、椅背的高度及椅面的深度都能使儿童的髋、膝、踝三个关节屈曲成90度，如果肌张力较高达不到90度的，可以使用较宽的绑带进行三个关节部位的固定。另外，脑瘫儿童均存在联合反应，较难进行上下肢的分离运动，正确的坐姿可以使儿童活动上肢的同时下肢能保持正确的姿势，更有利于整体运动功能的发展。

（3）对于能够扶站和扶走的儿童，配合平衡板、梯背椅、站立架及助行器的正确使用，训练儿童躯干重心的放置及转移。站立时的躯体承重部位主要控制在髋部和膝部，行走时更要掌握重心的前后左右转移，在抬起一侧下肢的同时重心先转移至对侧下肢，并抬起该侧下肢。

随后重心前移，该侧下肢着地。无论是保育员协助还是儿童自行进行抓扶站立及行走，掌握重心的位置及重心的转移是关键，只有这样练习，才能为独站及独走打下基础。

二、家庭寄养儿童的康复指导

儿童福利机构内的治疗师需要在寄养工作站开展康复指导工作，对脑瘫儿童家长进行康复培训与指导，包括康复训练方法、矫形器、辅助器械的操作和使用以及术后康复指导，然后对脑瘫儿童进行个体评估，制定康复训练计划。

寄养家庭康复训练遵循生长发育的顺序，强调儿童主动参与，家长必须根据治疗师制定的训练项目进行，严格按照每个训练项目的具体要求来做，包括项目训练手法、动作要领、训练时间、训练强度、注意事项等，切记任何一个环节都不能随意变动，先易后难，循序渐进，以达到良好的训练效果。针对佩戴矫形器及使用辅助器具的脑瘫儿童，机构康复治疗师应给予定期的指导及回访，定期指导矫形器的正确佩戴及检查是否需要及时更换。

脑瘫儿童术后的康复指导，主要以医生挑选有手术指征的儿童，术后回家进行康复指导与跟进的形式进行。手术后的早期康复训练一定要及时跟上，防止手术部位其他运动功能的倒退，另一方面再次防止术前情况的发生。手术能起到松解挛缩的肌腱，矫正关节畸形的作用，但不能解决根本问题，所以术后早期康复训练的及时跟进是至关重要的。治疗师定期指导、定期回访，及时调整术后康复计划，使术后康复达到更好的效果。

三、枕边康复

福利机构的儿童有很大一部分常年卧床，无法送至康复机构进行功能训练，鉴于此种情况，打通康复服务"最后一百米"，探索无缝衔接的"枕边康复"服务显得尤为重要。通过对新入院儿童康复评估表的筛选以及生活照料者的反馈情况，进行全院排摸，制定出符合条件的儿童名单，治疗师根据需求的不同，将理疗设备带进园区对其进行康复治疗（图 7-3-1）。

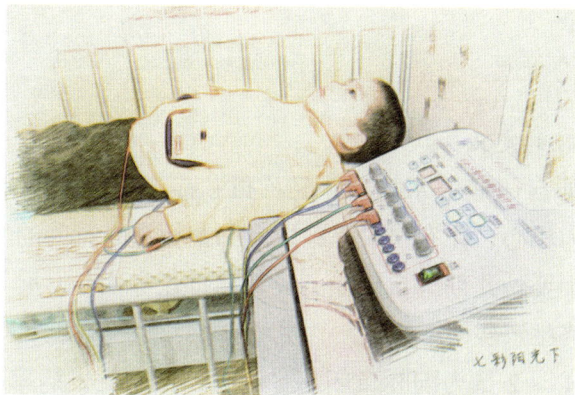

图 7-3-1　枕边康复

四、脑瘫班集体教学

儿童福利机构脑瘫儿童比例居高不下，对康复的需求量相当的大。康复中心除了给他们提供日常的肢体康复、语言康复，更可与机构里的教育部门结合起来，筛选出残疾类型及程度相近的十二名儿童，成立一个特殊的班级——脑瘫班。课程的内容设置都是根据脑瘫患儿的特殊情况制定的，以相对简单有趣的多媒体认知加上手部作业治疗为课程的主要内容，每节课都是在教育科老师和康复中心治疗师的共同协助下完成的。针对该班儿童的实际年龄和生理状况定制可调节高度的课桌，为了便于轮椅车的推行而拉人课桌之间的距离，在教室的四周张贴孩子们学习成果的图片，保持教室里不时环绕着轻松愉快的音乐，营造一个特殊而又专业温馨的教学环境。

第四节 自闭症儿童的康复方法

一、自闭症的概述

1. 自闭症的定义

自闭症即自闭症谱系障碍，又称孤独症谱系障碍，指一组以语言和社交障碍为核心，伴有狭隘兴趣取向和刻板重复行为的发育障碍性疾病，多起病于婴幼儿期。自闭症已成为危害儿童生存发展与健康的一大类疾病，且终生致残率很高。

每年的 4 月 2 日为国际自闭症日。中国自闭症发病率超过 1%，也就是大约 100 个儿童中就有一个自闭症患儿，且男女的发病率差异显著，男女比例大约是 4:1，而其病因，至今仍不完全清楚。

2. 自闭症的疾病特点和临床表现

自闭症的临床表现存在很大的个体差异性，其核心障碍表现为社会互动困难、兴趣狭窄、行为刻板重复。通常还伴随有语言发展异常、感知觉功能异常、注意力缺陷、生活自理能力和社会适应能力差。

根据最新的 DSM-5 标准（美国的《精神疾病诊断与统计手册》第五版），自闭症的主要症状为：（1）社交 / 交流障碍；（2）兴趣狭窄和活动刻板、重复。

二、自闭症的康复方法

自闭症在治疗上需要综合的康复策略。在福利机构内可以开展结构化教学法，配合行为矫正方法，帮助自闭症儿童纠正各种行为问题，并结合人际关系发展干预、应用行为分析法、感觉统合训练、艺术治疗、园艺疗法、音乐治疗等方法，帮助自闭症儿童改善自闭症的两大核心问题。

（一）结构化教学（TEACCH）

结构化教学（TEACCH）是一套为自闭症以及有相关沟通障碍儿童

及其家人而设的临床服务及专业训练项目。通过提高自闭症儿童对环境的理解，培养他们的适应能力及独立自主性。通过运用可预测及易于明白的规则和后果，让自闭症儿童建立适应性行为，同时减少紧张和不安的情绪。例如，教室中不同物品的摆放位置，可通过家具安排及标签做出提示；或者通过日常流程，让自闭症儿童知道完成作业后就可以有他喜欢的零食或者活动作为奖赏等。一般最常用的方法包括环境安排、常规、时间表、视觉安排及个人工作系统。

1. 环境及空间安排

充满信息的环境容易引起自闭症儿童的混乱，导致紧张和焦虑。不清晰的安排和要求可能会导致自闭症儿童抗拒进行活动及出现问题行为。运用清晰的视觉分界来显示不同的教学及活动范围（图7-4-1），并展示各个区域的不同功能，把一种活动和一个地方联系起来，如个人工作系统、小组活动、午睡区等，以提供学习、平稳情绪及休闲作息的地方。

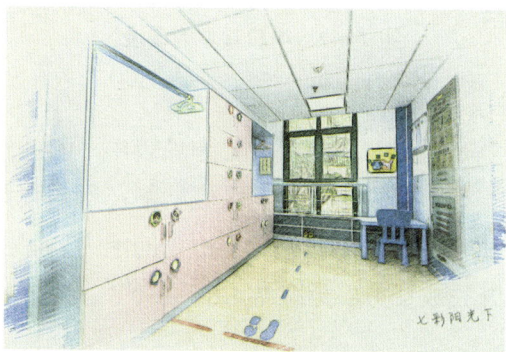

图 7-4-1　儿童准备间

适当地划分环境，能让自闭症儿童了解环境和活动的关系，知道在哪里工作、在哪里休息、在哪里游戏，也知道活动的开始和结束，以提高他们的独立能力。

2. 程序时间表

程序时间表指对自闭症儿童每天或某一段时段里所进行的活动的安排和规划，可以清晰地显示开始和结束的活动，以及活动进行的次序。

自闭症儿童时间观念较弱，缺乏组织活动的能力，如果能让他们知道自己将要进行什么活动、活动进行的先后次序，以及活动何时结束，便能使他们更明白活动程序及要求，以预知及控制环境。此外，自闭症儿童的专注力和记忆力较差，容易忘记将要进行的事情，运用具体的程序时间表（图7-4-2），就能时刻提醒他们将要进行的活动，且通过这种提醒，能让自闭症儿童提前了解接下来的活动，从而避免不安、焦躁等情绪问题的发生，提高其适应能力。

图 7-4-2　半日程序时间表

3. 视觉安排

视觉安排，就是通过对在学习及工作环境中不同的教具、物料以及工作程序的刻意安排，订立出明确的区域功能及所需教具，提供清楚具体的视觉线索，让自闭症儿童通过视觉辨识的能力，明白其中的意义和要求，从而进行并完成任务。见图7-4-3。

图 7-4-3　按颜色串彩片

4. 个人工作系统

个人工作系统是建立及促进儿童系统，独立及有条理地完成课堂工作的模式。自闭症儿童对事情的组织能力弱，且做事又易分心，容易导致工作无法顺利完成。个人工作系统针对以上提到的弱点，清晰明确地运用视觉信息，告诉自闭症儿童有什么工作要做、要做多少才完成、何时才算完成，以及完成后会发生什么事情，以协助他们计划工作，并提高个人的独立工作能力。

个人工作系统一般会被配合环境安排、时间程序表、视觉安排及常规一起应用。

5. 常规

常规指一些处理事情的惯用程序及方式。它能给予自闭症儿童一个预测事情顺序的策略，并减少他们的焦虑及冲动，从而使他们尝试学习新的技能。

常规一般会与不同的结构化教学部分一并被应用，主要通过 4 种形式进行：（1）先后次序；（2）从上至下、从左至右的顺序；（3）完成概念；（4）按指示进行活动。

在应用结构化教学法时，必须先通过观察和评估，仔细了解个别儿童的能力及喜好，配合孩子的需要，设计个别化的方案；必须对自闭症儿童进行持续的评估，通过不断的实践和调整，才能找出最有效的教学模式；在自闭症儿童掌握了结构化教学的模式后，可以逐渐加入一些弹性，循序渐进地教授他们接受改变，提高适应力；还可以加入更多的互动元素，教导他们如何与人相处及交流。只有这样，才能发挥结构化教学法最大的功用，提升自闭症儿童的能力。

（二）人际关系发展干预（RDI）

人际关系发展干预（RDI）是美国科学家史提夫·葛斯丁博士 2000 年正式提出的，在此之前，他经过了长达 20 年的研究和跟踪。RDI 的核心是通过一些游戏活动，并在日常生活中贯穿一些行为理念，指导自闭症儿童掌握游戏规则（图 7-4-4），学习与别人配合的能力，进而发展与别人交往的能力，为进入社会奠定基础。

而自闭症儿童，无论其自闭程度怎样，与别人交往的能力都多多少少有问题，也因此，儿童福利机构的这项 RDI 课程被家长们极其追捧。每周，家长们都会花一个下午的时间到家长实践班中学习，回家后在接下来的一周内给自闭症儿童反复上课，以期其能更好地掌握各种交往技能。

图 7-4-4　RDI 上课情景

（三）应用行为分析法（ABA）

应用行为分析法（ABA）也称为"行为训练法"，它采用行为塑造原理，以正性强化为主，刺激自闭症儿童各项能力的发展。其核心部分是任务分解技术（DTT）。典型 DTT 技术包括以下步骤：① 任务分析与分解。② 分解任务强化训练：在一定的时间内只进行某分解任务的训练。③ 奖励（正性强化）任务的完成：每完成一个分解任务都必须给予强化。④ 辅助：根据儿童的情况给予不同程度的提示或帮助，随着所学内容的熟练程度，逐渐减少提示或帮助。⑤ 停顿：在两个分解任务训练之间要有短暂的休息。训练要求个体化、系统化、严格性、一致性、科学性。该治疗强度为每周 40 小时。

（四）感觉统合训练（SIT）

感觉统合是高级中枢将从身体各种感觉器官传来的信息进行多次的

组织分析、综合处理，从而做出正确决策，使个体和谐有效地运作。自闭症儿童感觉统合失调的临床表现主要有三种，即反应过度、反应不足、感觉寻求。反应过度的儿童对刺激的警觉性高、过度敏感，但缺乏有效的反应，例如踮着脚尖走路，或是不肯脱袜子在地板、草地、沙地上行走。反应不足的儿童对感觉刺激的警觉性和敏感性低下，不能察觉环境提示，信息加工缓慢，例如不答应，多次呼唤之后才有反应。感觉寻求的儿童对刺激的警觉性高，但敏感性低下，寻求感觉刺激，例如对移动、旋转的物品或运动方式刻板的物品感到痴迷。通过荡秋千、滑梯、大龙球等感觉统合训练项目，最终目标是让自闭症儿童在环境要求下自己做出有意义的活动，即适应性行为，而不仅是教导所需的技巧。

（五）艺术治疗

一个人获得的信息的80％以上都是由视觉提供的，对颜色的认识和运用，有助于刺激自闭症儿童视觉的发展。通过生活化、自然化的主题绘画实践、手工制作和材料感知，将原本模糊的概念加以具象化，将自然环境实物贴近化，可以加强自闭症儿童对自然的认知，促进其成长。

儿童福利机构可以为自闭症儿童开设个人绘画课和集体绘画班，让他们使用蜡笔、油画棒、水粉颜料、丙烯颜料等不同绘画材料进行创作，让自闭症儿童通过观察各种事物、运用各种不同性状的绘画材料，走出自我，观察世界。

（六）园艺疗法

园艺疗法是针对自闭症儿童的一种新兴的康复形式。儿童福利机构利用自身有利条件，为自闭症儿童开辟农场，让他们通过视、味、听、嗅、触的方式刺激感官，引起对外面世界的兴趣；同时设计系统的社会实践课程，使自闭症儿童通过参加简单的种植、除草、浇水、采摘等农事活动，树立自信心，增强责任感，锻炼动手能力，强化运动机能；让他们通过与教师和同学的交流和沟通，愉悦身心，提高社交能力，以达到康复的目的。

（七）音乐治疗

自闭症儿童对音乐体验的反应是多种多样的，但是可以肯定的是，音乐会影响自闭症儿童的情绪。通过音乐的介入，使自闭症儿童能慢慢打开其封闭的内心，让其能与外界进行情感交流。

三、自闭症社会融合教育

（一）社会融合教育的基本概念

社会融合教育是一种在社会性教育理念的指导下，给自闭症儿童创设有针对性的家庭生活环境、社会公共环境、幼儿园和学校环境，由家长和教师实施有目的、有计划的康复训练，以促使他们的社会功能得到改善的康复教育模式。

自闭症儿童的核心问题是社会功能受到损害，表现为交往能力的显著落后。母亲领着 5 岁的自闭症儿童去餐厅就餐，孩子一边走过餐桌一边顺手拿走了其他顾客的食物吃了起来；自闭症儿童可以很精准地将球踢进球门，却难以在足球比赛中与同伴打配合；自闭症儿童看到别人身上有自己喜欢的图案，伸手就去摸。这些症状表明在大部分自闭症患者身上都有"社会性发展障碍"这个共同特性。即使自闭症儿童能学会很多技能，甚至有些技能还优于常人，但是其核心问题是社会功能的损害。这一障碍导致了他们在对人与人关系的认知、理解、把握和调节上出现不同程度的困难，如不懂如何沟通、缺少交往兴趣、不能遵守人际交往规则、无法控制自己的情绪和行为等。"社会融合教育"这一理念正是针对这些问题，成为了自闭症训练的重心之一，也是自闭症康复之路的必经历程。

（二）社会融合教育的内容

社会融合教育的内容很丰富，主要包括家庭生活融合、学校环境融合和社会公共环境融合三个方面。

1. 家庭生活的融合

家庭生活融合是儿童进入社会生活的前提，包括了解自己和每个家庭成员的角色，了解家庭成员间的关系，适应家庭生活的规则，能够解决基本生理需求，独自安全居家。这些社会功能目标都是需要在家庭中训练的目标。家庭生活融合重点自理和社交训练的目标主题及内容见表7-4-1。

表 7-4-1　家庭中社会融合训练主题

	主题训练	活动内容
1	学习穿、脱衣	训练孩子独立穿脱衣服、裤子、鞋子
2	学习洗漱	训练孩子独立完成刷牙、洗脸
3	学习帮忙家务	训练孩子帮忙晾晒衣服
4	帮厨做饭	训练孩子使用厨房用具制作食品
5	今天穿哪件衣服	指导孩子给自己挑选服装
6	学习转述	训练孩子学舌、传话
7	有人敲门怎么办	训练孩子安全居家
8	客人来了	训练孩子待人接物
9	学会打电话	训练孩子使用电话

2. 幼儿园、学校环境的融合

校园环境是每个儿童成长的摇篮，然而对于自闭症儿童以及家长来说，这是他们难以跨越的一道高墙。一方面，常规的教育方法难以满足自闭症儿童社会功能康复的特殊需求；另一方面，自闭症儿童的各种问题行为将会给整个班级的教学秩序带来巨大的挑战。真正有康复效果的融合教育需要有针对性的计划和实施。

学前康复的目标之一就是为儿童进入幼儿园和小学做准备。以幼儿园为例，儿童一天的校园生活，按照不同的内容和形式，分为生活、活动和教学3个部分。"生活"是指儿童在学校里的饮食起居、生活常规，比如：吃饭、睡觉、喝水等。"活动"是指儿童除了课堂教学之外的各种活动，比如：玩玩具、集体操、班级游戏等。"教学"是指儿童的集体教学活动课程，在幼儿园许多教学活动是以课堂的形式开展的。表7-4-2 是根据这 3 个方面总结的学校融合参考大纲，一来作为儿童是否能进入学校进行融合的判定标准，二来家长可以全面地给儿童做好学校融合的准备。

表 7-4-2　自闭症儿童学校融合的基本能力要求参考大纲

		儿童需要具备的能力要求	是	否
生活融合	1	符合同龄儿童基本生活自理能力（穿脱衣、如厕、吃饭、洗手等）。		
	2	和同伴在相同时间内做同样的事情，如一起吃饭、睡觉、如厕、洗手。		
	3	对老师的集体指令有相应的行为反应，一般不需要老师单独对其重复。		
	4	在生活自理方面遇到困难知道进行求助。		
活动融合	5	关注同伴，能够主动跟随、模仿别人正在做的活动。		
	6	理解老师对活动规则内容的讲解，在活动中接受临时的改变或停止。		
	7	活动中可以和同伴进行配合，包括拉手、接受邀请。		
	8	在集体活动中有主动参与游戏的兴趣。		
教学融合	9	当老师告诉全班儿童上课时，儿童能够找到自己的座位。		
	10	集体教学时，会取放、收拾自己的文具用品。		
	11	具备良好的课堂行为习惯（如不要有刻板动作及声音、情绪、随意乱跑等行为）。		
	12	手工类教学中，儿童能跟随老师进行动手模仿。		
	13	律动类教学中，儿童能够和同班一起进行模仿学习。		
	14	认知类教学中，当全班儿童集体回答、朗诵时能够跟随。		
	15	在老师提问时，能对自己知道答案的问题进行举手回答。		

3. 社会公共环境融合

当儿童走出家门，进入社会公共场所，就要与他人形成特定的人际交往关系，需要遵守不同场所的固定行为规则，例如出门购物当顾客、公共交通上当乘客、生病时去医院当患者等。在公共场所自闭症儿童会表现出很多行为问题，建议在训练机构提前进行针对性的训练干预。在训练开始前，首先根据场所尽量创设相应的环境，例如模拟餐厅的布置，模拟电影院的布置，让儿童熟悉里面的设施设备，了解这些场所的不同规则流程，练习基本对话。见图7-4-5。

图 7-4-5　模拟社会生活场景活动

当儿童在环境认知、交往规则、语言表达等方面达到基本水平，教师或家长可以带儿童到真实的社会场景中实践，逐个解决具体问题。可参考的社会环境融合的项目及内容见表7-4-3。

表 7-4-3　家庭中社会融合训练主题

	主题训练	活动内容
1	跟随家长外出	训练儿童外出能够紧跟自己的家人
2	自己找回家	训练孩子从家门附近独自回家
3	今天在外吃饭	领着孩子在公共餐厅就餐
4	逛公园	领着孩子游览、参观
5	理发店理发	训练孩子在理发店理发
6	乘坐交通工具	训练孩子乘坐交通工具
7	超市购物	训练孩子在超市购买食品和日用品
8	周末看电影	训练孩子能去电影院看电影
9	去医院看病	训练孩子去医院配合医生就医

社会融合教育需要家庭、学校、社会等力量共同参与。自闭症儿童通过干预后，适应社会环境的能力能得到明显改善，但是要能完全被他

人接纳，还需要完善的社会支持系统。

案例分享

（一）团体案例："会心妈妈"成长团体项目

1. 项目背景

儿童福利机构自闭症组于2010年与复旦大学合作，成立"心灵花园"沙盘游戏治疗室（图7-4-6），展开自闭症儿童的心理治疗。随着心理治疗的开展，2015年，我们对家长做了一次详细的问卷调查，发现80%的主要照料者都是母亲且基本存在不同程度的心理问题。通过比较分析发现，家长的心理状态直接影响自闭症儿童的训练效果。良好的心理状态，可以让家长投入更多的时间、精力和情感，从而保证儿童具有稳定的训练环境。反之，若家长存在不健康的心理状态，会让自闭症儿童更加孤立，其能力也会停步不前。自闭症组的教师开始构想，如何为患儿的家长提供专业的心理支持以使康复的效果最大化。

图 7-4-6 "心灵花园"沙盘游戏

2. 项目实施

2016年，自闭症组在"心灵花园"沙盘游戏治疗室的支持下的成立了"会心"妈妈成长小组，专门为自闭症患儿的妈妈们提供心理帮助。通过自愿报名的形式招募到自闭症患儿的妈妈，然后通过心理健康量表对她们的状态和需求进行评估。接下来，以沙盘游戏治疗为主，面谈、互助游戏、绘画等活动为辅的辅导方式开展了一系列团体心理辅导，为期12次。

3. 项目效果

沙盘游戏治疗作为一种表达性的心理治疗技术，通过分析当事人选的玩具、模型，摆放的位置，对物件选择的原因的阐述等，可以了解其目前的内心状态，判断其目前的焦虑程度。见图7-4-7。

图7-4-7　"会心"妈妈成长小组沙盘活动

当妈妈们第一次玩沙盘时，她们的沙盘呈现出混乱的状态，且彼此摆放的玩具都是隔离的。而到了最后的沙盘游戏时，她们的沙盘作品变得很有秩序，并且物件都是彼此联系的。这体现了整个团体心理辅导让妈妈们彼此建立了相互信任的关系。同时妈妈们也反馈，"会心"小组给她们带来了很大的变化。从心理上来说，她们明显比以前放松了，每次小组面谈时都会倾吐很多自己的困扰和心事，从而得到心理上的发泄；倾听中发现大家都有着不同的困难，找到了互助的知音。从家庭关系上来说，焦虑降低后开始重新和家庭建立有效的沟通，不再像以前那样把所有压力自己来承担，所有困难自己来面对。良好的夫妻关系对于儿童的养育有着助力的作用。从亲子关系上来说，妈妈们都觉得自己比以前更有耐心面对儿童艰难的康复过程，不再那么容易动怒，从而影响到每次训练的效率，对于自己孩子的病症也能积极且有信心地面对。

4. 项目小结

特殊儿童家长的心理状态直接影响着儿童的康复效率和效果，良好的状态会使得训练的效果事半功倍。借助专业的心理"沙盘"游戏治疗的帮助，以"会心"妈妈小组为单位出发，能在最短的时间内尽可能地帮助到更多的特殊儿童家长以及家庭，这是一种有效的突破性尝试，为特殊儿童康复效率的提高起到了很关键的推动作用。

（二）个别案例：自闭症行为问题处理

1. 问题行为：随地吐口水、玩口水

2. 原因分析

小静在一次偶然的机会中发现吐口水玩非常有趣，一开始老师采用劝阻的方式制止其行为的发生，但由于其年龄较小自控能力差，且自闭症儿童特别固执，对于已经养成的习惯很难改变，因此久而久之其问题行为出现的频率越来越高，不仅影响到自己的学习还影响到他人。分析原因可能是因为其缺乏外界刺激，这种刺激包括触觉的、视觉的、听觉的、味觉的等，一旦外界没有给他刺激或者外界所给的刺激并不是他所要的，他就会自己去寻找或创造刺激来满足需求。小静吐口水可能在某种程度上正好满足了他的某些需求，因此他的行为会越来越频繁。

表 7-4-4 儿童问题行为记录表

学生姓名：＿＿＿ 性别：＿＿＿ 年龄：＿＿＿ 填表日期：＿＿年＿＿月＿＿日

填 表 者：＿＿＿ 与个案关系：＿＿＿ 行为问题：＿＿＿＿

A（起因）行为发生的各种外界因素			B（行为）行为的操作定义	C（结果）当行为发生后所采取的措施		行为处理后儿童表现
时间	地点	情景（干什么）	问题行为具体表现	周围人的反应	教导者如何处理	

3. 处理方案

（1）以正确行为取代非正确行为的方式来矫正他的行为。

考虑到自闭症儿童的刻板行为难以改变，想消除他的行为更加困难，所以老师决定引导他的行为并使之变成能被他人所接受的行为，即让小静将口水吐在手帕里，希望通过这种方式来矫正他的不良行为。刚开始在小静每次吐完口水后要求他必须拿出手帕擦嘴，初步建立用手帕的习惯，进而在发现他将要吐口水的时候要求他吐在手帕里，再泛化为将口水吐在可以吐的地方，包括手帕、垃圾桶、水斗等，最后让他学会在有需要的时候才吐口水。

（2）了解其生理需求并通过训练使其得到刺激上的满足。

小静吐口水的行为是由于缺乏外界刺激所引起的，所以老师决定给予其不同的外界刺激来满足他的需求，从而降低其吐口水的次数，如为他安排可视音乐治疗、感觉统合治疗、口肌训练等治疗方法。

表 7-4-5　小静问题行为情况出现记录表

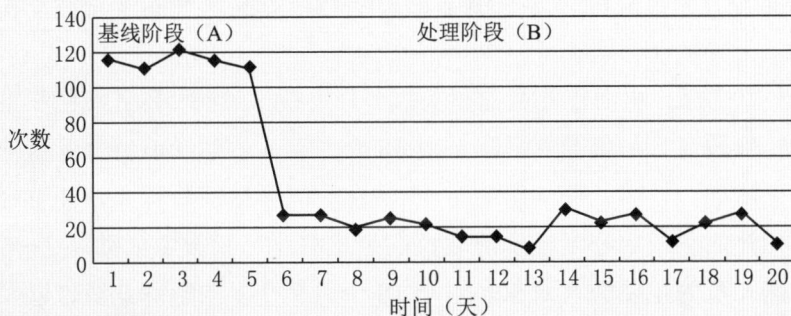

（3）案例小结：①行为问题的矫正首先必须要明确原因，根据其行为发生的原因来制定计划才是最有效的。②在处理某些行为时，采用避免引起行为发生的条件刺激的方法，即破坏行为发生的条件刺激，也可以达到阻止行为发生的目的。③将儿童的问题行为进行适当的引导，使之成为对自己对他人无害、能被他人接受的行为，这也是行为治疗的一种有效手段。

第五节　特殊儿童的教育需求筛查

一、特殊儿童教育需求的现状和趋势

（一）学龄前特殊儿童教育需求的现状

儿童福利机构特殊儿童的特殊教育是我国残疾儿童特殊教育的重要组成部分，也是儿童福利机构"养、治、康、教、置、社"五位一体工作的重要方面，福利机构养育的特殊儿童与家庭中生活的儿童一样，享有受教育的权利。保障每一个孩子健康发展和享有公平受教育的权利，是保障儿童权益的基本要求。每个孩子与生俱来就蕴藏着各种能力发展的潜力，只要有适当条件就能得到发展。童年时期尤其是儿童早期，是各种能力形成的关键时期，学习能力的培养主要是在这段时期，比如专注力、记忆力、思维联想、语言表达的能力，以及听说读写的能力，这些能力会为日后的小学、中学、大学乃至更高水平的学习活动奠定基础。

一直以来，上海市儿童福利院都十分重视学龄前特殊儿童的早期干预和特殊教育，积极开展各项针对 18 个月至 6 岁学龄前特殊儿童的特殊教育活动。目前，每学年约有 45 名左右的学龄前特殊儿童能够经过筛选和评估参与启心学校学前教育的组班教学，该教学活动以 3—6 岁的特殊儿童为主要教育对象。对于 18 个月至 3 岁的特殊儿童，以及因身体等各种原因无法参与正常教学的特殊儿童，采取园区早期干预指导和示范的方式，让教育和保育工作有机结合起来，因材施教地让适龄的特殊儿童都能够享有受教育的权益。

（二）学龄前特殊儿童教育需求的发展趋势

近年来，儿童福利机构内的学龄前特殊儿童呈现出年龄偏低、残疾类型逐渐复杂、残障程度逐步加重的发展走向。这意味着福利机构的早期干预和学前教育也需要不断调整和优化，以适应特殊儿童的实际发展需求。特殊儿童的学前教育工作是一个持续性的发展体系，贯穿特殊儿童成长的各个领域和阶段。因此，在传统教育的基础上，需要更加注重与其他部门之间的沟通与衔接，对于刚入学的特殊儿童，通过从生活园区的了解，根据其生活习惯和发展特点，将教育的侧重点定为生活自理能力的提高以及行为习惯的培养等。而针对即将进入学龄阶段的特殊儿童来说，需要更注重其幼小衔接的环节。总的来说，特殊儿童的学前教育工作主要培养特殊儿童的学习能力和良好的学习习惯，为进入下一阶段的教学活动奠定基础。

二、特殊儿童教育需求筛查的工具与方法

为了准确地判断特殊儿童是否符合进班学习的条件，工作人员需要从多方面收集材料，然后做出综合判断。一般来说，除了要对儿童的智力和适应性行为水平做出评价外，还要分析儿童的生理病理状况、认知能力、个性特征等。智力测查是特殊儿童教育需求筛查中的一项基本内容，一般要用标准化智力测验来测查智力。目前国际流行的智力测验有不少，按性质不同有不同的分类。例如：按年龄不同、按编制的材料不同、按测试方式不同等。在特殊儿童教育需求的筛查中，要根据儿童的年龄及认知水平选择适宜的测验。

1. 韦氏学龄前及初小儿童智力测验量表（WPPSI）

目前，工作人员根据儿童福利机构内特殊儿童的实际发展和年龄特点，选用了韦氏学龄前及初小儿童智力测验量表（WPPSI）来对入学前的特殊儿童进行智力测验。韦氏智力量表不但有言语分测验，还有操作分测验，可同时提供三个智商分数和多个分测验分数，能较好地反映一个人智力的全貌和测量各种智力因素。

2. 格赛尔发展量表（GESELL）

格赛尔发展量表主要从四个方面对婴幼儿进行测查：一为动作，分为粗动作和细动作；二为顺应，测查婴幼儿对外界刺激物分析综合以顺应新环境的能力；三为言语，即听、理解语言和语言表达的能力；四为社会应答，指与周围人们的交往能力和生活自理能力。将婴幼儿在这四

个方面的表现与正常儿童的发展顺序对照，可以分别得到在每一方面的成熟、早熟以及发育商数。格赛尔量表（图 7-5-1）不仅适用于测量幼儿的发展水平，而且比其他量表更适用于伤残儿，被认为是婴幼儿智能测试的经典方法。因此，工作人员将此表的测试结果列为入学条件的参考之一。

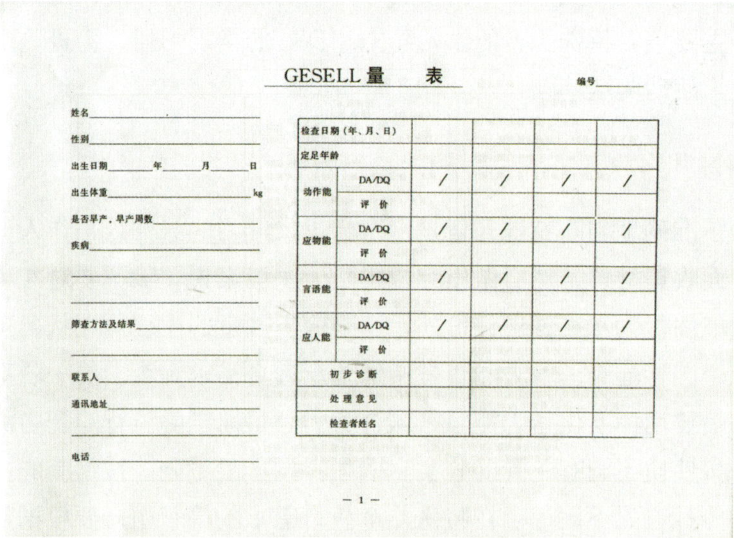

GESELL 量　表

编号______

姓名______
性别______
出生日期____年____月____日
出生体重______kg
是否早产，早产周数______
疾病______
______
______
筛查方法及结果______
______
联系人______
通讯地址______
______
电话______

检查日期（年、月、日）					
定足年龄					
动作能	DA/DQ	/	/	/	/
	评　价				
应物能	DA/DQ	/	/	/	/
	评　价				
言语能	DA/DQ	/	/	/	/
	评　价				
应人能	DA/DQ	/	/	/	/
	评　价				
初步诊断					
处理意见					
检查者姓名					

— 1 —

图 7-5-1　格赛尔发展量表（GESELL）

3. 学前儿童入学筛选评估表

对于特殊儿童来说，除了智力、发展情况等标准化测量以外，还应有符合福利机构特殊儿童发展特点的相关测评，这样才能够更直观、更准确地反映特殊儿童的实际发展情况和趋势。因此，工作人员通过观察、积累、记录和整合，制定出了一套适用于上海市儿童福利院学前儿童的入学筛选评估表（图 7-5-2），该表格涵盖了大运动、精细运动、语言和社会四个方面，详细制定了行为项目、通过标准、简单操作方法、设备、定位检查等的具体内容和要求。该套评估表操作相对简单、明了，经过培训和练习的工作人员都可以完成评估活动。见图 7-5-3。

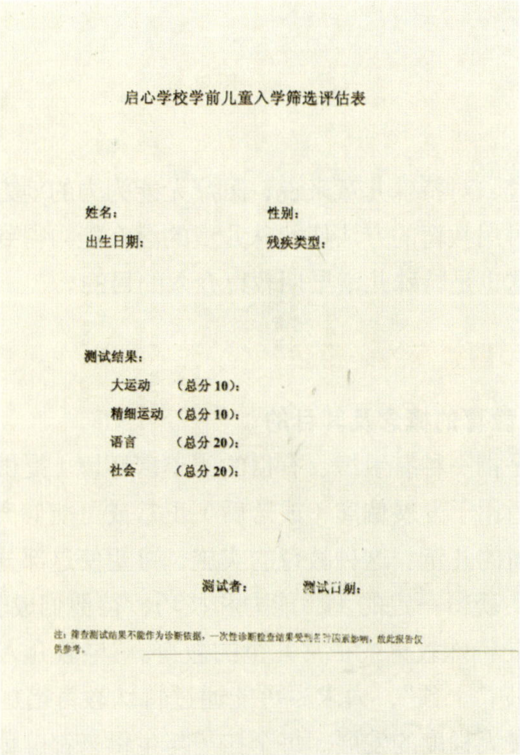

启心学校学前儿童入学筛选评估表

姓名：　　　　性别：
出生日期：　　　　残疾类型：

测试结果：

大运动　（总分 10）：
精细运动　（总分 10）：
语言　（总分 20）：
社会　（总分 20）：

测试者：　　　　测试日期：

注：筛查测试结果不能作为诊断依据，一次性诊断检查结果受到若干因素影响，故此报告仅供参考。

图 7-5-2　学前儿童入学筛选评估表

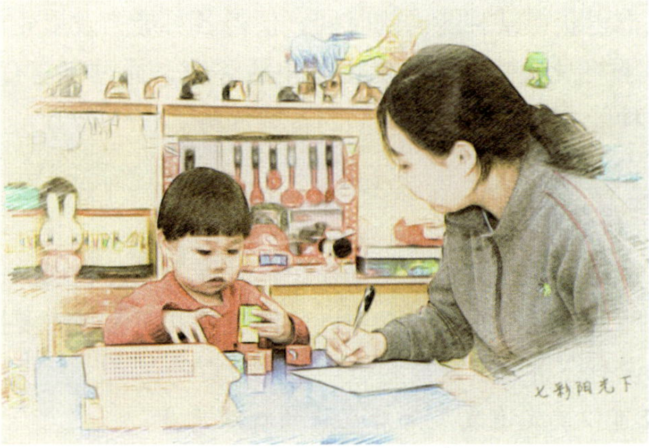

图 7-5-3　评估活动

第六节 特殊儿童的早教介入

曾有人说过，对特殊儿童来说，医疗无能为力的地方，教育可以发生作用。这是对用教育的方法使特殊儿童的潜在能力得到最大限度发挥的最好说法。这也是特殊儿童早期教育介入的目的。

一、特殊儿童早期教育的必要性

（一）早期教育的概念及其目的

早期教育是指一种有组织、有目的的丰富环境（提供刺激）的教育训练活动，它适用于发展偏离（或落后）正常或可能偏离（或落后）正常的五六岁以前的儿童。这种教育的实施，可望使这部分儿童的智力和能力有所提高，获得一定的生活能力和技巧，待他们成长到学龄阶段，可以更好地接受特殊教育或正常儿童的教育。"早教介入"，顾名思义，就是进行"干涉、干预"，力求尽可能通过特殊教育措施使特殊儿童的潜在智能得到最大程度的发展。每个孩子与生俱来都蕴藏着发展各种能力的潜力，儿童福利机构内的特殊儿童更是如此，只要条件适当就能得到展现。如果不给他们这种学习和发展的机会，也许他们就会终生不能获得，或者推迟获得某种能力的时间，使得各种能力发展始终处于较低的水平，留下终身遗憾。创造优化的生活环境，通过丰富有趣的活动，让孩子的各种能力正常发展是我们的首要任务。

（二）早期教育的对象

对于儿童福利机构来说，凡是在个体发展上已经表现出偏离正常的和被怀疑可能偏离正常的、五六岁以前的特殊儿童，都需要接受早期教育。具体来说有三种儿童是需要进行早期教育的：

1. 已经可以确定有发展落后症状的特殊儿童

比如先天愚型、苯丙酮尿症的儿童，就属于这一类。他们的异常比较明显，可以从病理上给予诊断。

2. 由生物学因素造成的、可能有发展落后危险的特殊儿童

我们知道，胚胎期、出生前、新生儿期和婴儿期的某些不利因素会对一个小生命正在发展中的中枢神经系统有生物学上的影响，如窒息、低体重、早产等，这些影响单独地或合起来看，都有增加儿童以后异常发展的可能性。

3. 由环境因素造成的、可能有发展落后危险的特殊儿童

这是指从生理上讲是正常的，但是由于长期处于机构养育的环境，早期生活经验贫乏，缺乏与人交往机会的特殊儿童。

当然，上述这几种发展偏离正常或发展落后的情况也可能是并存的。

二、特殊儿童早期教育的形式

上海市儿童福利院的早期教育主要有以下两种形式：

1. 在集体环境中的组班化教学

为了能让院内的学龄前特殊儿童尽早、更好地接受相应的教育，教育科学前组对 2.5 岁至 6 岁的特殊儿童进行早期教育的评估，根据评估结果让其入学接受教育，并将特殊儿童分成不同层次的班级，制定相关的计划和目标，开展各项教学活动，为促进特殊儿童身心全面和谐发展提供基础。集体环境中的组班化教学模式让学龄前特殊儿童在语言、运动、生活自理能力等方面都有了明显的提升（图 7-6-1）。特殊儿童在言

图 7-6-1　组班化教学

语能、应人能、应物能、动作能等各项指标上都优于以往，且与正常儿童相比，差距也慢慢缩小了，成果得到很好地转化。

儿童福利机构中有一类特别的儿童，就是唐氏综合征儿童。为了让这群适龄的唐宝宝们也能够享受到应有的早期教育，机构的特殊教育学前组增开了唐氏综合征教学班，从开班的硬件设施到学期的课程设计，每一个细节都量身定制。针对不同类型的残疾儿童，老师们在日常的教学过程中加入了有针对性的教学活动和项目，形成了教师、医生和康复师共同指导的专业团队。见图 7-6-2。

图 7-6-2　唐氏综合征教学

2. 园区与组班教学协作进行

在开展教学的过程中，学前组的教师们不断地探求新的模式和方法以适应特殊儿童的发展和变化，而对于那些障碍类型较为严重的学龄前儿童，采取的则是生活园区与组班教学协作的方式。教师对保育员进行指导和示范，因地制宜、因材施教地在生活园区开展一系列的早期干预活动。让教师、保育员成为特殊儿童的良师益友，适应每个特殊儿童的发展需要。同时，组织保育员积极学习相关的知识和方法，以更好地适应不同的教学对象。这种教育联合保育的生活化教学思路使院内特殊儿童的受教育权再也不因身体、智力、残疾程度所限，使每一个孩子都能在能力范围之内取得最好的提升和改善。

三、早教介入的手段与方法

（一）集体教学

目前，儿童福利院对学龄前特殊儿童多采取集体教学的方式，即一到两名教师同时对七八个特殊儿童开展小班化的教学活动，这种教学手段对于福利结构内的特殊儿童来说是必不可少的，同时，也对教师的教学素养和教学能力提出了很高的要求（图7-6-3）。第一，教师的照顾面要广，要做到面面俱到。因为特殊儿童都有注意力不集中的问题，所以教师在教学过程中要用多样化的教学方法来吸引全体儿童的注意力；第二，同一个集体中的儿童语言水平不一，所以教师必须用多层次、多样化的语言进行同一内容的教学；第三，学前组的教师们在日常的教学中要更多地使用直观教具，以使特殊儿童能够理解教学内容；第四，允许少数自控力差的特殊儿童离开自己的座位，只要他不扰乱班上的秩序，就允许他自由走动。实践证明，这是可行、有效的；第五，对进步特别大的和胆小的特殊儿童要多用表扬，同时不能在集体面前批评某一个儿童学习能力差；第六，教学的内容要多反复，对于某一个内容教师有时要反复上千次。

图 7-6-3　集体教学

（二）个别化训练

福利院的特殊儿童存在着很大的差异性和个性，这些差异往往是身体缺陷、环境和心理因素造成的。集体教学不可能照顾到每个特殊儿童的情况，使每个特殊儿童都学到他可以学会的那么多知识，而个别化训练则有很强的针对性，可弥补这种不足。因此，在集体教学的同时也要注重个别化的训练。

个别化训练的进行，可以分为五个步骤：

1．了解儿童

在开始进行训练以前，必须先了解儿童，包括智力程度、能力和缺陷、兴趣以及学习意识等方面。

2．定位评估

定位评估就是运用筛查评估表对特殊儿童进行五大领域的评估，包括：大运动、精细动作、语言、认知能力、社会行为。儿童能做到哪里，他的能力就被定位在哪里。每个参与个别化训练的特殊儿童都要做定位评估，这样才能找到每个领域训练的起始点。

3．制定训练计划

教师们根据定位评估的结果，经过讨论制定出长期训练目标和短期训练目标，以及相应的教学内容和计划。

4．进行训练

这是一个艰难、长期的过程，也是一个极有意义的过程。儿童的许多行为都是在个别化训练这一过程中学会的。

5．填写记录表格

这是为了掌握儿童的进步和发展情况而制定的，有了记录，才能看到训练后的情况。记录表以文字、数据和照片的形式进行呈现，从多角度来记录特殊儿童的个别化训练进展。见图7-6-4。

图 7-6-4　个别化训练

（三）集体活动

集体活动指儿童在教师的帮助下自己进行的活动，教师只起辅导作用，即带领他们、帮助他们组织活动并和他们一起活动。集体活动虽然不是主要的教学方法，但也是不可缺少的。教师之所以会重视集体活动的开展，是因为对于福利机构内的特殊儿童来说，集体活动可以有效培养他们自主活动和选择的能力。儿童可以随自己的心愿选择游戏种类，在活动中可以自由选择玩具、玩物，可以自己选择一起玩的伙伴。这样的形式和活动使得儿童的心情比在上集体和个别化训练时轻松，这种"轻松"对发展良好的情绪是必要的。见图 7-6-5。

图 7-6-5　集体活动

以上的三种早期介入的手段和方法，必须巧妙地组织起来，结合使用，以产生最好的效果。

四、早教成效的评估

教育成效的评估是对所有早期教育在内容的制定、计划的实施等方面的总体考察和发展走向的最有效的措施。通过成效的评估以考察特殊儿童的各项目标是否达成，教育手段是否正确、有效。这里所涉及的评估为"终结性评估"，也称为后置性评估。主要用来评估特殊儿童的教育全过程或某一阶段是否达到预设目标，教育效果是否具有针对性。评估主要涉及以下几个方面：

1. 对内容的评估

教师所制定的早期教育内容是否符合规定，如儿童的基本资料和能力水平、教育措施和相关服务、长期目标、短期目标、评定标准与评定日期等。教师制定的教学计划是否符合儿童的年龄特点、能力水平以及所处的环境；制定的教育目标是否适应特殊儿童能力的优势和不足，是否有利于特殊儿童的发展等方面。见图7-6-6。

学期教育目标：

项目	教育目标		实施效果	完成日期	项目	教育目标		实施效果	完成日期
	长期目标	短期目标				长期目标	短期目标		
运动 大运动	通过走直线、踢球、扔沙包等动作锻炼大肌肉的力量，通过玩游戏了解简单的游戏规则。	九 月 走直线，运水果			语言	该类幼儿没有完整的语言表达，个别幼儿没有语言表达。对教师的指令能有一定的反应。	九 月 尝试学习儿歌《好娃娃》		
		十 月 踢球					九 月 我叫××××		
		十一月 扔沙包					九 月 尝试学习儿歌《小水杯》		
		十二月 游戏：许多小鱼游来了					十 月 尝试打招呼		
		一 月 我们都是木头人					十一月 尝试儿歌《我爱我的幼儿园》		
精细运动	通过涂鸦、涂色撕纸、绘画、穿线板等活动，提高幼儿精细动作的能力。	九 月 涂鸦					十一月 说说名称		
		十 月 独立撕纸片					十二月 尝试儿歌《老师老师我爱你》		
		十一月 花儿真美丽（涂色）					十二月 学习礼貌用语		
		十二月 穿线板					一 月 学习儿歌《刷牙》		
		一 月 绘画圆形					一 月 学习行为规范		
认知	进行1—10的唱数和1—5的点数；认识红色和绿色，学习红色配对和寻找大自然的绿色，感知圆形和方形，能区分圆形和方形。	九 月 唱数1—3			社会	幼儿的生活自理能力和社会适应能力都比较弱，肢体的运动和协调能力比较差，阻碍了幼儿的学习和活动。	九 月 会回答自己的名字		
		九 月 唱数1—5					九 月 参与游戏		
		十 月 唱熟5—10					十 月 尝试能按指示取物		
		十 月 点数1—5					十 月 尝试学习洗手		
		十一月 认识红色					十一月 分享玩具		
		十一月 红色物品配对					十一月 学习穿袜子		
		十二月 认识绿色					十二月 尝试知道选择		
		十二月 寻找大自然的绿色					十二月 帮助成人做事		
		一 月 感知圆形					一 月 尝试配合		
		一 月 感知方形					一 月 尝试用杯子喝水		

图 7-6-6　长期目标、短期目标

2. 对实施情况的评估

对于早期教育实施情况的评估主要包括：教育目标是否能在规定的期限内完成，所选用的教学策略是否符合儿童的认知特点和发展需求以及各种特殊情况。教师通过制定评估的相关考察和记录表格来实现对早期教育实施过程的评估，同时评估结果也给教师提供了参考的依据，为今后的教学工作奠定基础。见图 7-6-7、图 7-6-8。

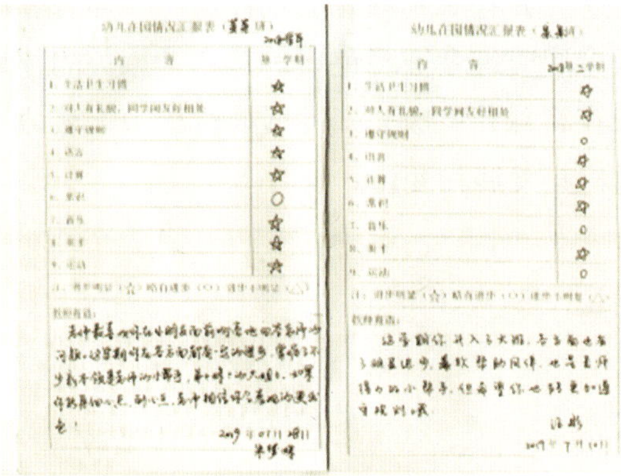

图 7-6-7　儿童学期情况汇报表

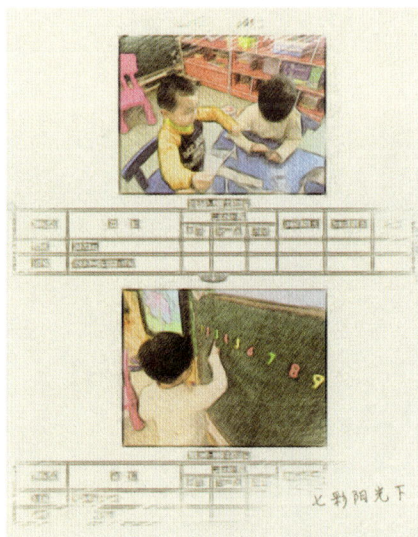

图 7-6-8　儿童阶段评估表

上海市儿童福利院学前教育组是以 2—6 岁学龄前的特殊儿童为主要服务对象的教育机构，以"教育重早期"为教育宗旨及方针，让每个学龄前的特殊儿童都能拥有一个如旋转的风车般充满快乐的，丰富、精彩的童年。

为了能让院内的学龄前儿童尽早、更好地接受相应的教育，学前组教师对 2—6 岁的幼儿进行早期干预的评估，根据评估结果让相应的儿童入学接受教育。充分考虑到幼儿的差异性，教师有针对性地开设了两个常规班级和一个唐氏综合征特色班，制定了相关的计划和目标来开展各项教学活动。在特殊儿童成长、发展的过程中，教师不断地探求新的模式和方法以适应其发展和变化。

第八章　6—12岁：特殊儿童养置易分类

随着年龄的增长，儿童福利机构内特殊儿童的发展需求也在不断地变化，6—12岁是特殊儿童成长的风暴期。上海市儿童福利院启心学校遵从特殊儿童的教育原则和方法，按儿童的不同类型开展不同模式的教育活动，致力于机构内特殊儿童的身心发展平衡。6—12岁同样是整个寄养期间的风暴期，现阶段更是对家庭寄养项目化管理提出了挑战。在启心学校和家庭寄养中心的服务与陪伴下，儿福院的孩子们感受到：成长必然遇见风暴，但他们不是孤军奋战。

第一节　学龄初期教育工作的开展

一、特殊儿童教育的原则与方法

（一）特殊儿童教育的原则

1. 全面性原则

全面性原则是指在保证每一个特殊儿童身心健康发展的全面性和协调性的基础上，使每一个特殊儿童都能获得个性化的发展。贯穿全面性原则，教师要让每一个特殊儿童在全面发展的基础上，按照自身的特点和可能性去实现与众不同的发展，使其成为具有独特个性的人。特殊儿童之所以特殊，是因为他们与其他孩子与众不同，他们在各自的发展上可能有特殊的表现。有的孩子动手能力强，有的孩子记忆力好，有的孩子对音乐敏感，这些都要教师进行积极引导，允许和鼓励他们在优势领域内发展，同时弥补薄弱环节，在全面发展的基础上展示自己与独特的个性。

2. 补偿教育原则

补偿教育原则是指在特殊教育过程中，除了要传授给学生基础的文化科学知识，发展其社会生活所必需的技能外，还要针对特殊儿童不同的身心特点，有计划地克服和补偿学生身体和心理方面存在的缺陷，通过各种活动，发展他们的活动技能，使其能从事简单的劳动，使其身心机能协调发展。

3. 个别化教育原则

个别化原则是指要根据每个特殊儿童的个别差异与身心发展的具体情况，本着实事求是的精神，制定个别化的教育与训练方案，进行针对性的教育，为每一个特殊儿童提供他们所能完成的基本学习量，然后采取相应的教学方法以达到教学目的。贯彻个别化原则，要求教师做到了解特殊儿童，尊重个性差异，并针对差异给予特殊儿童不同的指导。了解特殊儿童的差异后，教师要为特殊儿童提供适合他们层次的教学目标。

4. 激发兴趣原则

激发兴趣原则是引起和维持学生注意的一个重要内部因素。由于特殊儿童的注意力难以持久保持，教师在教学过程中要尽可能创设充满爱与快乐的教学环境，克服特殊儿童的退缩、压抑等不良心理，使其在可接受的范围内获得愉快的情感体验。

5. 直观性原则

直观性原则是指利用特殊儿童的各种感官和已有经验，通过各种直观的手段吸引特殊儿童的注意力，丰富特殊儿童的直接经验和感性知识，帮助特殊儿童形成正确概念，获取知识和技能。

6. 系统教育原则

系统教育原则是指特殊教育是一个系统工程。特殊教育应将家庭教育、学校教育、社会教育结合起来，从医疗康复、教育训练、社会培训3个方面，不断地巩固和发展学前教育、学校教育、成人教育的成果，以取得良好的教育训练效果。

（二）特殊儿童教育方法

1. 分层化教学法

分层教学是教师根据特殊儿童在基础知识、基本技能、思维定势、兴趣特长等方面的差异，把特殊儿童分成几个层次，从他们的具体情况出发，有区别、有针对性地进行教学活动，以达到全面提高的目的。如开学之初，教师就对学生进行了全面的调查研究：如入学资料、测验、平时观察等，充分认识每位特殊儿童个体间的差异。然后和他们进行交谈，观察了解他们，最后综合考虑每位特殊儿童原有的水平、学习能力、学习态度等，将学生分为A（轻度智力落后儿童）、B（中度智力落后儿童）、C（重度智力落后儿童）3个不同层次。这样程度较高的特殊儿童的学习进度不会受到程度较低的特殊儿童的影响，而程度较低的特殊儿童也不会因为问题或作业过深而失去学习兴趣。A层特殊儿童在学有余力的情况下还可以经常帮助B、C层特殊儿童。在教学中，教师要制定出分层的教学目标，以满足各层次特殊儿童的学习要求，从而收到较好的教学效果。在结合教材内容，运用多种训练方式的基础上，着重培养A层特殊儿童的计算思维能力。在掌握基础知识和基本技能的基础上，训练B层特殊儿童良好的学习习惯。对于C层特殊儿童，要降低其学习要求，强化其基础知识与基本训练，训练其良好的学习习惯，使其遵守学校的各项纪律，适应学校的学习生活。在教学过程中，教师针对不同程度的特殊儿童，设计难易不同的问题，给他们创设不同的表现机会，让人人参与"学"的过程，并通过合作学习、小组交流的方式，让人人有表达自己想法的机会。无论哪个程度的特殊儿童都有充分发表自己见解的机会。从他人的表现中收到信息、受到启发，可以使特殊儿童之间的学习水平得到调和，从而提高不同层次特殊儿童的自信心、求知欲，使得每个特殊儿童都能学有所得。

2. 生活化教学法

由于特殊儿童的感知速度慢、范围窄、感知信息容量小、观察力不精确，他们的感知速度几乎比正常儿童慢一半。他们在做某件事时，往往无法集中精神，他们常常东张西望，摸这触那，或离开座位，或和他人讲话、打骂嬉闹，以致影响学习成效。同时他们的记忆速度慢，遗忘快，机械记忆多。根据他们的这些特点，老师宜采用生活化教学法。比如低年级语文课本中涉及的很大一部分词语都是生活中常用的物品，如"脸盆""毛巾""水""桌子"等，且都配有精美的图片。特殊儿童的思维长期停留在直观形象阶段，思维不会拐弯，从图片到实物，对他们来说还要一个过渡，因此利用图片刺激他们的感官还不如直接用实物来得方便、来得强。例如在教学词语"门"的时候，课文中是一张"门"的图片，虽然比较形象，但是生活中的"门"各式各样，我们的特殊儿童不一定能真正认识"门"、掌握"门"这个词语。在教学的时候，教师先让特殊儿童认识课本中的"门"，再充分利用学校里的现有资源，带领他们去找校园中的各种各样的门。通过这个活动，特殊儿童认识到教室的"门"是"门"，儿童福利院院门口的"大门"也是"门"，楼梯下面的"自动门"也是"门"，仓库的"铁门"也是"门"。通过认识各种各样的"门"，不但使特殊儿童很好地掌握了"门"这个词语，同时也丰富了他们的生活经验。

3. 情境化教学法

情境化教学法，是指在教学过程中，教师应有目的地引入或创设具有一定情绪色彩，以形象为主体的生动、具体的场景，以引发学生的热情体验，帮助学生理解教材，并很好地发展学生的心理机能。其核心在于激发学生的情感。具体分为生活化的教学情境和形象化的教学情境。生活化的教学情境即在创设教学情境时，教师要注重联系学生的现实生活，在鲜活的日常生活环境中发现、挖掘教学资源，以便加深学生的印象，深化学生的认识，促进学生的理解。形象化的教学情境即创设感性的、可见的、摸得着的形象化的教学情境，丰富学生的感性认识，并促进感性认识向理性认识转化和升华，有效地刺激和激发学生的想象和联想，使学生能够超越个人狭隘的经验范围和时间、空间的限制，不仅能让学生获得更多的知识，掌握更多的事物，还能发展学生的形象思维与抽象思维。

创设生活情境是儿童真实生活的再现，它能营造出良好的情感体验氛围，让儿童在真实的生活中去感受、体验。在课堂上，创设情景、情境表演、情境对话等，让特殊儿童产生身临其境之感，以供他们观察、体验探究，从而得出自身的价值判断。教师引导学生主动参与、主动思考、主动实践、主动探索、主动创新，从而充分展现其"主角"形象，在其主动参与学习的过程中形成促其内化导行的内驱力。例如：在上二年级思品课《出行守规则》一课时，二年级的特殊儿童由于年龄小、平时都是集体出行的缘故，生活中独自过马路的真实体验相对来说比较少。针对特殊儿童的这一特点，教师在教学中模拟真实生活中的情境——十字路口，人行横道线、交通信号灯的真实再现，让特殊儿童在情境体验中自我思辨，增强遵守规则的意识，初步学会安全过马路。对此，特殊儿童学习兴趣浓厚，这也促使他们以积极的态度主动在情境中思考，在情境中领悟。

4. 自主化教学法

学生是教学活动的主体，是学习的主人，这不仅仅是教育工作者的一种理念。学校教育要使学生能够通过学习，自觉地、有效地、积极地运用知识，获取新知识，创造新知识。从教的角度来看，主要是指教师是否具有主体性教育教学思想和恰当的引导策略；能否唤醒或激发学生的主体意识；能否培养学生的元认知能力，发挥学生在学习活动中的自主性和创造性。从学的角度看，主要是指学生能否在教师的引导下，掌握元认知策略，养成学习的自主性和创造性。自主性学习的根本特征主要表现在主体性和参与性两方面。主体性保证自己能动起来，有自觉性、积极性和预期性；参与性保证自主性不是任意而为的，而是与社会、集体和谐统一的。因此，教师应当采取适当的方式，促使学生表现出这种学习的"自主性"。

这对特殊儿童更是如此，在教学中，教师要充分调动特殊儿童的积极性、主动性，坚持做到以人为本，以特殊儿童为"先"。最重要的是激发特殊儿童的学习兴趣，只有让他们抱着"我要学"的思想，才能培养他们的自主学习意识。例如：在二年级数学课《人民币的认识》上，教师运用人民币学具，结合他们在日常生活中喜爱的活动之一——超市购物，教授特殊儿童在购物中运用人民币，激发特殊儿童的学习兴趣。整个单元特殊儿童学得兴趣盎然，积极主动。见图8-1-1。不仅在课堂教学中让他们做学习的主人，激发他们的学习热情，在学校活动中，也要时时以他们为主。如：学校的大队部将学校的一部分少先队工作交给特殊儿童，包括各类检查工作、黑板报、红领巾广播等。让特殊儿童发挥主人翁意识，积极鼓励他们参与各类比赛、竞赛、活动，提高他们的责任感，引导他们不断增强自身的爱国思想、民族精神和实践能力。这些举措不仅让他们展示了自我，提升了他们各方面的能力，更帮助他们开阔了眼界、为今后融入社会打下了基础。

图 8-1-1　人民币的认识

二、学龄期特殊儿童的教育分类安置模式探索

特殊儿童教育安置是指将一个有显著个别差异的学生，安置在恰当的教育形态中。目前上海市儿童福利院对学龄期特殊儿童的教育安置有特殊教育学校、特殊教育班、园区送教上门三种形式。

（一）儿童福利院内特殊教育学校——启心学校

启心学校隶属于上海市儿童福利院，是一所专为儿福院内不能进入社区普通学校就读、年龄层次在学龄期的孤弃儿童开设的特殊教育学校。学校配有图书馆、手工室、烘焙教室、舞蹈房、音乐室、情境模拟教室、多媒体教室等多个专用教室。学校建有篮球场、足球场、室外游乐区、室内体育馆等活动场地。启心学校开设生活语文、生活数学、生活适应、思想品德、美术、音乐、体育、兴趣等十多门课程。现阶段，启心学校按照院内就读儿童的年龄结构分布和智力发展水平，共开设学前、学龄九个班级，在册学生百余名。近年来，随着院内学校教育工作的发展，教师队伍也随之逐年充实，现有专职教师 19 名，平均年龄30 岁左右，大专以上学历占 90％以上。2002 年 4 月，上海市教委将启心学校纳入市教委特殊教育体系。2004 年 4 月，启心学校被纳入闵行区教育局业务体系。2015 年 11 月，全国劳模凌伟启心教育创新工作室成立，3 名教师有幸加入劳模工作室，在劳模的带领下，秉持劳模工作室"爱岗敬业、争创一流、艰苦奋斗、勇于创新、甘于奉献"的劳模精神，从创新思路、注重实效入手，在创新教学等方面取得新突破。2018年打造孤弃儿童德育文化品牌——"启心育苗"，用"爱"精心浇灌这些缺萼的花朵，为他们的健康成长引航。启心学校在获得局"工人先锋号"、局"优秀职工小家"、局"三八红旗集体"、"全国特殊教育先进集体"等多项荣誉后，于 2019 年争创上海市巾帼文明岗，此举既提高了儿童特殊教育事业发展的整体水平，又推动了启心学校各项业务工作扎实有效的开展，这些都充分展现了启心学校教师们团结拼搏、锐意进取的精神风貌。

教师是学生的引路人、表率者，教师的一言一行、一颦一笑都直接影响着学生的学习与成长。"为人师表"成了启心学校教育工作者恪守的座右铭，启心学校从加强教师队伍建设抓起，从平时点滴做起，采用各种形式和途径对教师进行职业能力的培训和锻炼，如新教师入职的岗位带教和师德培训；每月开展教育专题讲座，内容涉及《特殊教育个别化教学》《教师语言的艺术》《特殊儿童教育心理》等，全面提升教师的职业素养，从而以师者仁心引导学生的健康成长。同时，启心学校还充分利用教研组的平台，交流教育心得，讨论教学方法，对教学情况进行反思和探讨；还在加强团队建设的基础上，积极开拓，勇于创新，尝试开展多学科教学的课题研究，完成了多项课题研究，且多篇论文发表于核心教育期刊。通过课题的研究，启心学校形成了部门内及跨部门合作的良好的工作氛围；同时在课题研究工作的开展和推进过程中，教师们得到了学习和锻炼，教学能力不断提高。

教学成果来源于不断的实践与经验积累。为了将教育成效最大化，启心学校每学期都会安排公开课的评比或示范课的探究；每学年将教育教学案例汇编成册，为教师们提供交流互动的平台。同时在儿童福利院领导的支持鼓励下，青年教师们积极参加市区，乃至全国的各种课堂教学、课件、教学设计等的评比，均获得了优异的成绩，仅2017年就先后组织32人次参加了上海市、闵行区乃至全国的教学技能评比活动，共18人次荣获各类竞赛奖项，其中1名教师更是在全国康复教育技能大赛上实现了新突破，荣获三等奖。通过这样多途径的培养和锻炼，启心学校的教师才能真正胜任孤弃儿童的特殊教育工作。

启心学校以"以德启心，以德育人"为教育理念，将思想道德教育贯穿于特殊儿童的整个成长过程中，教书更重育人，教导他们继承发扬中华民族优秀传统美德，积极践行社会主义核心价值观，树立自信坚强、团结友爱、诚实守信的优秀品德，学会感恩、自助助人。根据特殊儿童的实际情况，秉持分层教学、激发兴趣、充分练习、学以致用、补偿缺陷五大原则，运用分层化教学法、生活化教学法、情境化教学法、自主化教学法和情感化教学法，采用专门的教学大纲和教材，对特殊儿童进行班级集中授课制教学。

（二）特殊班

除了进入启心学校就读的特殊儿童，近年学校还将残疾类型相似、接受能力相近的学生组成特殊班级进行教学。目前学校内开设有启航班、脑瘫班、唐氏班三个特殊班。见图8-1-2。

图 8-1-2　脑瘫班儿童上课

启航班主要针对那些认知学习能力较好，但由于自身疾病而导致肢体运动能力较弱的学生，为他们将来进入启心学校就读奠定一定的基础。启航班根据每月主题，为特殊儿童制定针对性的学习内容，除了教授知识，更重要的是发展和提高他们的精细运动能力，如在课程中加入绘画、小制作、泥工、折纸、撕贴等动手操作内容，不仅提高了特殊儿童的学习兴趣，发展了他们的想象力与思维能力，更重要的是提高了他们的动手能力，锻炼了他们的手部力量。经过一段时间的学习，启航班中已经先后有多名特殊儿童进入启心学校就读，他们能够充分融入集体，跟上教师授课的节奏。

2014年4月，启心学校又开办了全新的特殊班——脑瘫特教班，该班由10名重度脑瘫儿童组成（图8-1-3），配备1名特教教师和1名康复师，由他们共同参与教学活动，分别开设认知、游戏、运动康复课程，这是儿童福利机构首次在特殊教育领域内实现教育与康复的跨专业合作。脑瘫班开设之初，望着10名四肢痉挛、半卧在轮椅上的重度脑瘫儿童，老师们既心痛，又感觉无能为力，学生们的眼睛里只有白白的天花板，打个招呼、叫声"妈妈"都很吃力。面对这群特殊的孩子，老师和康复师们"不抛弃、不放弃"，为他们专门定制课桌椅，选用适合他们的康复器具，为他们制定个性化的课程内容，旨在帮助这些重度脑瘫儿童提高生活认知水平，提升生活质量。历经两年多的实践后，启心学校将课堂实践的探索总结成经验，完成了上海市儿童福利院启心学校

图 8-1-3　脑瘫班集体上课

《重度学龄脑瘫学生实施康教结合的有效性策略研究》。

随着开设特殊班经验的不断丰富，2017 年启心学校又针对儿福院内唐氏综合征儿童人数增多的需求，开设了唐氏特教班。唐氏综合征的特殊儿童普遍具有智能较正常儿童低、发育迟缓、肌肉张力低、身体抵抗力差等特点。他们大多性情温和，喜欢模仿和重复一些简单的动作，可进行简单的劳动，少数患者易激惹、任性、多动，甚至有破坏攻击行为，某些则显示畏缩倾向，伴有紧张症的姿势。基于唐氏特殊儿童的特点，教师采用蒙氏教学法和奥尔夫音乐相结合的方式，开展教学活动。蒙氏工作的选择更偏向于感知类和生活类，旨在通过简易的感统训练提高唐氏特殊儿童的生活自理能力，帮助他们调节身体机能。见表 8-1-1。

表 8-1-1　蒙氏工作操作记录表

姓名：＿＿＿＿＿＿＿

科目	工作名称	展示日期	掌握程度	操作日期	掌握程度	操作日期	掌握程度
日常	走线						
	铺收工作毯						
	端托盘						
	搬椅子						
	布的折叠						
	五指抓豆						
	三指抓						
感官	插座圆柱体（A 组）						
	插座圆柱体（D 组）						
	色板一						
数学	砂纸数字板						
语言	礼貌礼节						
	故事：《高高兴兴上学校》						
科学	插花						
艺术	手指谣：《动物》						
	手指谣：《捏拢放开》						

熟练　　　　基本熟练　　　　不熟练

针对唐氏特殊儿童的特殊性，注重对他们良好行为习惯的培养，使他们建立正确的价值观、是非观。同时，对他们的情绪多加关注，并适时、适当地加以疏导，让他们逐步接受生活中的小变化，与其他伙伴和谐相处。此外，针对唐氏特殊儿童爱模仿、爱音乐的特点，老师们又编排了一些适合唐氏特殊儿童表演的小节目，如打击乐、韵律操等，帮助学生们丰富课堂形式。开班至今，教学效果显著，有些唐氏特殊儿童甚至能做到认识简单的数字，并点数、背诵简单的古诗，几乎每个唐氏特殊儿童的综合能力都得到了显著的提升。见图 8-1-4。

图 8-1-4　唐氏班韵律操

（三）园区送教教学模式

园区送教指教师离开教室这一特定工作区域，一对一或一对多地将教育资源送到生活园区内。为了全面保障每一名残疾儿童的受教育权，上海市儿童福利院于 2014 年起，对重度、极重度残疾儿童实行园区送教上门教育模式，本着提高学生生存和生活质量的原则，探索院内特殊儿童教学新方向，后又开展课题《对重度残障学生实施园区送教教学模式的探究》，该课题的研究对象覆盖全院 4 大园区 26 个班组，使得全院学龄期特殊儿童受教育率达到 100%。

园区送教教学模式主要采用集体干预教学以及个别化训练两种教学模式，教学内容以补偿缺陷为主，根据每个特殊儿童的运动、感知、语言、思维、个性等方面的主要缺陷，采取各种教育训练措施，使其各方面的潜在能力发展到尽可能高的水平，达到教育的最佳效果。本着"人本教育、生活教育、适应教育"的理念，设定了以下四个目标：

（1）培养重度、极重度智力落后学生的基本道德品质，使他们了解自己的基本权利和做人的尊严。

（2）学习日常口语交际的基本能力，在各种交际活动中，学习倾听、表达与交流。

（3）形成基本的动作和运动能力，学习健康生活（尤其是自理生活）的技能和习惯，增进身体健康，形成乐观开朗的生活态度。

（4）开发重度、极重度智力落后学生各方面的发展潜能，矫正其身心缺陷。

以上目标在具体实施过程中分为运动能力、感知能力、语言交往能力、认知能力、社会适应能力和生活自理能力6大方面。具体教学内容包括串珠、积木的拼搭、音乐律动、认识生活中熟悉的人和事物、分辨常见的声音和气味、学会扣扣子、和同伴一起游戏等。在教学中运用引导式教学法、游戏活动法、演示与操作法、行为矫正法等教学方法，在教育过程中运用各种教具和玩具增强游戏性、活动性、趣味性、直观性，使特殊儿童尽量参与其中，如用手、脑、口、眼多种感觉器官参与活动，以此提高特殊儿童的生活质量，培养他们自尊、自信的美好品质，让他们感受世界的美好。

三、构建适合的特殊教育课程体系

"以学生发展为本，坚持全体学生的全面发展，关注学生个性的健康发展和可持续发展"，是上海市儿童福利院启心学校特殊教育课程建设的指导思想，为使儿童福利院内的特殊儿童能自理生活，掌握一定的劳动技能，并能正常地与人交往，较好地适应现代社会生活，培养和提高其社会适应能力，使其能够独立生活，较顺利地适应家庭、学校、社区、职业生活以及不断发展变化的社会，学校在抓好基础知识教育的同时，努力通过各种方法和途径补偿特殊儿童的身心缺陷，培养他们的社会适应能力。根据国家教委制定的《全日制弱智学校（班）教学计划》《培智学校学生的培养目标》，结合启心学校的实际情况和特殊儿童的个体特点，学校就课程建设、拓展型课程内容的设置进行了一定的探索和研究，具体有以下3点。

（一）实用性课程内容的设置

多年的教学实践证明，儿童福利机构内的特殊儿童在接受了若干年的教育后，除部分儿童可能继续升学外，另一部分学生将走向社会，在适当的岗位上进行岗位实践，这既是特殊儿童自身的愿望，也是学校、机构、社会的共同期望。这些期待的达成就要求特殊儿童在校期间能较好地学习到生活自理能力，掌握简单的劳动技能，为以后走上社会打下扎实的基础。

为此，启心学校针对特殊儿童的身心特点和发展需要，在原有课程的基础上，把基础课程的教学内容按需做了相应的调整和提升，尽可能体现实用性，并增设了生活课和劳动技能课，教育他们树立正确的劳动观念，培养其认真负责的劳动态度、吃苦耐劳的劳动品质，并结合实际，对不同年龄阶段的特殊儿童提出了不同的要求。

低年级（1—3年级）：着重生活指导，以生活常识教育、自理能力训练为主，主要包括熟悉环境、人员、饮食、大小便、衣着、睡眠、习惯等方面，并辅以最简单的公益劳动，如扫地、擦桌子、洒水、倒垃圾、捡树叶等。中年级（4—6年级）：继续加强生活自理能力的训练，培养劳动意识，主要包括卫生、安全、使用常用物品等方面，如个人卫生的处理、学习物品的管理等，并进行简单家务劳动的学习，如烧饭、做菜、钉纽扣、洗衣服、包馄饨等，同时参加各种公益劳动，如大扫除、擦自行车、上街劳动等。高年级（7—9年级）：以社会生存技巧、生理卫生、劳动技能的培养为主，在巩固家务劳动、公益劳动训练的同时重点进行独立生活能力的训练。

（二）活动类课程内容的设置

在深入了解每个特殊儿童的特点、兴趣和需求之后，启心学校本着从实际出发的原则，对体育课和兴趣课的内容做了相应的调整，重点发展学生的兴趣，发挥其特长，让学习能力较差，但在其他方面仍有发展空间的学生的潜能得到最大程度的发挥。

2005年9月开始，学校对体育课进行了调整，一方面将体育改成体锻，把各班的学生融合在一起，打破班级年龄的界限，按特长分成足球、篮球、乒乓球、羽毛球、田径和游戏六个小组，有针对性地培养其某一方面的体育特长，为特奥运动培养人才。如图8-1-5。在2005年8月和9月举行的上海市第六届和闵行区首届特奥运动会上，学校选派的运动员佳绩连连，分别取得了18块和21块金牌的好成绩，为机构和本市的特奥运动争了光。另一方面，考虑一年级新生肢残较多的情况，学校把一年级的体育课改为康复课，将感觉统合的内容贯穿其中，使学生通过康复运动锻炼肌体功能，为今后的发展打下基础。

图 8-1-5　足球课

近年来，学校又在兴趣课上下功夫，开设了京歌、电脑、美术、古诗词唱诵、打击乐、葫芦丝等兴趣班，由学生自愿报名参加。如图8-1-6。学习过程中，学生们表现出浓厚的兴趣和独特的天分。学校连续参与了"市手拉手、心连心少儿书画大赛""我爱我家绘画技能大赛""2017梦想中欧青少年绘画展"，更连续五年参加了由上海虹桥当代艺术馆主办的生肖绘画比赛，并获得优秀组织奖的荣誉称号。特殊儿童们获奖无数，其作品入选2017年出版的上海市儿童福利院儿童美术作品选《多彩的世界》。每每，有外国友人或社会各界热心人士来院参观或捐赠时，孩子们都会送上自己的画作、手工作品，以示感谢；每年的春节、儿童节等重要节日，当各级领导前来关心时，孩子们又会献上精心排练的歌舞……孩子们的才能得到了发挥，变得自信、开朗。

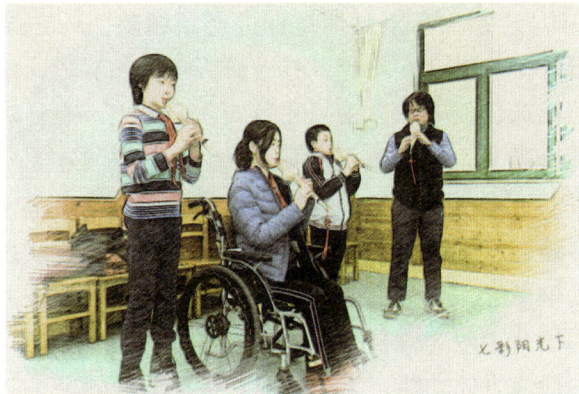

图 8-1-6　兴趣班——葫芦丝

同时，启心学校将春游、秋游、夏令营、军训等实践活动作为学校的常规工作，在每次活动前开展与之相关的主题教育内容，让特殊儿童带着期待、带着了解、带着问题去参加各种活动，在每一次活动后，鼓励特殊儿童制作一张小报、写下一篇感悟，进一步加深其对活动的认识。同时将每一次活动的相关素材整理成册，累积教学资源，总结活动成果，根据不同的年龄段制定出《儿童福利院特殊儿童社会实践活动指南》，用健康有意义的活动来丰富特殊儿童的课余生活，寓教于乐，引导特殊儿童身心健康发展。

（三）社会适应性课程内容的设置

2002 年 AAMR（适应行为量表）提出了适应行为的新定义。所谓适应行为指的是概念（conceptual）、社会（social）和实践（practical）三方面的技能。其中，概念性技能的内涵包括语言（接受性和表达性语言）、读和写、金钱概念；社会性技能的内涵包括人际、负责任、自尊、被欺骗或受操纵的可能性、对社交规范的了解情形、遵循规则；实践性技能的内涵包括一般日常生活活动（饮食、穿衣、如厕、行走），工具性日常活动（准备餐点、打扫房间、交通、吃药、金钱管理、使用电话），职业技能，维持环境安全。院内的孤弃儿童由于受生活环境的限制，与社会接触的机会较少，往往表现出与人交往的困难、社会知识的缺乏、社会适应能力差等，一旦走上社会就会出现种种不适。学校从2005年下半年开始，开设了每周1次的社会课和每两周1次的社会实践课，目的是培养学生适应个人、家庭生活，适应学校、社区生活，适应求职和择业选择，主要内容包含个人适应、家庭适应、学校适应、社区适应、职业适应等，具体如表8-1-2：

表8-1-2　适应行为训练课表

分类	主　题	内　容
个人适应	自我认识	听到自己的名字有反应
	情绪调控	能够调节与控制自己的情绪
	时间规划	能够知道早上、中午、晚上的概念
	自理能力	个人事务的处理、自我保护
	良好行为习惯	上课、活动、就餐等
学校适应	认识学校	认识学校的环境、设施
	认识自己的班级	认识自己的班别、教室位置、教室里的布局
	认识同学	认识本班和外班的同学
	认识老师	认识班主任、其他任课老师及相关的后勤人员
	了解并遵守学校的各项常规	遵守学校的规章制度、各种作息制度
	校园生活技能	文明用语、处理师生及同学关系、简单事务的处理、学校安全
家庭适应	了解居家生活基本内容	知道家庭住址、家庭基本设施
	居家生活技能	认识辨别钱币、家务、烹饪、家庭礼仪、按说明书服药、家庭开支的安排、家用电器的操作及安全
	居家安全常识	自然灾害的应对、陌生人来访、外伤处理、火灾盗窃的处理等
社区适应	社区认识	知道社区或家乡所在的地理位置、社区环境
	社区使用	公共交通，合理使用社区设施与资源，包括菜场、超市、银行等
	社区规范	市民规范、交通安全、入住文明
	社交技能	社交礼仪、应急处理、邻里的相处、穿着打扮、与他人交往的沟通技巧

（续表）

分类	主　题	内　容
职业 适应	职前认识	对各种职业的认识、自我定位
	职业素养	对职业的态度、工作的责任心
	职业规范	遵守单位的劳动纪律和规章制度、自我约束
	求职技巧	能够搜集、寻找就业信息，了解自身特长及需要
	职业技能	按个体需要安排

　　在教师课堂教学的基础上，了解常识，走出课堂，融入社会，参与社会实践，拓宽学习空间，通过自己的亲身实践，内化、掌握习得的社会生活的种种本领，使社会实践性课程内容不仅仅流于形式。

第二节　儿童福利机构家庭寄养工作

一、家庭寄养服务与管理

（一）人员队伍

寄养儿童的成长需求决定了寄养队伍结构，基于儿童独特的身心特点，上海孤弃儿童家庭寄养在开展之初就打造了一支由"养、治、康、教"多专业相结合的综合性管理服务团队，以回应寄养儿童的多样化需求。2003 年之后，随着我国社会工作专业的发展、壮大，上海孤弃儿童家庭寄养走出了一条寄养工作社工专业化发展之路，确立了社会工作在寄养服务管理中的主体地位和主导作用，形成了以社工为主，教育、照料、医务、护理等多专业人员组成的工作队伍，目前上海市儿童福利院家庭寄养中心设寄养中心主任一名，负责统筹管理工作；社工督导一名，负责社工专业督导和具体业务开展；医务督导一名，负责寄养儿童体检、评估及救治矫治工作；一线配有专业社会工作者、护士、教师、心理咨询师等，这一综合性工作队伍基本适应了新时期寄养工作的要求，更好满足了寄养儿童不断变化的成长需求。

（二）管理架构

家庭寄养管理架构是落实儿童福利机构监护主体责任的组织保障，上海孤弃儿童家庭寄养以"政府出资、社会支持、家庭寄养、统一监护"为运作模式，在"统一监护"方面更加突出儿童福利机构的监护责任和义务。家庭寄养工作开展初期，上海市儿童福利院专门成立"家庭寄养办公室"，由其直接服务管理寄养家庭和寄养儿童，代表上海市儿童福利院履行寄养儿童监护职责。2000 年以后，随着寄养儿童数量不断增加，寄养家庭分布区域不断拓展，在社会福利社会化政策指引下，开始在寄养家庭和儿童相对集中的区域开展"委托管理，购买服务"的工作站服务管理模式，通过上海市儿童福利院寄养中心的指导、考核，落实对工作站辖区寄养儿童和寄养家庭的服务与管理，形成了上海家庭寄养服务管理的三级模式。见图 8-2-1。

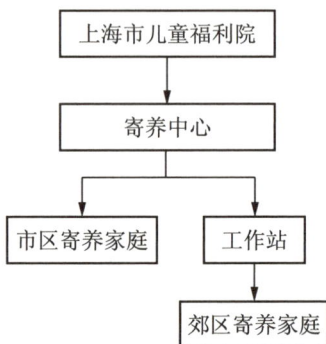

```
        ┌─────────────────┐
        │  上海市儿童福利院  │
        └────────┬────────┘
                 ↓
           ┌──────────┐
           │  寄养中心  │
           └────┬─────┘
          ┌─────┴──────┐
          ↓            ↓
    ┌──────────┐  ┌────────┐
    │ 市区寄养家庭 │  │ 工作站  │
    └──────────┘  └───┬────┘
                      ↓
                ┌──────────┐
                │ 郊区寄养家庭 │
                └──────────┘
```

图 8-2-1　家庭寄养管理架构

2014 年以后，随着家庭寄养进入存量消化阶段，为更好履行、实现上海市儿童福利院对寄养儿童监护的主体责任，工作站不断调整、完善服务管理模式，逐渐形成社工督导统筹、寄养社工对应的工作机制，逐渐把上海市儿童福利院的监管服务下沉，提高对工作站家庭的直接服务管理力度，在发挥工作站服务更具时效性、资源协调更具便利性的基础上，把上海市儿童福利院的专业服务更多地向寄养儿童和寄养家庭辐射。

（三）工作机制

1. 家庭寄养工作流程

家庭寄养工作流程是寄养项目开展的机制保障，依民政部《家庭寄养管理办法》，上海孤弃儿童家庭寄养业务流程不断细化、完善，形成了寄养关系建立、寄养关系维护、寄养关系终止三大流程模块，覆盖了孤弃儿童家庭寄养的全过程。

寄养关系建立：上海市儿童福利院寄养中心接受社会家庭的寄养申请，并根据合格寄养家庭标准对申请家庭进行筛选、调访和评价，初定合格寄养家庭名单；同时对拟寄养儿童进行综合评估，确定准备寄养儿童名单。之后，组织合格寄养家庭进行培训（图 8-2-2a），落实合格寄养家庭和准备寄养儿童配对，经逐级审批至院领导同意后，由寄养中心组织安排签订试寄养合同（图 8-2-2b），建立家庭寄养关系。

a 寄养家长培训材料   b 家庭寄养试寄养合同

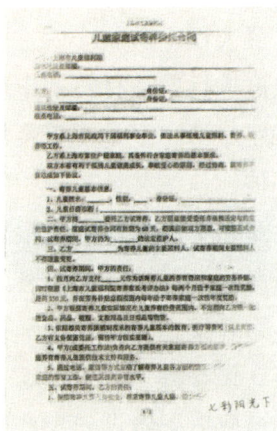

图 8-2-2 家庭寄养实务与研究工作

寄养关系维护：寄养期间，分管社工通过电话访问和家访、校访等形式进行寄养家庭服务评价及跟踪，落实对寄养儿童的监护，同时通过社工、心理、医护、康复、保育等专业介入给予寄养家庭和寄养儿童以服务与支持。每年对寄养儿童和寄养家庭进行综合评估，以确定是否继续保持寄养关系。

寄养关系终止：寄养关系因故终止，分管社工要及时介入，确认终止后对儿童和家庭提供心理疏导和支持，并妥善安置寄养儿童。近年来随着寄养儿童逐渐长大，上海市儿童福利院开始探索寄养儿童成年社会安置、成年转院安置等工作制度和机制，最大程度地保障儿童权益，维护儿童来之不易的情感维系。

2. 家庭寄养评估

评估是家庭寄养工作的重点，更是重心，它是寄养关系建立、维系乃至终止再安置的重要依据，是发现问题、明晰需求、实施干预、保障儿童权益的基础。横向维度包括寄养家庭评估和寄养儿童评估，纵向维度包括寄养前评估、寄养中评估和寄养终止评估。两个评估维度相互交织构成了家庭寄养评估体系。

寄养安置前评估需把好寄养入口关,让合适的孩子进入合适的家庭:寄养前评估是重建孤弃儿童亲子关系的重要一步,以"严格、谨慎,最大程度避免今后寄养关系破裂"为原则。实践中对办理登记申请的家庭进行申请材料初审和实地上门评估,从资格评价和能力评价两方面确定申请家庭是否符合寄养家庭准入标准。对准寄养儿童开展院内综合评估,包括儿童护理、照料、医疗、康复、教育等方面,并确定可寄养儿童名单。寄养中心根据可寄养儿童名单,依现有评估通过的申请家庭情况,针对性评估筛选适合的儿童安排家庭寄养。

寄养安置中评估需坚持需求和问题导向,寄养期分为试寄养和正式寄养。试寄养期为 60 天,结束前由分管社工对寄养家庭与寄养儿童融合及适应情况做进一步评估和评价,确定是否继续寄养关系。在正式寄养期,一年进行两次评估,分别是寄养儿童年度综合评估和寄养家长照料能力综合评估。通过对寄养儿童年度综合评估,全面了解寄养儿童的健康状况、生活状况、人际交往、学习情况、社会实践等,掌握寄养儿童的实际需求与困难;通过对寄养家庭年度评估,掌握寄养家庭成员变动情况、寄养基本条件是否符合寄养标准、家庭对儿童的日常生活照料能力、学习教育、道德培养、能力锻炼等情况,同时通过评估掌握寄养家庭在实际养育过程中遇到的困难与需求等。通过对儿童和家庭评估,发现问题并回应需求,对不符合寄养标准且无法整改的情况,提出儿童终止寄养再安置建议。

寄养安置终止评估需做好分类评估,为儿童再安置提供依据。寄养安置终止评估包括家庭不符合条件的终止评估、儿童不符合条件的终止评估及儿童成年安置终止评估等。家庭不符合条件需重点做好儿童评估,确定儿童是否适合继续寄养以便确定转家庭寄养安置或回院机构安置;儿童不符合条件需做好寄养家庭是否继续符合寄养标准评估,确定其是否可以进入合格寄养家庭库;儿童成年安置评估关系儿童今后的安置去向,对儿童的人生有重大影响,在社工评估基础上需结合第三方评估,如智力与社会适应能力测试、民事行为能力鉴定等,以确定成年寄养儿童社会安置抑或机构集中养育。

（四）家庭寄养服务模式

家庭寄养旨在通过家庭环境重建，更好地满足孤弃儿童成长需求，促进其身心健康成长，实现家庭回归和社会融入，需求导向是家庭寄养服务模式的出发点和落脚点。寄养儿童身心特点延伸出的成长需求，决定了家庭寄养服务模式必须涵盖"养、治、康、教、置、社"。上海孤弃儿童家庭寄养工作经过多年实务实践，特别是随着社会工作专业介入及家庭寄养社工专业化发展，提炼并形成了家庭寄养"社工＋"服务模式。

家庭寄养"社工＋"服务模式，以寄养儿童需求为本，以部门内资源、院内资源、社会资源为面，以社工＋医疗、社工＋教育、社工＋康复、社工＋养育护理为脉，形成资源整合下的寄养社工服务模式。模式确定了社工在寄养服务中的主体地位和主导作用，社工服务成为陪伴寄养儿童成长的主线，为寄养的需求满足链接各类资源。见图8-2-3。

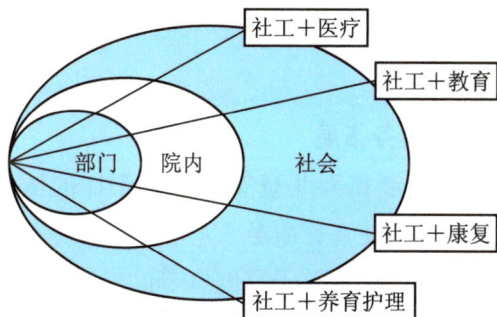

图8-2-3　社工＋服务模式

部门内资源连接：寄养中心多专业相结合综合性团队建设为社工连接部门资源提供保障。一对一个案化管理使社工能够及时发现儿童的需求，进而寻求部门医、教、康等专业人员的介入和服务，使得资源连接更具时效性和便利性。同时作为部门内成员，各专业协同配合更容易，且对服务对象的情况更了解、更熟悉，其服务提供更有针对性。

院内资源连接：儿童福利机构作为孤弃儿童的抚育主体，具有完备的专业服务体系，具备较强的专业服务能力。上海市儿童福利院寄养中心在寄养儿童服务中，尤其是在社会资源和力量相对薄弱的特殊教育和康复服务上，积极整合院内资源，强化院内资源辐射。寄养工作站中补充式教育项目的开设，通过院内特教资源的辐射为寄养儿童特教提供服务支持和送教服务，实现寄养儿童教育全覆盖；与康复中心合作探索家庭寄养儿童康复新模式，充分利用院内康复资源实现对寄养儿童分类康复干预，形成手术康复干预、矫形支具辅具配置、家庭康复指导、康复培训以及直接康复介入等康复工作机制。

社会资源连接：家庭寄养是社会福利社会化的积极探索，家庭寄养平台让社会更多人认识和了解了孤弃儿童，社会资源连接在更大范围、更深层次上回应了寄养儿童的成长需求。上海市儿童福利院自家庭寄养项目开展初期就着力打造家庭寄养社会支持网络体系，上海市慈善基金会的经费支持、上海驻外领事馆夫人团的康复器材捐赠、上海市科学育儿基地的儿童抚育指导、上海市儿童医院的医疗支持、寄养当地学校的教育支持以及各爱心组织和社会团体的专业介入等，为寄养儿童的健康成长保驾护航。

（五）课题研究与实务拓展

上海是全国最早开展孤弃儿童家庭寄养工作的城市之一，随着家庭寄养工作深入开展，为使寄养服务重心和重点能够更切合儿童因成长而不断变化的需求，适应国家关于家庭寄养的新政策、新要求，上海市儿童福利院寄养中心以课题研究为抓手，明晰需求、探索趋势、拓展实务，保障寄养工作平稳有序开展。2012 年开展《上海孤残儿童家庭寄养融合现状及对策研究》课题，并在《中国民康医学》上发表（图 8-2-4a），课题聚焦寄养儿童社会融合现状、需求和对策，探索社工专业在寄养儿童社会融合中的干预路径，并以课题成果为依据成立了"跨越彩虹桥"成年寄养儿童社会融合系列干预小组（图 8-2-4b）。2016 年开展《上海家庭寄养发展趋势及实务对策探究》课题，在儿童福利机构弃婴收养数量逐年减少、残疾程度逐渐增大以及寄养政策日益严格的背景下，探索上海家庭寄养发展趋势、业务重心和实务重点，确定了上海家庭寄养优化增量、消化存量的发展原则，明确了业务重心向寄养工作站家庭转移、向脱离寄养安置转移的趋势，并依据课题成果积极调整实务工作，如建立社工督导统筹、寄养社工对应的工作站服务下沉模式，细化脱离寄养安置类型和评估分类等。

a 课题发表 　　　　　b "跨越彩虹桥"小组

图 8-2-4　家庭寄养实务与研究工作

二、家庭寄养成效与挑战

家庭寄养项目开展至今，在儿童、家庭、社会三个层面都取得了显著成效，不仅促进了儿童健康成长和家庭幸福，更推动了社会制度创新和文明进步。但另一方面，随着家庭寄养工作深入开展以及孤弃儿童群体特征的变化，家庭寄养的风险也日益引发重视。

（一）家庭寄养的成效

1. 促进寄养儿童身心健康成长和寄养家庭幸福

家庭寄养体现了"以儿童为中心"的孤残儿童照顾理念，寄养儿童在家庭中得到了较好的照顾，在生理、心理以及社会发展等方面都有很大进步。首先，稳定的家庭环境、父母亲情和家庭成员的关爱淡化了寄养儿童作为孤儿、弃婴的"个人"属性，强化了其作为"人"的社会属性，促进了其角色认知正常化。其次，充分的家庭和社会生活参与，加之家长有意识的培养和锻炼，使儿童社会适应能力得到极大提高，情、能、智得到更好开发。华东师范大学曾凡林、昝飞等专家学者通过寄养前后儿童在社会适应能力、心理发展等方面的对比研究，验证了家庭寄养在儿童成长方面较儿童福利机构集中养育具有显著优势。上海家庭寄养项目开展至今，已有100余名儿童成功考入大中专院校，其中不乏上海海事大学、上海工程技术大学等本科高校，在实践层面也凸显了家庭寄养的优势。

家庭寄养具有双重作用，既对寄养儿童的心理发展具有积极意义，又丰富了寄养家庭的生活，促进了家庭幸福。寄养儿童的加入为寄养家庭增添了更多生气和乐趣，寄养家长也重温了为人父、为人母的天伦之乐。寄养父母的无私付出，寄养儿童的健康成长和真心回报促进了寄养家庭和谐、幸福。

2. 拓宽孤弃儿童回归家庭和主流社会的路径，实现更多孤弃儿童的家庭与社会回归

家庭寄养项目使孤弃儿童回归家庭和社会之路不再仅限于收养，且家庭寄养中政府的托底保障及广泛的社会支持，大大缓解了家庭养育残疾儿童的顾虑和压力，使更多社会家庭参与到寄养工作中，也让更多身患残疾的儿童拥有了走进家庭、融入社会的希望和机会。同时，正常的家庭生活和社会参与，促进了寄养儿童社会适应能力和自立能力的提升，因家庭寄养所重建的各类社会关系也成为他们今后独立于社会的助力，为他们成年后更好融入社会提供了有力支撑。上海家庭寄养项目开展至今，已有1000余名孤弃儿童受益于此项目，拥有了家庭，享有了正常的家庭和社会生活；近400名寄养儿童成功被国内外家庭收养，拥有了自己真正意义上的家庭；超过80名寄养儿童成年后进入社会安置，成为了一名自食其力的社会人，实现了真正意义上的主流社会回归。

3. 创新孤弃儿童养育模式，引领家庭寄养工作普及和专业化发展

上海家庭寄养项目在全国率先突破了孤弃儿童机构集中养育模式，

开创了以儿童需求为本的家庭寄养模式。2000年和2002年上海组织召开了两次全国家庭寄养研讨会，推动了社会各界对家庭寄养工作的认识和认可，并把家庭寄养的理念、方法、模式推向全国，上海市儿童福利院开创的城市家庭寄养模式被民政部称为"上海模式"并广为宣传，成为全国儿童福利机构开展和推广家庭寄养工作的典范。

随着家庭寄养工作日趋完善、规范，上海市儿童福利院积极探索家庭寄养工作专业化发展，在全国率先引入社会工作专业和专业社会工作者，并积极把社会工作的专业理念、方法、技巧融入家庭寄养实务工作中，引领了家庭寄养社会工作专业化发展之路，并多次在全国性会议和论坛上进行经验分享，为其他省市家庭寄养专业化发展提供参考。

4. 推动孤弃儿童福利事业社会化发展和社会文明进步

上海家庭寄养项目通过积极引导社会力量参与，有效推动了孤弃儿童福利事业社会化发展。家庭寄养不仅让孤弃儿童走进家庭，享有亲情，更通过项目平台引发社会各界对孤弃儿童福利事业的参与和支持。广大爱心市民对家庭寄养的热情参与，家庭寄养多元化社会支持网络体系的建立，以及家庭寄养三级服务管理模式中工作站的介入等，都是社会关爱孤弃儿童、参与孤弃儿童福利事业的具体表现，也是孤弃儿童福利事业社会化发展的集中体现。另一方面，越来越多社会力量的广泛参与，不仅推动了儿童福利事业社会化发展，更推动了社会精神文明进步，各种社会爱心资源通过家庭寄养平台得到有效整合，推动了寄养当地的精神文明建设。

（二）家庭寄养的挑战

1. 寄养儿童监护风险

家庭寄养"替代性"亲子关系和院外家庭养育模式，对儿童福利机构落实监护责任提出更高要求。实践中，儿童福利机构是儿童监护的最终责任主体，寄养家庭是儿童监护的直接实施主体，儿童福利机构通过协议约定对寄养家长培训、督导、支持和对寄养儿童直接服务，实现监护责任的落实。责任主体和实施主体分离使得寄养儿童监护较儿童福利机构内儿童存在更多风险，且因寄养儿童"孤弃"的身心特点，相较正常有家儿童，寄养家庭也有着更多监护压力。因此，家庭寄养工作需从寄养家庭准入评估、寄养协议责权约定、寄养家长培训督导、儿童福利机构直接服务等方面着手，不断完善寄养家庭评估和准入机制，明确寄养各方的权利责任，提高寄养家长的责任意识和监护实施能力，强化儿童福利机构对寄养儿童的探访监护等，以最大程度降低寄养儿童监护风险。

2. **家庭寄养分离挑战**

寄养关系的"临时性"决定了分离成为大概率事件，除少量寄养家庭收养儿童外，绝大部分儿童都会面临寄养分离。一是政策性分离，如寄养儿童成年、寄养家长超龄等；二是中止性分离，如家庭变故、儿童救治等。无论何种类型的分离，都会对寄养儿童和寄养家庭的情感产生冲击，给寄养儿童再安置带来挑战。上海家庭寄养工作始于1997年，近年来随着寄养工作日益完善，中止性分离相对减少，政策性成年安置分离成为主要类型家庭寄养分离面临的挑战除了情感难以割舍，还有不当安置预期带来的落差不适，部分儿童社会适应能力不足以及少量寄养家长对成年安置过渡干预等。因此，家庭寄养工作应对寄养分离有充分的预期和预判，一方面做好政策宣教，引导寄养儿童和寄养家长形成正确预期；另一方面是强化专业介入，紧抓儿童需求开展社工个案、小组等专业干预，协助寄养家长和寄养儿童适应分离再安置。

3. **家庭寄养优势危机**

家庭寄养在促进孤弃儿童身心健康成长方面发挥了积极的作用，但近年来随着我国儿童福利事业的不断发展以及国家投入不断加大，儿童福利机构的软硬件水平有了大幅提升，并在孤弃儿童精细化照料、亲情化抚育方面都有了较大幅度提升。其次，随着进入儿童福利机构儿童的残疾程度越来越高，儿童养、治、康、教需求逐渐增大，专业化照料要求不断提高，现有家庭寄养模式相对机构养育缺少比较优势。在普惠型儿童福利到来的新时代，家庭寄养工作如何更好地体现孤弃儿童抚育优势，实现可持续性发展值得思考。

　　家，是儿童健康成长的最好环境，家庭寄养通过构建替代性亲子关系为孤弃儿童提供了正常的家庭成长环境，在促进儿童健康成长、拓宽儿童融入社会路径、推动儿童福利社会化发展等方面具有重要且积极的意义，虽然在发展中面临着一些风险和挑战，但我们应该坚持家庭福利是儿童最好福利的理念，尽最大努力为孩子们重建家庭，帮他们更好地融入社会。

第九章　12—18岁：特殊儿童发展趋全面

特殊儿童闯过了风暴期的历练，迈进了青春期，继续经历修炼，羽化丰满羽翼。上海市儿童福利院针对这一个时期的特殊儿童提出了全人教育、全人发展、全面服务的探索，除了用知识技能武装孤弃儿童以外，还开展社会工作专业工作方法，由社工大哥哥大姐姐引导他们走过"青苹果乐园"，使他们经历苦涩后收获果实。

第一节　儿童福利机构内全人教育的探索

一、全人教育的理念及发展趋势

全人教育（holistic education），是一种整合以往"以社会为本"与"以人为本"两种教育观点，形成既重视社会价值，又重视人的价值的教育新理念。这是一种理想的教育观念，也是教育家的一种理想追求。全人教育首先是人之为人的教育；其次是传授知识的教育；最后是和谐发展心智，以形成健全人格的教育。就其教育目的而言，全人教育把教育目标定位为：在健全人格的基础上，促进学生的全面发展，让个体生命的潜能得到自由、充分、全面、和谐、持续的发展。简言之，全人教育的目的就是培养学生成为有道德、有知识、有能力，和谐发展的"全人"。

全人教育，从时间上看，为终身教育，即幼儿、家庭、少年、成年和老年教育；从空间上看，为学校、家庭、社会还有其他各种非正式教育；从认知范围看，是多元智能的全面发展，即音乐、身体运觉、逻辑数学、语言、空间、人际、自我认知、自然观察、存在智能全面发展的教育。

全人教育的理念是强调教育的范畴应该是整体性的、全面性的，同时考虑受教育者的发展学习需要与顺序，这样培养出来的学习者才能在心智及体魄等方面得到健全均衡的发展。换句话说，也就是要让学习者不仅学习到各种知识，还要接受道德与正确的生命价值观念，并且启发他们学以致用，使他们具备相关知识以迎接现实社会的种种考验，更重要的是使他们拥有追求"真、善、美"的人生目标，在这样的基础上，将来他们就会懂得如何走正确的路、做正确的事，如何面对生活中的危机并将其转成正面的机会，成为一个堂堂正正的人，愿意服务大众、贡献社会。所以全人教育并不偏重某一特殊领域，而是讲求全面的、均衡的身心健康发展，跟一般的"新"教育理念不同。

只有全人教育才可以真正地让学生充分发挥潜能。正确的教育，必须从做人处事的整体面去考虑与施教，这是仅着重传授技术与知识所无法比拟的。这虽是最传统的，但同时也是最科学、最先进的教育理念。

上海市儿童福利院启心学校一直秉持着全人教育理念，强调特殊儿童具有各种发展潜能，充分尊重特殊儿童的完整人格，提供他们探究身心潜能的机会，兼重思考与操作、观念与实践、分工与合作、欣赏与创作的学习过程。并在此基础上，对全人教育理念的核心与内涵加以界定，结合儿童福利院特殊儿童的特点，衍生出平等、自立、互融、共享等教育理念。

二、特殊儿童心理特征及需求

（一）特殊儿童的心理特征

儿童的发展是指儿童生理的和心理的一种连续不断的变化过程。这种过程既有量的变化也有质的变化。身体的发展包括身体的正常发育和体质的增强两个方面。心理的发展包括认识的发展、情感的发展、意志的发展和个性心理的发展。影响儿童发展的因素主要包括遗传、成长背景和自我心理三方面。

1. 先天遗传因素

先天因素是儿童心理发展的物质前提。儿童福利院内的特殊儿童大部分为多重残疾类型儿童，他们存在运动障碍、感觉障碍、认知障碍等问题，由于多重残疾类型不是每种障碍的简单叠加，且他们认知能力较低，对外界的感受狭隘，各方面发展不协调，所以为他们之后的心理发展带来困难。

2. 成长背景

儿童福利院特殊儿童的成长背景较为复杂，有些特殊儿童从很小的时候开始生活在儿童福利机构，机构集体养育的模式相对封闭，会给特殊儿童的心理发展带来一些影响。有些特殊儿童原先有自己的家庭，后被家庭遗弃，他们来自不同的家庭，而每个家庭又不尽相同，不同的家庭背景铸成了孩子不同的个性特征，有些家庭对儿童产生了深远的负面影响，给儿童的心理造成了巨大的伤害，也成为儿童心理发展的一个重大障碍。

3. 自我心理

随着心理的成熟，特殊儿童在内心世界有许多复杂的事情要考虑。其中特殊儿童最关心的是对"自我的认识"，即怎样认清自己的行为、性格及心理上的表现。在快速成长的过程中，他们时时刻刻都要去摸索自己"心理上的肖像"，即去发觉自己的性格如何，自己在别人眼中的印象，自己的兴趣及志向在何处，将来会成为一个什么样的人等。他们因对成长变化的自我肖像常摸索不清而感到烦恼，同时也对别人的批评与反映极为敏感，只要稍微被人批评就反应强烈。如何正确认识自己，并增强自己的信心，是特殊儿童常常遇到的内心顾虑，这种内心的顾虑也给他们带来较多的心理问题。

特殊儿童的心理特征在生活、学习的方方面面都有所表现，具体表现为：

（1）情绪问题：焦虑、抑郁、烦闷、敏感、自卑、多疑等。情绪波动强烈，容易被一件事情引起不相对应的情绪反应。对外界事物反应淡漠、爱生闷气或表现为脾气暴躁、易冲动、意志力差；负面情感感受强烈，只能听表扬，不能听批评，自己只能比别人强，别人不能超过自己，否则就要闹脾气，恨别人，甚至愤怒。尤其在面对挫折时缺乏正确对待和解决问题的能力，因此他们会采用攻击性行为或重复性行为来掩饰挫折，幻想逃避现实。

（2）学习问题：厌学、成绩不佳、学习困难，注意力无法集中，不能专注听讲，常常会被别的声音、鲜艳色彩、新鲜的事物所吸引，容易分心做小动作，对自己的现状不满和不恰当地进行比较，不能专注地完成一件事。

（3）行为问题：一切以自我为中心，只关心自己的需要和利益，强调自己的感受，漠视他人。看到自己喜欢的东西不经别人同意就占为己有，别人不给还会出现抢夺行为，甚至偷窃行为，无法自我约束与控制，行事冲动、我行我素，爱发脾气和抱怨，乱喊乱叫，无理取闹，无视组织纪律，个别儿童甚至会出现不良行为以及反社会行为。

（4）人际交往问题：他们渴望进行社会交往，发展亲密的伙伴关系。但是，在日常生活中他们常常以自我为中心，过分注意他人的评价，无法做到良好沟通，因此很难与他人产生良好的人际关系。

（二）特殊儿童的心理需求

特殊儿童的生理和心理缺陷，妨碍了他们以正常的方式或速度学习与发展。特殊儿童的个体间差异和个体内差异明显大于普通儿童。特殊儿童独特的身心特点，造成其与普通儿童群体间的巨大差异，群体间的差异在广度上表现在认知、情感、意志、个性心理倾向与特征等各个方面，在深度上表现为其某一或某些心理或生理属性处于正态分布的两个极端。

特殊儿童在各方面都存在较多的问题，在生理方面存在身体状况长期不佳，患重大疾病、慢性疾病，体质特别差，生理动作发展明显迟缓，感觉统合有问题等问题。在感官动作方面存在严重视力问题，经常揉眼睛，看东西会眯眼睛或贴课本或桌面贴得很近，发音不清楚或声调不对，常要别人大声说话，经常会跌倒或碰撞东西，手部精细动作、粗大动作差，体能不佳，协调度差等问题。在口语能力方面存在口语能力表达差，无法与老师或同学沟通，不会主动表达自己的需求，经常重复简单的词汇或短句，听话理解能力差、常抓不到老师或同学说话的重点，不喜欢听人讲解，听课没有自己看书学习时专心，说话不清楚、不太能和别人闲谈，不太能接续别人的话题等问题。在学习表现方面存在学习表现起伏很大，拼音学习难度大，不会认字或认的字很少，无法阅读课本或阅读不流畅，无法理解课文大意或阅读内容的重点，无法造词、造句，写字困难或听写有困难、写不出句子，不会分类，如依据颜色、大小或形状等性质分类，会加减乘除运算但不会解应用问题，学过小数、分数，但没有概念等问题。在学习能力方面存在学习速度缓慢，记忆力差、注意力差、不易持续任何活动，组织力差、说话或做事显得凌乱、没有重点与组织，理解能力差、常弄不清楚抽象或较复杂的符号或词汇，学习能力在不同事物上表现差异很大，在某些科目或事物上表现得特别好等问题。在个人生活适应方面存在脏乱、无法维持个人卫生，不会自行穿脱衣服，不会自行上厕所，会遗尿或大便在裤子上，应变能力差，经常不会随着情境调整自己的行为或态度，经常遗失个人物品，对于环境不预期的变化（如调课、换座位）会有明显不适应的反应等问题。在团体生活方面存在上课经常没有反应、呆坐，上课会乱出声、走动或作弄别人而影响教室学习，无法参与团体活动（游戏、比赛），爱顶嘴，霸道，经常要别人让他，不能忍受同学的不一样或打扰等问题。在行为情绪适应方面存在情绪表达不适当、和情境不合，退缩、胆子很小、脾气很大，经常会生很大的脾气、骂人，经常攻击同学或破坏物品，一不满意就会哭闹不停，更容易紧张、焦虑，经常重复相同的动作、发出相同的声音等问题。

面对这些问题，特殊儿童无法自行解决，因而在心理上，他们渴望被关注、被尊重、被信任和肯定。他们需要情感的归属，因此我们要帮助特殊儿童更好地适应环境，调节自身，让他们最大可能地、多方面地提升自我能力；要以特殊儿童为主体，让特殊儿童循序渐进地通过行为训练，体现心理教育的参与性、激励性、趣味性和可操作性。心理素质的提高和良好的心理素质的形成是一个习得的过程，心理教育要通过一系列活动，包括心理训练、问题辨析、情景设计、角色扮演、游戏辅导等，使特殊儿童增加心理体验，获得经验，引导其树立积极的人生态度，促进其人格的健全发展。

不同年龄的特殊儿童有不同的心理特点，不同年龄阶段有不同的发展任务，心理行为不是知与不知、懂与不懂的问题，而是会与不会、信与不信、做与不做的问题。因此在教学过程中，需要使不同年龄段的特殊儿童完成在学习能力、社会适应、人际关系、自我管理、品德培养五大方面的不同目标，以此培养其良好的心理素质，提高其心理机能，充分发挥其心理潜能，进而促进其整体素质提高和个性发展。见表9-1-1。

表 9-1-1　儿童发展任务表

内容 年级	学习能力	社会适应	人际关系	自我管理	品德培养
1—3 年级	感知 辨认 观察 注意听讲	认路 整理 保健 饮食 玩耍 遵守	亲近 分享 诚实 交友 帮助 尊重	礼貌 自控 自理 自信 自觉 自爱	关心 爱护 珍惜 勇敢 坚强 环保
4—6 年级	计算 思维 思考 表达 想象	健体 躲避 节俭 做事 娱乐	谦让 沟通 原谅 合群 合作 礼仪	自律自立 自我评价 自我调节 自我控制 自我提高	利他 真诚 感谢 忍耐 坚持 角色扮演
7—9 年级	判断 归因 乐观 等待 心理调控	安排 宣泄 放弃 克制 适应 助人 竞争	配合 接受 同情 理解 守信 宽容 换位思考	自省 自信 自我接纳 自尊自强 自我暗示 自我实现 学会心理防卫	体贴 负责 独立 豁达 进取 做人 应对困难

注：参考自《心理发展》，并根据学生情况加以修改。

第二节　特殊儿童健全人格的塑造与培养

　　人格是在遗传与环境的交互作用下逐渐形成的。影响人格的因素有生物遗传、社会文化、家庭环境、早期童年经验、学校教育、自然物理以及自我调控七大因素。其中，教师对学生人格的发展具有指导定向作用，而同伴群体对学生人格具有巨大的影响。

　　健全人格应具有良好的认知、良好的情绪状态和良好的意志品质。研究表明，人格在压力事件与心理健康之间发挥中介变量的作用。个体对待生活的总体倾向和态度，会影响其在生活事件中的取舍，最终影响其生理反应和心理健康。人的主观能动性使其能积极调整世界观以及对人生的态度和信念，从而采取积极的方式和有效的应激机制去适应变化中的环境。

　　因此，健全人格的培养与塑造对特殊儿童具有十分重要的意义，它有利于特殊儿童成长中的身心健康，有助于和谐社会的构建即特殊儿童和谐心理及和谐行为的建设，是当前素质教育理论在德育中的体现。上海市儿童福利院启心学校在对特殊儿童健全人格的塑造和培养上做了以下几点。

（一）尊重特殊儿童人格，因势利导

　　尊重特殊儿童的人格是培养和塑造健全人格的前提。因此，启心学校教师从实际出发，正确处理好特殊儿童的个体间差异，针对他们表现出的各处不同的能力天赋，因势利导，因材施教，使其个性得到发展。

　　2018 年启心学校在华东师范大学学前与特教学院的牵头带领下，在华师大教授昝飞及其他辅读学校教研员的共同指导下，开展了为期三年的课题《上海市辅读学校生活课程教材建设及校本化实施研究》。该课题以特殊儿童生活为核心，给特殊儿童构建了初步的家庭关系与家庭生活概念，充分利用现有资源，重现真实生活状况，帮助特殊儿童建立个人与家庭、个人与社会的关系，将个人生活、家庭生活、学校生活与社会生活的内容有机整合。培养他们的生活适应能力，提高他们的生活质量，关注他们的生活适应性和可持续发展，围绕他们自身的现实生活需求以及社会发展对他们自立生活提出的要求，构建培养目标体系。该课程有利于特殊儿童形成解决自身生活问题的能力，提高生活质量，并帮助特殊儿童形成有利于终身发展和适应的生活能力。我们希望通过学习这门学科，使他们掌握基本的生活技能，形成乐观的生活态度和健康的生活方式，从而塑造和培养他们健全的人格。

其次，正确对待特殊儿童人格的缺陷问题。由于特殊儿童自身特殊的认识特点，他们对社会行为准则的实质和意义并不十分理解，往往易出现一些人格障碍问题，但不属于思想品质问题。在对待人格失衡的特殊儿童时，启心学校教师一分为二、区别对待，根据他们在性格、气质等方面的具体再现，首先肯定他们积极、健康的一面，并给予热情鼓励，促其发展。其次找准消极的一面，用爱心、耐心和责任心帮助特殊儿童克服其性格、气质等方面的不良因素。

（二）弘扬榜样力量，树立人格楷模

为特殊儿童树立人格楷模，以榜样的示范作用去塑造特殊儿童的健全人格，可以收到事半功倍的育人效果。

1. 英雄的精神激励

由于特殊儿童自身的生活经验严重不足，他们很自然地会把自己尊敬的人当作楷模来效仿。因此，启心学校十分重视具有高尚人格的英雄人物对特殊儿童的感染作用。如利用每周的国旗下讲话和红领巾广播，介绍英雄人物的革命事迹，歌颂他们自强不息的精神和高深的品质。每年三月，开展学雷锋主题活动月，鼓励特殊儿童从身边的小事做起，助人为乐。通过班会、主题教育等活动在特殊儿童心目中初步树立起"楷模"形象。

2. 教师的言传身教

在楷模示范中，教师往往是特殊儿童竭力崇拜和模仿的最直接的对

象。正如乌申斯基所讲的那样："教师的人格对于年轻心灵的影响是任何教科书、任何奖励、惩罚制度都不能代替的一种教育力量。"在学校，教师是特殊儿童知识的传播者，也是特殊儿童思想品行的塑造者，不仅是特殊儿童生活信心的树立者，也是特殊儿童身心缺陷的矫正者。尤其是在人格塑造方面，教师通过言传身教，把人间的真、善、美传授给特殊儿童，使他们从教师的身上懂得应该做一个什么样的人，怎样做人。当特殊儿童做出有益于学校、有益于他人的事情时，他们会从教师那里获得赞许的目光；当有了过错时，他们会得到教师循循善诱的开导，教师正是以自己深入细致的工作，默默地影响和塑造着特殊儿童的健康人格。可以说，教师的人格影响对特殊儿童来说是最直接、最具现实意义的，能达到"润物细无声"的效果。

3. 伙伴的积极影响

学校中品学兼优以及在能力、性格、气质等方面表现突出的特殊儿童，对其他特殊儿童也能起到潜移默化的影响作用。启心学校大队部的广播站、文明纪律检查队、宣传栏小组成员均由校内特殊儿童组成。他们品学兼优，尽心尽责，充分发挥主人翁精神，参与到学校各种活动中。每学期末，教师会表彰他们一学期来的辛苦工作，组织特别的奖励活动，这对其他特殊儿童来说，看有典型、学有榜样，以此在生活实践中塑造其健全人格。实践证明：越是特殊儿童所熟悉的、身边的先进人物，尤其是那些贴近生活的典型事例，越容易被特殊儿童所接受，从而取得更佳的育人效果。

（三）创设民主气氛，构建师生和谐关系

民主平等、尊师爱生、情感交融、协力合作的和谐师生关系，是实施教育影响的前提。教师只有在教学中与学生平等相处，尊重学生的人格，积极培植和发展学生的自主意识，以自己高尚的道德情操、优良的个性品质，潜移默化地影响和感染学生，以渊博的知识、完美的教学艺术来挖掘学生的潜能，才能促进学生身心和谐，健康地成长。

新课程的教学过程由以前的"灌输中心的教学"转变为"对话中

心的教学"，新的教学方式是师生心与心交流的过程，是师生共同发展的过程。一个宽松和谐的教学氛围的形成，取决于教师的民主意识。心理学家康姆斯和斯耐格对学校学生如何促进学习提了三条建议：第一条提的就是"必须给学生提供一种民主的课堂气氛"。为此，教师对特殊儿童要充满爱心，做到耐心启发，循循善诱，而不是颐指气使，"横挑鼻子，竖挑眼"的。只有给予特殊儿童应有的平等和尊重，他们从心理上接受了教师，才能激发他们潜化的思维意识和创新才能。在课堂教学中，要不断表扬和鼓励，对特殊儿童的点滴进步给予满腔热情的肯定和评价，如"你的想法很好，你还有其他想法吗？""再动动脑筋，你肯定能想得出""××同学的思考很细致，你同意他的看法吗？"等，激励性评价既能使特殊儿童在"成功"的喜悦中充满学习的信心和乐趣，又有利于引导特殊儿童主动质疑，培养特殊儿童独立思考、勇于批判的创新精神。不论什么样的特殊儿童，都能接受情感教育，不论什么教育内容，都可以转化出情感教育的内容。

（四）创设多种活动方式，激发特殊儿童学习情感

活动不仅是理解知识的需要，更是激发特殊儿童生命活力，促进他们成长的需要。根据特殊儿童的身心发展规律，创设他们感兴趣的情境，激发他们的探究活动动力，培养他们的好奇心、求知欲，使特殊儿童通过情境探究活动激"能"、激"趣"、增"知"，从而促进特殊儿童全面发展，培养他们的健全人格。

1. 利用童话、寓言故事感知健全人格的塑造与培养

童话、寓言故事通俗易懂，其中的人物生动活泼、富有童趣，深受特殊儿童喜爱。另外，童话、寓言故事能把现实生活中发生的事和社会所倡导的主流价值观，用具有代表意义的形象（如奥特曼、铁甲小宝等）传递给特殊儿童，使他们开阔视野，丰富情感。启心学校与志愿者团队"故事妈妈"结盟，每月两次为启心学校的特殊儿童讲故事，根据不同年龄阶段特殊儿童的特点，选编培养他们同情心、毅力、乐观向

上、诚实、独立等心理品质的国内外优秀童话、寓言故事，为他们阅读和表演。

2. 在丰富的校园活动中进行健全人格的塑造与培养

为丰富特殊儿童的课余生活，丰富校园文化，陶冶特殊儿童高尚的道德情操，启心学校每年都举行一系列的校园活动，如《中国梦，我的梦》诗歌朗诵比赛，辞旧迎新趣味运动会，《感恩的心》作文比赛等，在活动中提高特殊儿童的科学素养和人文素养，给特殊儿童一个展示自我的舞台。此外，启心学校还积极响应市政府的号召，于2018年9月起开展"手拉手开展垃圾分类，心连心共建绿色校园"系列活动，如文创产品设计大赛，绿色家园绘画比赛，垃圾分类演讲比赛等；还组织特殊儿童开展"保护环境我先行"活动，让特殊儿童走出校园，参观老港固废基地、节能环保园、"垃圾去哪儿"科普实践基地等垃圾分类实践基地。让特殊儿童从身边做起、从自己做起、从小事做起，树立了垃圾分类的意识，养成了环保意识。

3. 在实践活动中深化健全人格的塑造与培养

为让特殊儿童自主地、由内而外地管理自我情绪，让他们学习将自己的情绪始终保持在一种稳定、积极的状态，儿童福利院为特殊儿童开辟了"开心农场"，让他们在农学院教师的专业指导下进行农耕活动。从播种到收获，到在教师的带领下品尝果实，特殊儿童在这一过程中体验劳作的苦与乐，学会分享，学习承担与责任。同时，启心学校于2019年开展《开心农场园艺疗法对特殊儿童情绪管理的探究》课题研究。该课题根据教学内容和特殊儿童的个体差异的需要，寻找适合特殊儿童的园艺课程，开展不同的园艺活动，如：种植、观赏、手工艺品的制作等，让特殊儿童对植物有更深层次的了解，学会欣赏植物的美。在开展园艺活动课程的同时，探究园艺活动对特殊儿童情绪管理的疗效，帮助特殊儿童自我约束，形成稳定、积极、健康的心理。见图9-2-1、图9-2-2。

图 9-2-1　植物播种、浇水

图 9-2-2　了解蔬菜生长过程

　　特殊儿童健全人格的塑造与培养不是一蹴而就的，是需要教师的不懈努力的。教师要怀着一切为了孩子的理念，集结儿童福利机构内各专业，尤其是教育专业的团队力量，采用科学的方法，创设良好的教学环境与氛围，在特教工作中不断探索新思路和新方法，努力塑造出特殊儿童健全高尚的人格。

第三节 儿童福利机构内青春期儿童的社工介入服务

一、青春期儿童的发展要点

儿童福利事业在不断发展和创新的过程中，已经形成了比较完善的机构内特殊儿童照料体系，该体系通过政府力量与社会力量的介入，较好地解决了机构内特殊儿童在生活、医疗、教育、康复等方面的问题，使他们像正常儿童一样健康成长。但是，随着机构内特殊儿童在生理、心理、行为等各方面的成长，青春期的变化逐渐产生，一系列的问题伴随而来。社工如何运用专业工作方法介入青春期儿童，提供专业服务，帮助他们更好地渡过该阶段，将成为今后儿童福利机构的工作重点。

（一）什么是青春期儿童

青春期儿童，顾名思义就是处于青春发育期的儿童，要了解什么是青春期儿童，首先我们需要分别了解青春期与儿童这两个词的含义。

1. 什么是儿童

法律规定如下：1991 年 12 月 29 日第七届全国人民代表大会常务委员会第 23 次会议决定批准中国加入《儿童权利公约》，公约将"儿童"界定为"18 周岁以下的任何人"。而医学界对"儿童"的规定则将 14 岁以下作为医学观察年龄段。根据我国法律《中华人民共和国未成年儿童保护法》以及《联合国儿童权利公约》的规定，"儿童"是指"18 周岁以下的任何人"。

2. 什么是青春期

青春期一般泛指儿童生长发育到成年的过渡时期，一般为 10—20 岁左右。青春期是以性成熟为主的一系列生理、内分泌及心理、行为的突变阶段。青春期的个体正处在"第二次生长发育高峰"，不仅身高、体重、肩宽和骨盆宽等有了明显的变化，而且神经、心血管、呼吸等系统的生理功能也日趋完善，男女两性的性器官和性机能都迅速成熟，男性遗精，女性月经来潮，同时出现"第二性征"。生理上的变化带来了性意识的觉醒，一般地说，女性比男性青春期开始得早，结束得也早。青春期的起始年龄、发育速度、程度及成熟，均有很大的个体差异。

3. 什么是青春期儿童

青春期儿童指 18 周岁以下正处于青春发育期的儿童。该类儿童在这一阶段生理、心理上产生巨大变化，伴随着巨大变化的同时可能产生偷窃、说谎、抑郁、厌学、学习障碍、交友、恋爱等一系列的行为问题。这些问题如果处理不好，将会对问题携带者今后的人生道路产生巨大的负面影响，长时间不治疗还会恶化为一系列心理疾病，并使其走上伤人或者自伤的道路。

（二）青春期儿童的发展特点

青春期对于儿童来说是非常重要的一个阶段，在这一阶段内儿童的发展上会有许多要点，更好地了解这些要点对于更好地解决青春期儿童问题将起到至关重要的作用。伴随着生理上的快速发育，心理上的发育能否及时跟上将是决定一个人青春期发育是否健全的重要标志。青春期儿童心理发育具有以下几个特点：

1. 矛盾性

青春期的孩子很容易产生矛盾心理，青少年在青春期的发育期间，面对自己的外形变化，生殖器官的变化等，特别容易出现焦虑和不安，既为自己的长大成人而欣喜，又不知道如何应对眼前的情况，从而走进身心失衡的矛盾中。如果不进行适当的心理调节，非常容易对孩子的心理造成负面影响。

2. 倾向性

青春期孩子的个性发展具有属于他们特有的、明显的倾向性，对于青春期的孩子来说，在精神方面，青春期的孩子更想得到家长、老师的认可和尊重，对未来充满渴望；在物质方面，他们不再像小时候满足于吃饱穿暖，而是开始讲究时髦，攀比，害怕落于人后。由于青春期是一个过渡时期、发展时期、变化时期、负重时期、反抗时期，存在着太多的不确定因素，所以孩子的动机也变得复杂起来。

3. 自主性

青春期的孩子强烈希望挣脱父母的束缚，他们正处在心理上的断乳期，他们的自我意识明显加强，在心理和行为上表现出强烈的自主性，迫切希望从父母的束缚中解放出来，开始尝试脱离父母的保护和管理，更多地追求自我决定的权利。

4. 自尊性

青春期的孩子渴望获得别人的尊重，对于青春期的孩子而言，他们感觉自己已经长大成人了，更渴望得到别人的尊重。他们会通过自己一系列的行为来获取别人的尊重，比如有的孩子由于受自尊心的驱使，对自我形象很关心，既注意自己的仪表，又注意同学们的评价，经常向别人打听同学们对自己的看法；有的孩子受班级的委托办一件事情，但没有办好，后来用种种借口来掩饰自己的弱点和缺点，说自己这次失败是客观造成的等，这些都是自尊心的表现。

5. 求同性

青春期的孩子更喜欢和"同类"交往，不愿意与自己的父母沟通，而更愿意与自己的好朋友相处。其实，这是许多青春期孩子都具备的"求同性"在作怪。青春期的孩子大都害怕被孤立，希望有知心朋友，并且他们觉得同学之间、朋友之间更加了解，是"同类"，不像父母，动不动就处在对立面。

6. 极端性

青春期的孩子更容易出现极端行为，他们思想活跃，性格敏感，控制力差；易走极端却又不善于自我调节，敢作敢为又盲目冲动，一旦受挫就无法承受，这些心理特点都易使青春期的孩子情绪波动大。他们既渴望被人理解又不愿意敞开心扉，有些孩子在遭遇挫折、冤枉的时候，会出现一系列极端行为，例如自虐、自残、离家出走等。

（三）机构内青春期特殊儿童特点

上海市儿童福利院尝试通过运用专业社工力量，针对机构内青春期特殊儿童的就学、心理发育、行为规范等问题，建立一套成熟的、有效的社工介入方法，帮助这批长期在儿童福利机构内生活的特殊儿童平稳地度过青春期，发现自己的个性特征，形成自己的价值观，建立成熟、互相依赖的友谊和爱情关系。但是社工在工作过程中明显发现，在专业社工服务介入之后，服务效果上的个体差异性相当明显，不同的儿童所取得的效果也大相径庭，这是由机构内青春期特殊儿童不同的特点所导致的。

1. 多样性

相较于传统家庭中的青春期儿童，机构内的青春期儿童存在多样性的特点。以上海市儿童福利院学生部为例，该部门服务对象为初中学生直至成年社会安置儿童，目前共有43名服务对象，其中27名为男性，16名为女性。在这些服务对象中，年龄最大的为26岁，最小的为13岁，年龄跨度极大；他们的身体状况也多种多样，除正常儿童外，有聋哑、视力障碍、先天愚型、地中海贫血、两性畸形、脑瘫等多种疾病，类型跨度极大。

2. 早熟性

相比较于一般家庭中的青春期儿童，机构内青春期儿童的自我意识在觉醒速度上要大大快于家庭中的青春期儿童，具有早熟性的特点，这是由机构内青春期儿童的特殊性所造成的。青春期孩子身体状态的巨变推动了他们自我意识的觉醒，孩子在这个时期似乎一下子从一个儿童变成了一个成人，对自我出现了空前的关注，他们不再愿意被动地做一个适应者、服从者、模仿者以及执行者，而是开始力求成为一个探索者、发现者与选择者。机构内的青春期儿童由于人生经历比较复杂，都有遭受亲人遗弃的经历，有的甚至多次遭受遗弃；有的儿童进入机构时年龄较大、早期自我意识基本成型，所以他们自我意识觉醒的速度上要大大快于一般家庭中的孩子。

3. 独立性

相比较于一般家庭中的青春期儿童，机构内的青春期儿童具有独立性的特点。计划生育政策的实施，以及当代年轻人晚婚晚育的倾向性，使得一般家庭中的儿童通常面对的是一对多的生活环境，这让他们容易被父母长辈们视为掌上明珠，在成长过程中几乎可以完全不靠自己就能健康快乐成长。而在儿童福利机构中生活的儿童，由于机构的特殊性，通常面对的是多对一的生活环境，这样的生活环境使得他们较早地学会穿衣、吃饭、整理床铺、做好个人卫生等一系列生活中的琐事，这也使他们比一般家庭中的儿童更独立，更会自我保护，但同时也更难开展工作。

二、特殊儿童青春期的突出问题

生活在儿童福利机构中的儿童大多是从小被父母遗弃的孤弃儿童，他们是社会上的一个特殊群体。近年来随着儿童福利政策的不断发展和完善，他们得到了政府和社会的许多关爱和支持。但是相比于一般儿童，由于早期家庭环境的缺失、亲情的缺失、儿童福利机构封闭式的环境以及机构集中养育的方式等，机构照料儿童会在生理、心理、学习和生活等方面出现各种各样的问题。进入青春期，受生理、心理变化的影响，如果缺乏适当的引导，机构儿童便容易出现不良和极端的行为问题。机构儿童的健康发展对于社会的发展有着重要的影响，因此他们的问题必须引起社会的高度重视。

（一）特殊儿童青春期的心理问题

1. 心理抑郁

青少年心理问题中最常见的要数青少年心理抑郁问题，机构内特殊儿童的抑郁症状尤其明显。机构内特殊儿童由于自身经历的特殊性，比正常家庭中的孩子更容易产生心理抑郁，并伴随着情绪低落、烦闷、思考能力下降、注意力难集中、记忆减退，失去学习动力、人变"懒"了甚至厌学，以及失眠、全身乏力、食欲不振等症状。部分重度抑郁患者对生活失去希望，容易发生自残行为，甚至轻生行为。

2. 两性困扰

机构内特殊儿童由于外部条件有限，在成长过程中性教育有所缺失，在两性问题上容易产生困扰。青少年性烦恼的产生是由性意识觉醒之后青少年的生理需求与社会行为规范的矛盾所致。青少年性困惑的由来是青少年对自身性发育、性成熟的生理变化产生神奇感及探索心理。社会伦理道德的约束和对性教育的神秘化，常会导致青少年的心理冲突，使他们产生性烦恼与性困扰。他们常认为"性是不好的""手淫对身体是有害的"等，出现对性的消极评价和过度的性压抑。男孩对手淫、遗精等现象的错误认识，以及女孩对月经、性幻想等现象的消极认知和评价，容易造成青少年对两性问题的困扰，甚至演变成为突出的心理问题。

3. 学业压力

对于一般家庭中的青少年来说，学习是日常生活重要的组成部分。机构内特殊儿童也有接受教育的权利，部分残疾儿童在机构内特殊学校就读，部分正常儿童在社区内正常学校就读。在社区学校就读的特殊儿童面临着繁重的学习任务，容易产生沉重的心理压力，甚至发生厌学的情况。他们的思想压力大多来源于他们对学习现状的不满和不恰当的比较，不能接受自己的现状，过分注重结果，而体会不到学习的乐趣。

4. 社交恐惧

随着年龄的增长，独立意识的增强，青少年与社会的交往越来越广泛，他们渴望独立的愿望日益强烈。机构内特殊儿童的生活范围大多局限于机构内部，社交圈比较单一，缺少与社会的经验交流。由于社会交往、发展亲密的伙伴关系是青少年的一种精神需要，因此机构内特殊儿童更容易因为人际关系的压力而烦恼，进而演变为社交恐惧。他们通常表现为自卑、过分注意他人评价、容易受到伤害、虚荣心强、怕丢面子等，又缺乏信心，害怕挫折。尤其是那些性格内向、心理承受能力较弱，而自尊心又极强的特殊儿童，更容易在集体中感到压抑感和孤独感，产生社交恐惧问题。

（二）特殊儿童青春期的行为问题

1. 行为偏差

青春期本就是孩子心理和生理发展变化较为显著的一个时期。而机构内特殊儿童到了青春期后，由于受到周围同辈群体的影响，更容易表现出典型的叛逆心理和集中的行为偏差。长时期的共同生活使得进入这个时期的机构内特殊儿童往往会出现一些相互模仿的行为偏差，如暴力伤害，表现为打架斗殴、欺负年幼同学等；精神性成瘾行为，表现为玩电子游戏机成瘾、网络成瘾、言情小说成瘾等。

2. 极端行为

（1）自虐：青春期的特定心理特点，让儿童在遭遇挫折或冤枉的时候，会出现自虐这种极端行为，如不吃饭，用板子抽打自己，更甚者用刀子自伤等。机构内特殊儿童由于缺乏正常儿童所拥有的社会支持系统，容易出现无处宣泄压力和情绪的情况，此时如不能及时有效介入，则有可能导致自残、自虐等极端行为的出现。

（2）出走：出走是青春期叛逆的一种反应，机构内的集体生活往往容易让青春期的儿童感受到乏味和压力，加之处于这个时期的儿童，有一个显著的特点就是极端性，他们思想活跃，性格敏感，控制力差，易走极端又不善于自我调节，敢作敢为又盲目冲动，一旦受挫就无法承受。这些心理特点使其情绪波动极大，既渴望被人理解又不愿敞开心扉，于是种种烦恼无处倾诉，他们便容易选择出走。

（3）幻想症：青春期的儿童容易出现幻想症，主要原因是自己做不到想做的事情，于是就在思想上走极端，依靠幻想来满足自己的渴望和需求。福利院中许多儿童都容易出现寄情于言情小说、虚拟网络世界等情况，其根源就在于现实中的愿望得不到满足。

（4）早恋：儿童福利机构内的儿童由于从小缺乏家庭照料而难以建立稳定持久的信任关系，这种依赖感的缺失在青春期又会反向表现为极度渴望获得恋爱的满足。用孩子们自己的话说，他们在这一时期的早恋往往"谈的不是爱情，而是寂寞"。另一方面，青春期的儿童遇到这些情感问题时往往不愿意与老师或是其他长者交流，而是喜欢与同龄人沟通，尤其喜欢和异性交流接触，久而久之，两个人之间就容易产生感情。

（5）厌学：儿童福利机构特殊儿童中厌学者不在少数。这虽然与残疾儿童多带有智力障碍有关，但是从其内心来分析，他们认为有政府对其生活加以保障，学习与否并不重要。在社区学校就读的特殊儿童往往也会因为社会适应力差而对学校生活产生厌烦情绪，在学校中不努力学习，或者做出一些扰乱纪律的事情，会引起老师的不满，这种紧张敌对的关系更加剧了儿童的厌学心理，造成恶性循环。

三、社工介入特殊儿童青春期问题的方法

（一）社会工作者在儿童福利机构内扮演的角色及作用

儿童福利作为社会福利的组成部分，有其存在的必要性与普适性。本着助人自助的社会工作专业价值观，儿童福利机构内的社会工作者运用社工专业技巧和方法，为服务对象移除成长障碍，帮助他们恢复、增强和发展社会功能，以促进其更好地融入社会和实现自身发展。近年来，上海市儿童福利院不断尝试找准社工角色定位，持续探索专业社工服务发展模式，从社工发展现状出发，要求社工在服务过程中充当使能者的角色，为服务对象开展全方位的服务，具体工作内容有：

1. 学龄期儿童的个案管理

针对每位学龄期儿童不同的心理及生理特征，开设专门的个案辅导，做到一人一档，服务范围涵盖机构内全部学龄期儿童。社工根据不同的年龄、心理状态对服务对象进行分级管理，通过建立与服务对象长期的专业关系，定期与服务对象进行面谈，为服务对象提供一个稳定的心理依靠和情绪出口，扮演既是社工又是服务对象的大哥哥、大姐姐的角色。

2. 典型问题的个案工作

机构内特殊儿童在其成长过程中总会遭遇种种成长障碍，为此，社

工们根据服务对象心理成长的特点和行为问题的典型表现，针对机构内特殊儿童的特殊行为、厌学、偷窃行为等短期问题，开展个案工作，及时介入，解决问题；针对机构内特殊儿童长期存在的问题开展各类专题拓展活动，深入掌握孩子们的身心特点，采取可行措施引导他们正向发展。

3. 成年孤儿的社会融合

众所周知，如何帮助年满十八周岁的机构特殊儿童顺利完成社会安置，一直是困扰各儿童福利机构的问题。上海市儿童福利院通过开发培训课程，完善培训体系，开设"新起航，心飞翔"社会融合项目以及劳技试点班项目（图9-3-1），为年满18周岁、即将通过社会安置开始独立生活的大龄孤弃儿童开展融合训练，以帮助他们平稳度过从机构集体生活模式到社会独立生活方式的转型。

图 9-3-1　劳技试点班项目

（二）社工介入特殊儿童青春期问题

机构内特殊儿童的社会工作开展需要把特殊儿童始终作为一个独特的个体，在其成长过程中，尽量为其提供适应其认知水平、满足其发展需求的服务方法和内容。针对不同层次的儿童，鼓励和发掘其特定的潜能，寻找其优势，并努力使其达成个人目标，帮助其实现个体价值。近年来，针对机构内特殊儿童所开展的社工服务日益增多，通过服务经验的积累，正逐渐形成针对特殊儿童青春期典型问题的社工介入方法，具体如下：

1. 学习障碍

（1）问题产生的原因

首先，由于机构内环境的特殊性，机构内特殊儿童生活在较为封闭的环境中，由政府负担其生活问题，因此他们很难感受到学习的重要性以及竞争性。机构内特殊儿童所就读的社区学校的学习环境较差，同时院内的学习氛围也不理想，由此导致机构内特殊儿童的学习成绩和热情普遍不高；其次，机构内很多特殊儿童存在智力上的障碍，学习能力较低，当遇到学习障碍时，一旦老师对他们的关注不够，就容易产生厌学情绪。

（2）问题介入的方法

对于这样的特殊儿童，社工不仅要从特殊儿童本身入手，还要深入其所在的环境，比如与学校建立联合帮扶机制，即社工要把帮扶的对象告诉老师，把自己了解到的关于学习障碍儿童的生理和心理问题反映给老师，老师在课余时间对这些特殊儿童进行帮助（如安慰鼓励、支持，学习上优先辅导，不放弃或者歧视这些儿童等）。同时，社工也要积极进行资源链接，通过招募志愿者，为儿童提供学业上的辅导。也可以通过学校老师联系一部分高年级学习成绩较好的同学，每天与这些儿童一起学习，为他们解答疑问。在此基础上，社工应定期为每个孩子提供一对一的心理辅导，进行心理卫生健康教育，提升自信心和沟通能力，缓解消极情绪，促进学习。社工需要根据不同的成因有针对性地实施措施，具体的工作流程如下：

①背景资料搜集（主要包括服务对象的资料、问题等）。

②问题评估。从个案访谈、学校走访等途径中搜集资料，了解服务对象问题的主要表现、问题的成因、严重程度等。

③介入策略。介入之前，先要了解问题的真相、特质症结所在，以及问题对于服务对象的影响。详细认识服务对象的人格、所在环境与

社会关系；了解服务对象本身对于问题的态度和对于自身与社会环境的看法。发现解决问题的助力和阻力，供处理问题时参考。正式介入之后，社工能帮助服务对象达到的目标有：调整心态，树立正确的人生观和学习观，改变其学习的态度，营造良好的学习氛围（图9-3-2）；帮助其习得正确的学习技巧，养成良好的学习习惯和行为；整合志愿者资源（功课课外辅导等），帮助其提升学习成绩，提高自我效能感，提升学习的兴趣；通过学校走访与学校的老师及时沟通，共同监督服务对象学习情况。

图 9-3-2　集体学习

2. 青春期性教育问题

（1）问题产生的原因

青春期是一个从幼稚走向成熟的过渡期，是一个朝气蓬勃、充满活力的时期，同时也是一个变化巨大、面临多种危机的时期。然而当儿童进入青春期后，伴随着生理的变化，其心理问题越来越突出。机构内的特殊儿童与大多数儿童一样，具有自我意识增强、逆反、冲动、爱幻想等心理特征。由于机构内特殊儿童的特殊经历，在青春期特点表现上也有许多与一般儿童不一样的地方。例如，存在自卑心理，不愿与社会接触，朋友很少等。

青春期中，对身体变化的陌生与恐惧、对异性莫名的好感同样让机构内的特殊儿童感到惶恐，如果不加以正确的引导就会出现一系列的心理行为问题。青春期性教育是一个看似尴尬却十分必要的活动。青春期内的机构儿童一方面有生理心理上的各种需要，另一方面却缺少关于青春期性知识等必要知识的来源渠道与教育。再加上机构儿童的身份和生活环境特殊，因此懂得相关知识、学会自我保护变得尤为必要。

（2）问题介入方法

介入原则：对于青春期的问题，社会工作的介入在与服务对象建立专业关系时要遵守下列的工作原则：① 同感。社会工作者能够体会服务对象的感受，也能够敏锐地、正确地了解这些感受所代表的意义，并且能够把这种了解传达给服务对象。社工可以用常识性、探索性的语气来表达，征询服务对象的意见并作出修正。② 接纳。就是要接受服务对象这样一个人，不管他的优缺点、他的言行举止，我们都接受他，不去批评他。③ 当事人的自觉权。④ 表里一致。⑤ 保密。

介入过程：① 接案。② 心理社会资料收集。"人在情境中"理论认为，人的生理、心理与社会环境是产生案主问题的重要因素。所以社工要了解服务对象有哪些青春期的情绪困扰，特别重要的是服务对象如何看待他自己的问题，曾经怎样处理过这些问题以及是什么使得他遇上这些问题。③ 诊断。社工对自己在研究中所收集的资料进行整理、归纳和分析，以便对问题的性质作出一些评估的推理。④ 治疗。心理社会治疗，能够减低服务对象的焦虑和不安；减低"人在情境中"系统的功能失调。社工在处理服务对象的青春期"性"问题时可以选择非反映性治疗技术中的直接影响方式。工作者通过间接或直接地表示自己的态度和立场来增强或减低服务对象的某些行为。

除了以上针对个体的社工介入方法外，社工通常还可对于处于青春期有共性需求的服务对象开设青春期小组（表9-3-1），通过小组工作帮助服务对象正确认识青春期的各类困扰和学会应对的方法，以促进服务对象的成长，顺利解决这一困扰。

表 9-3-1　小组服务计划书（节选）

青春期小组服务计划书

（一）小组名称

女生我最大——女生青春期教育小组

（二）活动背景

1. 小组活动的必要性

生理方面：小组针对的是 8 年级的女生，正值 14—15 岁的青春年华。这一时期，也是生殖器官发育成熟的时期，生理上的巨变使得孩子对自己的身体变得非常陌生，并且为之感到迷茫、困扰、害羞甚至是紧张与害怕。所以，她们迫切地需要性生理方面的知识，及时对正处于青春期的孩子进行青春期性教育可以帮助她们正确对待并自然接受自己身体上产生的变化，在消除顾虑烦恼的同时，还能掌握生理保健知识及相关问题的处理方式，保持身体健康。

心理方面：伴随着生理上的发育，她们有了性意识的萌芽，性兴奋、性冲动随之出现，从而萌发对异性的注意和兴趣，所以"早恋"问题在青春期显得尤为敏感。青春期性心理教育可以帮助青少年树立正确的性观念，消除不良的心理问题，引导她们正确对待异性交往，促进其性心理的健康发展。

情绪方面：青春期的孩子在情绪控制方面有时难以自制，容易愤怒，常常会有冲动的表现，所以加强自我情感的把持和自我调节控制也非常关键。

2. 小组活动的可行性

小组开始前，通过需求问卷，了解小组成员对女生青春期小组的需求，并以此为据设计小组，所以小组有较好的针对性。

社工部提供小组的活动场地以及相关材料，启心学校的老师和相关部门机构给予一定的帮助，以确保小组的正常实施。

3. 小组活动可能出现的问题及解决方案

预计困难	解决方案
组员方面： 小组涉及较敏感的话题，组员会害羞，无法积极参与交流。	（1）利用游戏拉近成员之间的距离。 （2）提前告知成员，在小组过程中给予组员更多的鼓励，并告知组员签订保密协议。 （3）社工可以先为组员做一个示范。
社工方面： （1）缺乏对小组成员较深入的了解，会影响小组整体效果。 （2）社工难以对组员的行为举止予以控制，难以把握小组的氛围。	（1）在正式小组开始前，以访谈、见面会等形式多角度全方位地了解组员的性格、情感、问题等。 （2）社工在每一节小组之前，都要对小组过程中可能产生的问题予以设想，并做好准备。
资源方面：小组要涉及许多图片、奖品、实物等资源，较为繁琐。	提前准备，多途径地寻求，尽可能地利用现有资源。

（续表）

（三）小组目标

总体目标：

通过小组的形式，让组员了解女生青春期生理知识、青春期心理变化、情绪的管理和控制、异性交往，从而减少女生青春期的困惑及不安，引导女孩健康面对青春期的一系列问题。

具体目标：

（1）让组员了解女生青春期生理知识，即女性生理结构、男性生理结构、女生青春期身体特点、女性怀孕过程、女性自我保护措施等。

（2）让组员知晓什么是激怒词、激怒词与愤怒情绪的关系，理解青春期情绪的波动，如何有效控制自己的情绪等，从而能够理性地看待自己的情绪变化。

（3）让组员知道青春期男女交往的特点和对待方式，区分友情与爱情的界限，学会在与异性交往时的自我保护，学会如何拒绝不健康的交往方式。

（4）让组员对同班同学有进一步的了解，加强他们之间的互动。

（5）增强组员的互动性和自信心。

（四）小组性质

发展性小组，强调以人为发展的核心，提高人的社会功能，小组旨在提高青春期少女生理、心理、情绪、交往方面的功能。

（五）小组成员：紫二女生8人

（六）小组招募和宣传：张贴海报、社工推荐

（七）活动预算（略）

（八）评估方法：

需求评估：需求问卷。

过程评估：组员表现评估，社工的表现和技巧评估。

结果评估：小组前测和后测问卷。

（九）小组服务计划大纲（略）

机构内特殊儿童与正常家庭儿童既一样，又不一样。一样的是他们在成长的过程中同样会面临诸如心理问题、行为问题、青春期问题等一系列问题的困扰。不一样的是他们有社工，有保育员，有医生等机构内工作人员关心他们，爱护他们。随着全国儿童福利事业体系构建的日趋完善，各地纷纷引入专业社会工作，这对现有的儿童福利机构内社会工作服务提出了更高的要求。

四、全人发展导向的社工服务创新

儿童是人类的未来，是社会可持续发展的重要资源。习近平总书记说过："有一颗感恩的心很重要，对儿童特别是孤儿和残疾儿童，全社会都要有仁爱之心、关爱之情，共同努力使他们能够健康成长，感受到

社会主义大家庭的温暖。"上海市儿童福利院以儿童需求为导向，不仅关注孩子们的衣、食、住、行，更以项目化运作的方式不断创新社工服务模式，注重服务对象的全人发展。

（一）"心义工"特殊儿童志愿服务项目

随着时间的流逝，上海市儿童福利院内被关怀、被呵护的孩子们在逐渐成长，长期的机构照料生活让他们有一个衣食无忧的成长环境，但与此同时，"围城"生活也让他们或多或少缺乏与社会的联系，特殊的身份使他们在成长的过程中容易获得社会各界的爱与关怀，但是他们疏于表达爱、传递爱。2014年，"心义工"特殊儿童志愿服务项目应运而生。

1. 以人为本，创新服务理念

"心义工"特殊儿童志愿服务项目开创了一种全新的贯穿社会工作专业理念的志愿服务方式，以社工引导、儿童参与、无偿服务、公益反哺为宗旨，让社会工作者工作中的"服务对象"服务社会上的"弱势群体"，并将"以服务助人、以服务自助；用公益乐人、用公益乐己"的服务理念贯穿项目始终，鼓励大龄特殊儿童参与到志愿服务的策划、执行、评估、反思等每一个环节中，在帮助他们再社会化的同时为院内外需要帮助的群体带去恰如其分的志愿服务，促进其身心健康发展，为其顺利融入社会奠定基础。

2. 循序渐进，完善服务模式

"心义工"特殊儿童志愿服务活动的开展既考虑团队运作的可行性，又考虑项目的可操作性及服务成效，由浅入深，在"奉献——收获""感恩——反哺"的过程中，从一颗小小的种子长成了一棵参天大树。

（1）加强志愿团队建设，提升志愿服务专业性：市儿福院抓住在特殊儿童中培育公益品格的触点，在成立"心义工"特殊儿童志愿者团队初期，立足团队成员的梯队建设，将团队素质培养、团队凝聚力培养、志愿服务精神培养等列为项目开展的重点，提倡志愿服务从小做起，从身边做起。因此，"心义工"志愿者团队主要以院内职工、特殊儿童为目标服务群体。

（2）整合社会各界资源，扩展服务品牌效应：随着"心义工"志愿者团队的成熟，市儿福院逐步提升志愿服务的力度和深度，并将优化服务品牌、提升服务质量、扩展服务效应等内容作为志愿活动开展的重点。一方面，以院内大型活动为依托，设立"心义工"志愿服务岗位；另一方面，带领志愿者团队与复旦大学、华东理工大学等高校结对，一起为社会中的弱势群体提供服务，扩展"心义工"志愿服务项目在院内及院外的影响力，切实将服务的公益性、有效性落到实处，给予项目推进的动力。

（3）融入生命教育理念，完善志愿服务体验：2018年，上海市儿童福利院以当代民政工作"聚焦特殊群体"为抓手，在历年"心义工"志愿服务项目的基础上，将"生命教育"这一概念引入其中，引导特殊儿童走出生命的误区，教育他们珍惜生命，理解生命的意义，建立积极向上的人生观。

市儿福院携手上海市静安区临汾路街道社区卫生服务中心舒缓疗护病房，组织从小生活在院内的特殊儿童与临终患者进行互动（图9-3-3），关注及满足临终患者在身体、心理、灵性和社会四个维度的需要，让年轻鲜活的灵魂抚平被病痛折磨的灵魂，从而改善临终阶段病人

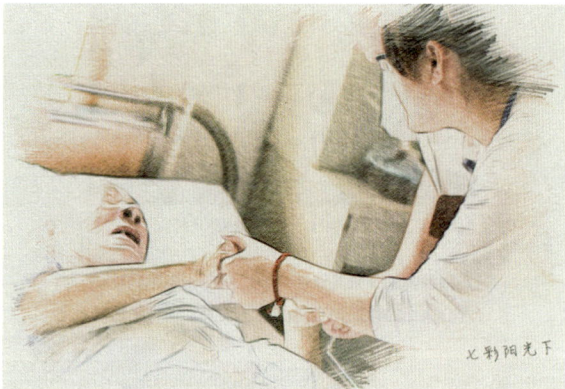

图 9-3-3　特殊儿童在舒缓疗护病房开展临终关怀活动

的生命质量。另一方面，用生命去影响生命，继续推动未成年人思想道德建设，让特殊儿童通过反哺社会的方式获得生命教育的启发。

3. 与爱同行，服务成效显著

"心义工"特殊儿童志愿服务项目已经跨进第六个年头，直接服务人群超过 1000 人次，间接服务人群更是覆盖残疾人、老人、临终病人等多类社会弱势群体。同时，"心义工"特殊儿童志愿服务项目也得到了社会各界的认可：孩子们的身影出现在腾讯视频出品的《生命里》纪录片中；《青年报》出版的《人生四季生命教育纪念册》刊登了孩子们的主题画作；孩子们的服务事迹获选上海市十佳未成年人修身特色工作案例并上了《今日头条》（图 9-3-4）；2019 年，该项目荣获上海市民政系统第六届十佳服务品牌（图 9-3-5）。

图 9-3-4 《今日头条》报道"心义工"志愿服务事迹

图 9-3-5　特殊儿童志愿服务项目"十佳服务品牌"奖牌

用"心义工"这把钥匙开启志愿服务的新路径，将七彩阳光洒满人间，这是"心义工"特殊儿童志愿服务项目的初心。未来，该项目将一步一个脚印地探索一条鼓励特殊儿童全身心投入志愿服务，提升自信心，增强社会责任，实现社会和谐的专业化服务道路。站在时代的聚光灯下，"心义工"特殊儿童志愿服务项目必将在公益反哺中，让孩子们收获价值认同，在践行公益的道路上焕发绚丽的光彩！

（二）"儿童工作坊"大龄儿童岗位实践项目

2019 年，市儿福院"儿童工作坊"大龄儿童岗位实践项目正式运行，该项目以社工带组、志愿者教授、儿童参与的方式，将专业的社会工作理念融入传统的志愿服务，打破了志愿服务与专业工作之间的壁垒，是大龄儿童岗位实践基地孵化出的一种新的服务模式。

1. 利用专业视角，结合专业方法

"儿童工作坊"大龄儿童岗位实践项目站在社会工作者专业的视角，结合小组工作、社区大型活动的方法，组织儿童开展各类手工艺品学习、制作活动（图 9-3-6），协助儿童解决个人、群体、社区的问题，促使个人、群体、社区之间的关系达到满意的状态，增强服务的系统性和能效性。

图 9-3-6　特殊儿童制作的手工艺品

"儿童工作坊"项目的设计主要借鉴增能理论，社会工作者相信每一位服务对象都能找到合适的工作并且能够胜任自己的工作。能力不是稀缺资源，经过人们的有效互动，能力可以不断增强。社会工作者与受助者的关系是一种合作性的伙伴关系，"儿童工作坊"可以通过个人层面、人际关系层面、环境层面开展助人的工作。在个人层面，"儿童工作坊"可以为儿童创造一种新的环境，提高儿童自身的能力，激发儿童对生活、工作的热情。在人际关系层面，工作坊的开展需要儿童之间的相互合作，加强了儿童团队协作、人际交往的能力。在环境层面，"儿童工作坊"通过爱心义卖拓宽了儿童与环境互动的空间，同时也是对儿童工作成果的肯定。

2. **传递公益理念，达成社会融合**

"儿童工作坊"是大龄儿童岗位实践基地孵化出的一种新的服务模式，市儿福院组织儿童开展制作手工艺品的活动，一方面鼓励儿童在动手的过程中学会用脑思考，用心感受，帮助儿童锻炼技能、培养兴趣、挖掘潜能；另一方面以"公益传递爱，用爱温暖心"的理念，整合志愿者及社会企业等爱心资源，为开展"儿童工作坊"注入能量；同时，院外资源的引入能够拓宽儿童的沟通渠道，增加儿童的知识见闻，丰富儿童的业余生活，促进儿童的社会适应，进一步达到社会融合的目标，为儿童打造更有助于他们健康成长的服务平台。

3. 形成价值循环，激发儿童动力

爱心福袋机是在"儿童工作坊"开展过程中展现儿童工作成果的重要平台（图9-3-7），为儿童创造了展示自我与成就自我的闪亮舞台，更是对创造一种实现价值循环公益方式的全新探索。市儿福院将"儿童工作坊"产出的手工艺品通过爱心福袋机进行价值传递，实现了线上、多渠道、广覆盖、零触达的义卖模式，义卖成果能够更直观、全面地为儿童呈现，从而激发儿童的工作动力，促进儿童的自我认同和肯定，使服务的效果和价值得到不断地循环可持续，最终扩大儿童工作坊的作用力和影响力。

图9-3-7　爱心福袋机及爱心巧盒

"儿童工作坊"大龄儿童岗位实践项目不仅为特殊儿童融入社会生活，实现就业梦想做好铺垫，同时也进一步提升儿童的获得感和幸福感。未来，上海市儿童福利院将不断地进行资源整合，凝聚各方力量，通过爱心传递，普及公益理念，实现儿童工作态度的转变与自我价值的肯定，助力儿童健康快乐地成长。

第十章　18岁以上：特殊儿童成年促融合

儿童福利机构的工作人员在共同协作和不断努力下，陪伴孤弃儿童闯过了狂风，淌过了暴雨，终于迎来了彩虹。丰满的羽翼正要寻找一片属于自己的天空展翅翱翔，走向成年的孤弃儿童是否能够在社会上拥有一席之地，与其自身的努力分不开，也与社会对其的铺垫与接纳息息相关。在政策拖底、社会接应、机构培养、个体努力下，成年孤弃儿童迎来新生活。

第一节　特殊儿童的社会化与社会融合

社会化是人类特有的行为，它的基本涵义是指人接受社会文化的过程，即"自然人"成长为"社会人"的全部过程，同时还包括个人适应社会生活的整个过程。简而言之，每个人自出生开始，为了能够在社会中生存，就必须通过社会化的途径去接受社会文化，学习社会生活的技能，掌握社会生活的方式，以此融入社会。而对于整个社会而言，社会化就是社会成员在文化上保持一致性，确保社会稳定、秩序正常，乃至文化得以传承的重要手段。

一、特殊儿童社会化的重要性

（一）儿童社会化的重要影响因素

对于儿童来说，影响其社会化的因素有很多，例如家庭、学校、同辈群体等，其中，家庭教育和家庭环境会影响其早期社会化甚至一生的社会化结果。家庭作为人生的开端，对人的观念形成、心理成长和行为习惯都有深远的影响，例如：婴儿通过母亲的拥抱、亲吻、抚触、逗乐等行为感知到母爱，与母亲建立起深厚的情感链接，从而理解爱的含义，学会表达爱。换言之，情感方面的社会化，诸如情绪的感知、行为的学习，都需要在一个充满温暖与爱的家庭中去一一习得。

对于儿童和青少年来说，在他们步入学校之后，家庭教育的作用逐步被弱化，取而代之的是学校和教师的教育作用。日常生活中常常会听到家长抱怨孩子自从上学之后，对老师的话言听计从，对家长的话开始质疑和反驳。这种情况也恰好反映了孩子的人格在学校教育介入之后发生的转变——对家长全知全会的权威形象的挑战，对自我意识的觉醒和对人生观、世界观的全新认识。同时，学校教育的强制性更加凸显了其社会化的指导性。简单来说，学校肩负着对年轻一代的教育作用，传授学业的同时培养学生正确的价值观，是促进全社会和谐与进步发展的重要环节。

同辈群体也是影响儿童社会化的重要因素，值得注意的是，在同辈群体的相处中，每个人的关系都是平等的，每个人都可以扮演多种社会角色并主导关系的建立与中断。不论是幼儿还是青少年，中年人还是老年人，有相同爱好、出生背景相仿、思想观念一致的人自然会结成一个社会群体，并结成一张密集而强大的人际关系网，在这张关系网中的每一个独立个体既可以凸显个性，又必然会受到彼此影响。特别在年轻人所组成的同辈群体当中，他们所关注和认同的观念、兴趣、符号等，形成了独特的亚文化，亚文化在对主流文化产生冲击的同时，很大程度上影响着每个个体的社会化结果。

上述的三个重要因素对于儿童社会化来说至关重要，但是对于长期生活在福利机构中的特殊儿童而言，社会化的要素以及方式都不尽相同。为了达到正向积极的社会化结果，机构必须要承担起促进特殊儿童社会化的责任，以帮助他们在成年以后能够独立生存并长久发展。

（二）特殊儿童的社会化之路

对于长期生活在儿童福利机构内的特殊儿童而言，"大家庭"的集体生活会导致其家庭环境的特殊性，特殊儿童的身份则会导致其在人际关系、身份认同上产生问题，这些问题最终都将成为他们顺利社会化道路上的绊脚石。

父母角色的缺失对于自小生活在福利机构的儿童，特别是低龄儿童来说，必然带来家庭教育和家庭环境因素的缺损，并最终影响他们的情感发展与认知行为。在福利机构中，最常见的问题就是这些孩子无法准确辨别和感知父母兄弟的称谓关系，例如：他们见到年轻的女性就叫妈妈，见到男性则统一叫爸爸，但是无法理清妈妈和阿姨、爸爸和叔叔等其他称谓间的关系。在这种情况下，若这些孩子被收养或社会安置后，家庭关系结构的构建就成了他们必须要直面的难题，这个难题的重点并不是这些称谓的真实含义，而是情感上的二次伤害。

学校本该是学龄儿童充实文化、素质教育的重要场所，但对于福利机构内的青春期儿童而言，"孤儿"的特殊身份标签使他们在学校里变成了双面人——在与学校内同辈群体的相处中，这些特殊的孩子往往特别在意自己的身份，绝大多数的特殊儿童并不愿意公开自己的身份，并且会避免谈及自己的家庭情况，甚至不得已地去编造，而校方的主要负责人及带班老师往往是知情人，面对特殊儿童，老师的特殊对待或者校方的资源倾斜都有可能因为这一碗"无法端平的水"，让特殊儿童更加特殊化，甚至导致学生间的流言蜚语，使处于青春期的儿童变得敏感与自卑。

同辈群体间的亚文化正影响着青少年的交友圈和生活态度。对于机构照料的特殊儿童而言，同辈群体的支撑作用更加明显，家庭的缺失需要同辈群体的弥补，人际交往的需求更加需要从同辈群体中获得。相似的境遇和身世会使机构内的特殊儿童抱团取暖，对外界的好奇和探究则促使他们踏上社会去寻找朋友。对于福利机构而言，"开放"的态度会带来一体两面的后果——特殊儿童不再闭塞于机构的一方天地，但同时加大了对他们管理、教育的难度，且机构外、社会上的同辈群体就是最大的不确定因素。

社会化是每个独立个体终身的重要课题，而儿童、青少年阶段的社会化往往是漫长社会化道路上的重要基石。对于福利机构内的特殊儿童而言，社会化显得尤为重要又困难重重，上海市儿童福利院针对院内特殊儿童的社会化，逐步摸索出了一套帮助儿童社会融合，促进儿童社会化的专业方法，并且在十多年的探索道路上，不断深化与创新。

（三）社工创意游戏巧解特殊儿童社会化问题

社会工作者的介入，使特殊儿童社会化问题有了新解：针对机构内不同年龄段特殊儿童社会化的关键点，设计蕴含专业理念与手法的创意游戏，通过游戏化的方式促进儿童顺利社会化，并潜移默化地为儿童塑造正确的人生观、价值观：

1. "拼出我的家"——低龄儿童解构家与家人

在福利机构中，保育员与同辈群体往往是构成儿童人际关系网络的重要组成部分，并几乎替代了家庭结构中父母亲属的概念。对于机构内的特殊儿童而言，从小印刻在脑海中的"爸爸妈妈"往往并不是独立的个体，兄弟姐妹也没有血缘的联系，这些都必将导致儿童在很长一段时间内无法清晰地界定直系亲属的含义。

为了让上海市儿童福利院内的特殊儿童及早避免这个问题的产生，机构内的社会工作者设计了一套名为"拼出我的家"的创意游戏（图 10-1-1），通过游戏的方式让孩子把不同性别、样貌、体型、特征的拼图组合成家庭成员，社工从旁加以引导，带领孩子以最直观的形式去构建自己心目中的家。值得一提的是，这套游戏帮助了低年龄段的特殊儿童在轻松愉快的心境下学习家庭关系结构，从而使其在幼儿时期就逐

图 10-1-1　儿童进行"拼出我的家"游戏

步建立起家庭社会化的雏形，也成为了低龄儿童被国外收养前的家庭结构认知法宝，让曾经害怕黑皮肤、蓝眼睛的孩子自主自发地学习和接受跨国父母兄妹的模样，使其在心理上有所准备，并顺利完成情感上的社会化过程。

2. "生命大富翁"——青春期儿童亲历生命教育

爱与感恩始终是市儿童福利院抚育、教导特殊儿童的根本所在，社会各界对于这些孩子的关怀与帮助使他们得以在充满爱的环境中长大成人。随着时代的变迁，陪伴这些孩子共同成长的市儿童福利院内的社会工作者越来越感受到特殊儿童需要走出"围城"，增强与社会的密切联系，以丰富生命历程。在实际操作过程中，如何在遵守既定的机构制度规范内带领孩子们迅速有效地把握住认识生命、思考人生的初步社会化方向，便成为了社会工作者的重要课题。

市儿童福利院的社工设计了一套针对年龄在 10 周岁以上特殊儿童的桌面游戏"生命大富翁"（图 10-1-2），该游戏突破时间与空间的限制，以生命教育为主题，将社会中常见的地点、事件设计进游戏地图，引导儿童在"生命的旅途"中步步探索，体验人生的坎坷与跌宕、生活

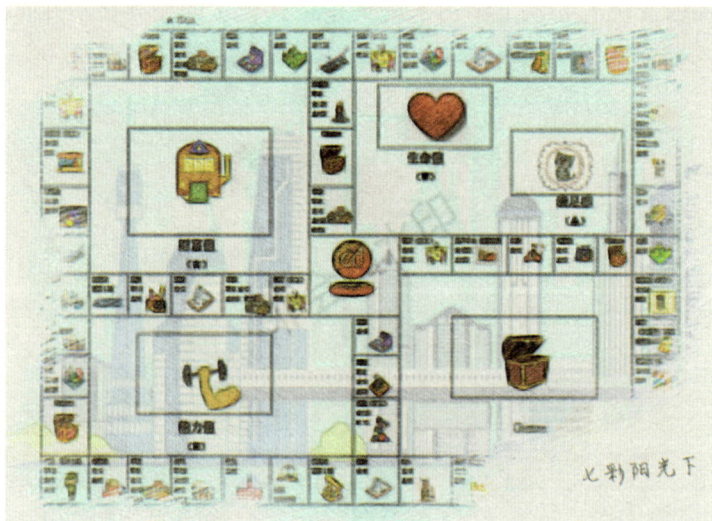

图 10-1-2 "生命大富翁"游戏地图

的有趣和美好，进而丰富人生经历，获得生命体验。该款游戏的引入在充实特殊儿童的课余生活之余，以模拟人生的新颖方式带领儿童感受生命，规划未来。游戏推出后多次出现在市儿童福利院的各类大型活动中，它展示了院内社工工作介入特殊儿童生命教育的独特视角，因良好的趣味性和丰富的延展性，该款游戏出现在市儿童福利院推出的公益夏令营活动中，并收获来自院外小志愿者的一片好评。

3. "蒙娜丽莎的微笑"——回应特殊儿童情感需要

特殊儿童在成长过程中对情绪的认知、表达存在缺陷，同时因身份归属和自我同一性尚未成熟，对外界事务的互动、评价极为敏感，情绪脆弱并易波动。他们需要合理认知情绪，并基本学会应对简单的情绪反应，尝试积极、乐观、微笑地面对生活。在面临人生的转折点——社会安置或者国内外收养时，他们更加需要处理好后续的离别情绪。

游戏"蒙娜丽莎的微笑"便源自回应特殊儿童在成长不同阶段的理性、非理性情绪。该游戏通过让特殊儿童对一系列典型表情图片中所显现的情绪进行分类、识别，使用叙述说明或模仿相应的表情，让他们重新解构、体会平时生活中的某些难忘瞬间、场景或互动感受，并在分享感动快乐的同时也能认识感受到自身的负面情绪，从而达到理性认识快乐及微笑的重要性。

二、特殊儿童社会融合需求及服务方法变迁

上海市儿童福利院里的特殊儿童是社会中的一个特殊群体，他们从小在集体照料的环境中成长，逐渐形成了和社会相对分离的机构式的社会化方式。当他们年满 18 周岁，便会面临走出机构、回归社会的转变。从过往的成年孤儿回归社会的情况来看，这种生活环境和生活方式的巨大变化往往会使成年孤儿遭遇挑战，从而导致种种的不适应，例如不会烧菜、不会理财、不知道如何就医、不知如何缴纳水电费等。这些问题不但影响到了成年孤儿社会安置工作的进度，更大大降低了孩子们的生活质量。2006 年，作为全国首批社会工作示范点的上海市儿童福利院，将社会工作者这个新兴的服务类专技力量首次介入特殊儿童的社会

融合，成立了启心社工室，组建了专业团队，制作了调查问卷、培训方案……经过十几年漫长的实践与探索，形成了一套以促进特殊儿童社会融合为目的，且不断改良、精进，力求与时俱进的大龄特殊儿童社会融合方法。

（一）"新启航　心飞翔"社会融合项目诞生——社工介入特殊儿童社会融合初探索

上海市儿童福利院本着"儿童权益最大化"的宗旨，提出不但要让孩子"有房住，有班上，有钱花"，更要让他们融入社会，学会与环境和谐相处，在社会中实现个体价值。因此，"新启航　心飞翔"——机构照料儿童社会融合项目作为院方一块全新的社会工作服务品牌应运而生。

1. 四个"一"助力项目发展

一个部门，2006年，社会工作者的身影出现在上海市儿童福利院内，作为一个完全新兴的服务专业，如何将专业理念与实务工作嵌入儿童福利机构的常规工作中去，是社会工作者面临的考验。通过对日常工作的细心观察，社会工作者将目光放在了福利院内一块无人问津的工作内容——大龄儿童的社会融合服务上，于是，启心社工室应运而生。专业力量的介入，使大龄儿童的社会融合工作初露端倪。

一个团队。为了进一步推动大龄特殊儿童社会融合工作，市儿童福利院除了在机构内成立一个专责部门，还引入了高校资源，如携手华东理工大学社会工作系合作开展社工专业实践项目（图10-1-3），并

图 10-1-3　融合培训项目挂牌

由启心社工室具体实施。对于特殊儿童社会融合这块全新的工作领域，投入了专职社工、专业督导、高校教师、爱心志愿者等多方力量组成的一个专业团队，自此，"新启航 心飞翔"社会融合项目正式翻开序章。

一个目标。市儿童福利院启心社工室将"新启航 心飞翔"社会融合项目的主体定位为福利院内一群年满 18 周岁、等待社会安置，同时又是初入职场或待业或处于实习学年的大龄特殊儿童。他们同样都即将面临人生新的转折点：社会安置。福利院内的集体生活让他们有一个衣食无忧的成长环境，但与此同时，"围城"生活也让他们或多或少缺乏与社会的联系，特殊的身份也使他们在成长的过程中缺乏"独立"的经验。因此，项目社工将这些孩子作为"新启航 心飞翔"社会融合项目的主力，通过项目化运作，引导他们系统地学习实践，提升其独立自主的生活能力，在帮助他们再社会化的同时实现他们从机构照料到社会安置的"软着陆"。

一套流程。"新启航 心飞翔"社会融合项目秉承社会工作专业伦理价值，致力于帮助大龄特殊儿童发掘自身潜能，促进个体成长，实现他们与环境的和谐互动，最终使他们形成自主发展的能力，达成社会融合的效果。项目组在不断尝试的过程中，时常反思与总结，逐渐摸索、整理出一套"四维一体"的服务流程。从资料收集、集中培训到社区模拟生活及最后的岗位实践，四大阶段的服务内容回应了儿童"回归社会"、独立生活所需的各种基本技能。

2. 四阶段助力项目运作

"新启航 心飞翔"社会融合项目的最终目标是帮助院内待安置的大龄特殊儿童实现从机构照料到社会安置的"软着陆"，最终达成与环境和谐互动的社会融合效果。为了达成这个大目标，项目组将整个项目细化成四个阶段，每个阶段都有相应的分目标，每个分目标间层层递进，为实现最终的目标提供动力支持：

第一阶段，锁定核心问题，"对症下药"。项目组编制了《机构照料儿童社会融合调查问卷》，问卷分别从语言理解、自我照料与居家生活、社区资源认识与运用、社会化与社会交往、情绪监控及自我管理和工作与工作技能这六方面对特殊儿童的现实状况进行系统评估，并采取一对一面谈式的调查方法，对即将参加该项目的大龄特殊儿童进行摸底。通过问卷调查法完成特殊儿童的基本资料收集工作，为下一阶段制定详尽的工作计划指明方向。见图10-1-4。

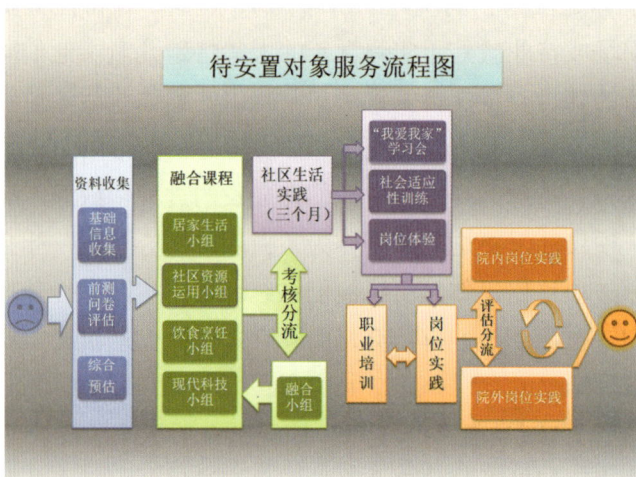

图 10-1-4 服务流程图

第二阶段，合理开展培训，"逐一突破"。经过问卷测量和访谈摸底，项目社工对即将社会安置的机构照料儿童的基本情况有了较全面的了解。后续项目结合特殊儿童的特殊情况，在集中培训阶段主要采取小组工作方法，开设居家生活、社区资源认识、生活常识和烹饪小组，分别从自我照料、社会认识和人际关系等方面对大龄特殊儿童开展有针对性的辅导：针对特殊儿童的要求和需要，并配合正常的教学时间，社工们将接下来的工作重点放在了集中培训上，利用暑期两个月的时间为这些儿童开设了"机构照料儿童社会融合项目暑期培训班"，希望通过集中的培训，帮助他们较好地掌握基本的生活技能，为将来的社会安置奠定良好的基础。同时，针对特殊儿童在自我照料与居家生活能力、社区资源的认识与运用这两方面得分普遍较低的情况，在培训班开班之前，"对症下药"地开设了居家生活小组、社区资源认识与运用小组、饮食烹饪小组和多媒体电子化培训课，分别从自我照料、社会认识和工作技能三个方面对组员开展了集中培训。在整个培训过程中，社工以周为单位，将以上课程合理地分布到各个时段，同时有机地穿插各种社会实践、主题讲座、文化娱乐活动，努力做到寓教于乐，让组员的知识储备和实际操作能力兼有成长。在两个月的过程中，还有计划地实施了期中和期末两次考核，不但可以使学生检验自己的培训效果，更能让开设此类培训课程的社工及时掌握小组的进程，评估小组成效。通过中期和总结这样的动态评估方法，组员前测和后测的差异比较，让社工对于组员在培训中的收获一目了然，使得课程更有针对性，提升集中培训效果。

第三阶段，理论结合实际，"学以致用"。集中培训课程后，项目进入了社区模拟生活阶段（图 10-1-5）。项目组主要采取社区工作方法，在开放社区内寻找合适场所，给参加实践的特殊儿童以准社会的模拟环境进行锻炼。在社区模拟生活开始之前，社工对所有参与项目的特殊儿童进行个别面谈，掌握他们对于本阶段的期望，同时解答他们的疑虑，为社区模拟生活阶段的顺利开展奠定良好的基础。模拟生活期间，社工全程参与指导，理论结合实际：电水壶怎么用、讨价还价如何说、水电费哪里缴，通过让特殊儿童亲历社会生活的方方面面，丰富他们的第一手生活经验，提升他们的自信心和适应力。在整个模拟阶段，社工在前期将充当领队的角色，对特殊儿童进行密集的辅导，一方面减少他们初

图 10-1-5　特殊儿童模拟生活阶段菜场买菜

到新环境的陌生和恐惧，另一方面也顺利地将居室内的各种家用设备和社区内外的各种公共资源等必要生活信息传递给他们。当特殊儿童渐渐能较好地独立应对生活的方方面面时，社工又对他们不断提出新的要求，以鼓励他们充分接触社会，积累经验。在第三阶段的后期，社工根据不同组员的个性和需求，为他们提供一对一的个案辅导，帮助组员顺利渡过模拟生活的过渡阶段，开始独立生活。

第四阶段，实现社会就业，"和谐互动"。在岗位实践阶段，项目组主要通过发掘儿童自身优势，传授他们求职以及面试的基本技巧，提供福利机构内部的岗位实践机会，并逐步根据每位儿童的兴趣、特长，以及对工作的要求和期望，整合各类社会资源，帮助他们自行在餐厅、酒店、公益组织、百货商场等各类实习单位内找到合适的实践岗位（图10-1-6）。另外，社工还将建立起实践岗位申请及调动制度，形成规范的转介程序，并由接案社工对每个特殊儿童的工作状况及实习点进行定期的评估和走访，保证项目最后阶段的顺利进行。在这一阶段，项目组采用个案管理的方法，适时跟进儿童的岗位实践情况，保证其工作技巧与工作能力得到显著提高。在工作之余，社工鼓励这些大龄儿童理财规划，学习新的技能，参加政府补贴的各类职业培训项目，取得各类职业证书，为日后顺利回归社会奠定坚实的基础。

图 10-1-6　学生之家小超市特殊儿童岗位实践

在四个阶段的培训中，社工以社会工作的个案工作、小组工作和社区工作三大方法为主要手段，按照孩子们的自身发展程度，辅以适时的引导，帮助其改善个体认知，提高生活技能，积累社会经验，体验工作状况，逐渐达到个体和环境的相互促进、和谐发展，从而实现"社会融合项目"的最终目标。

3. 多重工作模式保障项目运作

"新启航　心飞翔"社会融合项目在开展的过程中，结合了"个案工作""小组工作""社区工作"三大社会工作方法。同时，根据特殊儿童的需要与各阶段目标，制定了不同的工作模式：

其一，个案管理模式：该模式注重把特殊儿童及复杂的社会服务网络中有益于特殊儿童的资源联系起来，及时为特殊儿童提供服务，以达到服务的最佳效果。在本项目中，尤其在项目后期的岗位实践阶段，个案管理模式的运用尤为突出。社工常常作为整合者、倡导者、经纪人为特殊儿童链接多方资源，提供或激励他们发觉兴趣，培养职业技能，参与职业培训，最终达到顺利就业、融入社会的目的。

其二，"重视机构功能"的功能学派模式：该模式强调特殊儿童与社工的合作，改变的关键在于特殊儿童本身，社工协助其增强自我意识和自决能力，以实现自我改变和自我成长。该模式体现在本项目的各个环节当中，社工提供的服务随着项目进程与特殊儿童的改变不断调整，使整个服务过程在不同时段发挥最大的效能，同时社工运用整合资源，特别在社区模拟生活阶段中，使医疗、社区、企业团体等各种资源充分发挥作用，帮助特殊儿童真实体验"独立"生活，增强其独立自主的信心及能力。

其三，组织与环境模式：该模式从环境的角度对小组成员进行指导，通过小组活动向小组成员提供一些能够改变他们个人及环境状况的方法和机会，使个人能够更好地适应社会。该模式运用于本项目的融合培训课程阶段。在培训开展时，项目组以小组工作的方法对特殊儿童开展融合培训课程，包括社区资源、居家能力、烹饪技巧等平行小组的开设，帮助特殊儿童在小组活动中掌握未来转型成为社会人后所需要掌握的与新角色相适应的新行为和技巧，最终达到其适应社会、工作和生活的目的。

其四，班顿的两分法与社区教育的模式组合：项目组将双模的方式运用于项目的社区模拟生活环节。在入住的前半段采取直接干预法，社会工作者担当该阶段的"导演"，帮助特殊儿童迅速进入角色；后半段则采取非直接干预法，以特殊儿童自己发掘的问题为目标和需要，充分放手让特殊儿童掌握节奏，自行提出和推行目标、对策，社会工作者则只负责协助，提供一些资料、问题分析或解决方案。与此同时，社区教育的模式则贯穿始终，社会工作者更多地借助社区活动式手法，带领特殊儿童亲历社区周边各类设施的应用，达到其生活能力提升的目的。

（二）"新启航 心飞翔"社会融合项目演变——与时俱进介入特殊儿童社会融合

社会融合项目的诞生与介入，切实帮助市儿童福利院内的大龄特殊儿童良好地过渡到社会生活中去。随着时间的推移、时代的发展，若干年前还不知道如何使用电脑的少年一晃已经为人父母，在社会一隅安心生活，而曾经在教室里嬉笑打闹的小儿一晃已经来到了人生的十字路口——社会安置、独立生活。随着社会的高速发展，新时代背景下的特殊儿童的社会融合需求显然已经今非昔比。对于"新启航 新飞翔"社会融合培训项目而言，不变的是初衷，但项目的内容和环节设计都必须根据当下特殊儿童的社会融合需求——改变。

2013 年，融合培训课程多媒体化发展（图 10-1-7）。社会工作者发现，对参与项目的特殊儿童而言，仅靠暑期的集中辅导去强化他们的独立生活技能，存在时间紧、任务重、知识点嚼不烂的问题。于是，项目组的社工链接社会资源，走访社区、医院、邮局、银行等社会公共设施，拍摄了首部特殊儿童社会融合培训课程视频。这一创新举措使基础培训课程彻底摆脱了空间与时间的限制，同时受训者可以在遇到问题时自由向同伴或社工发问，大大提升了培训效率。

图 10-1-7　融合培训教程

2015 年，融合培训服务人群拓宽。与历年社会融合项目只重点服务本年度社会安置儿童不同，2015 年度融合培训面向的群体更广，服务目标更具前瞻性——除却本年度社会安置儿童外，全新纳入两类群体：寄养、机构代养及退回儿童和智力临界儿童。同时，根据这三个群体的特性制定相应的培训计划，在拓宽服务人群的同时，充分发挥融合培训的效果。

2017 年，融合培训考核多元化发展。考核旨在强化检验融合培训的效果，2017 年度的培训考核在试卷考核之外加入了现场实践考核，试卷考核的范围以融合培训视频课程为主，现场实践考核包含模拟生活任务考核及烹饪考核。新的融合培训课程根据实情改造了融合培训的考核培训基地，模拟银行、医院、企业求职面试、合同签订、居家生活等几大考核板块。另外，新增了免修免考环节，根据特殊儿童在项目前期的社会安置前测情况，并结合其分管社工的评价，开通了培训免修、课程免考的绿色通行证，切实提升了社会融合培训的效率与效能。同年 11 月，"新启航　心飞翔"——机构照料儿童社会融合项目被评为上海市优秀社会工作项目（图 10-1-8），上海市工作者协会高度肯定了上海市儿童福利院对特殊儿童社会安置前的社会融合工作。

图 10-1-8 "新起航 心飞翔" 2017 年上海市优秀社工项目证书

（三）"新启航 心飞翔"社会融合项目未来——切合特殊儿童社会安置前发展需要

"新启航 心飞翔"——机构照料儿童社会融合项目在儿童福利院社工部门的长期探索和研究下，已经成为了一个相对成熟稳定的专业服务品牌，是社会工作者为特殊儿童开展服务的一项长效机制。从微观层面上来看，融合项目本着促进特殊儿童社会适应能力的目标，主要从生活、工作两大方面着手，迎合需求，加强特殊儿童对社会独立生活的认识，让其在踏入社会生活前做好一定的心理准备。从宏观层面来看，融合项目在一定程度上已经不是一项单一独立的服务工作，它在项目开展中折射出服务对象的一些问题，如人际交往能力的缺失，团队合作意识的薄弱等；对于社会工作者在开展其他个案或小组，甚至对已经安置儿童的回访工作都能起到相辅相成的作用；为市儿童福利院在今后开展社工工作，制定服务计划，打造服务品牌，培养社工队伍等提供更多有效的理论基础和实务经验。

1. 项目回应了服务对象切实需求

从服务对象本身特点出发，融合项目回应了特殊儿童的切实需求。由于社会的关注，政府对弱势群体在财政上不断加大投入，如今儿童福利机构的生活条件已经大有改善，不难发现，在院落式环境中成长起来的特殊儿童容易形成"饭来张口、衣来伸手"的惰性。在怎样对待特殊儿童的问题上，大部分儿童福利工作者还是停留在"保护"大于"培养"的意识中，但是，对于特殊儿童的一味保护并不能满足他们在成年后的需求，从对成年孤儿的调查中发现，大部分人在经历从学生到社会人这一角色的转变中遇到了不同的阻碍，甚至在过渡阶段中出现了断层，有一些人安于待在儿福院里，而不愿意出去找工作，适应新环境，这为将其将来安置到社会生活留下了很大的隐患。很多服务对象对吃穿并没有过高的要求，但对生活技能、社会认知、人际沟通有着强烈的好奇心，一方面他们向往院外的生活，希望得到妥善的安置，一方面又害怕离开了儿童福利机构的保护伞，自己不能应对面临的种种问题。融合项目正是在对特殊儿童的调查发现中所催生出的一项服务工作，项目迎合服务对象的需求，制定了一系列具有针对性的服务计划，社会工作者充分整合资源，尽可能为服务对象模拟出最真实的社会生活场景，提供最实用的生活信息和社会资源。

2. 理论实际相结合针对性补课

视频教学信息量大，服务对象受益匪浅。在项目初阶段开展的理论教学中，社会工作者针对服务对象的需求评估制作了社会融合项目教学视频，涵盖医院、邮政、银行、居家安全等几大方面的生活教学板块，将我们平时生活中经常接触到的社会资源以视频的方式传递给服务对象。在对融合学员的访谈询问过程中，社会工作者发现部分儿童对我们最习以为常的生活常识确实存在不了解不明白的地方，于是特别在服务对象知识点薄弱的地方做了强调和深入的讲解，令不少服务对象豁然开朗，并在之后的试卷测试中获得不错的成绩。初期的视频教学使服务对象对社会生活有了进一步的认识，也为后面的模拟生活阶段打下了一定的基础。

模拟生活考验多，能使特殊儿童的生活技能得到大幅度提升。在模拟生活还未开展之前，许多参加融合项目的学员对于模拟生活都抱着排斥的态度，他们习惯了在院里的生活，没有对处理生活琐事的后顾之忧。但是在历经了两个月的模拟生活后，很多人在结束阶段都表现出了依依不舍的情绪,虽然模拟生活对于院舍环境下成长的孩子有着巨大的挑战,但是参加过融合项目的孩子都感慨这段特殊的日子对他们安置后的生活起到了不小的作用。烧菜、房屋物业报修、缴纳水电费以及房屋设施的清理整洁都是他们从来没有面临过的问题,从一开始的手足无措到之后遇到什么问题都想办法解决,服务对象在处理日常事务的能力上有了很大的提升。其次,模拟生活需要团队的合作,生活经费的分配、家务分工的合理安排、一起生活遇到的矛盾的处理、邻里关系的协调等都要考验每个人的团体协作能力和人际沟通能力。通过模拟生活,服务对象对于社会生活的孤独无助感大大降低,相反,他们更期待自己安置后的生活,也对自己离开院后独立生活更有信心了。

多方整合资源提供岗位实践,工作信心和自我认同感得到提高。很多参加融合项目的学员已经步入了工作阶段,但是由于先天的身体原因或者自我要求意识的薄弱,相比院外同年龄的孩子,他们取得的学历较低,因此多从事服务性行业或者工资较低的职业。但是,除去这些客观因素,社会工作者通过观察发现,有的孩子能够在工作岗位上踏实努力,获得领导同事的肯定;不过同时也有一部分孩子频繁换工作甚至找不到工作,觉得自己的特殊身份得不到社会大众的认可。踏入社会以后如果没有稳定的收入来源,生活就得不到基本的保障。怎样帮助服务对象摆正职业价值观、加强自我认同感是融合项目的一项重要工作。社会工作者通过开展个案、小组等工作,为服务对象提供职业规划的咨询服务、工作焦虑情绪的处理建议,普及劳动保障法的相关知识。项目社工同时也整合一些与儿福院有合作基础的企业资源,为特殊儿童提供合适的就业机会,并定期对这些孩子进行工作随访,向其领导同事了解其工作表现,掌握实时情况。由于特殊儿童掌握社会资源的局限性,社会工作者通过各种途径不断整合资源为特殊儿童提供更多的就业机会,帮助他们建立工作信心。在岗位实践的过程中,特殊儿童对工作的适应性和自我认同感得到巩固,也在社会工作者的建议指导下对自我和职业有了更准确客观的认识。

3．以目标为初心，服务永远在路上

"新启航　心飞翔"社会融合项目的终极目标是帮助院内待安置的特殊儿童实现从机构照料到社会安置的"软着陆"，最终达到能够与环境和谐互动的社会融合效果。特殊儿童的社会融合能够成为儿童福利工作中的一个重要问题，成为一项定期开展的服务项目，源于这个群体的特殊性，本着促进社会融合的最终目标，融合项目已经成为特殊儿童在安置前的一项必经课程，对特殊儿童融入社会生活发挥着举足轻重的作用。

融合项目自开展以来虽然已经形成了系统相对稳定的一种服务模式，但项目的常态化和稳定性导致社工在制定服务计划过程中过于注重模式化，因此缺乏创新意识。如今，儿童福利院的特殊儿童随着时代的变化在认知和行为上也发生一定的转变，他们的身上折射出了时代的影子，融合项目最初就是随着服务对象产生的问题而产生的，项目的目标是社工开展服务工作的初心，在社会融合的这条道路上，服务的理念和方式需要不断地创新和突破，形成契合服务对象转变、响应时代变化的与时俱进的全新发展项目。

社会融合项目在多年的运作中，也显现出了一些今后急需克服和解决的难题，项目主要面向即将社会安置的特殊儿童，这就决定了融合项目在某种意义上可以说是对服务对象在安置前的突击补课，在服务时间的长度和内容的深度上仍然存在一定的局限性。未来如能将这种"补偿式"的集中培训化为儿童成长过程中潜移默化、循序渐进的"发展式"辅导，则更能达成社会融合的最终效果。因此，融合项目在以后的发展中不应只追求短时期内目标的达成，而应贯穿孤弃儿童的整个成长历程。首先，融合项目的服务群体可以更趋于低龄化，在孤弃儿童的学习阶段，融入更多与社会融合有关项目的辅导；其次，在社工给未成年儿童开展个案和小组等工作的同时，可以加入更多社会融合的元素，开展一些以社会融合为专题的小组讨论，或是典型个案。甚至在安置回访工作的过程中，更大限度地发挥融合项目的作用，整合社会资源，为安置儿童提供有效服务。

第二节　成年孤儿社会安置评估体系的探索与改革

一、不断探索实践，奠定扎实基础

回顾成年孤儿安置工作的发展，成年孤儿在安置前的综合评估一直是安置工作顺利开展的首要关键环节。成年孤儿社会安置评估标准的制定应该是一个非常谨慎和专业的过程，安置标准起着关键的分水岭作用。对成年孤儿来说，安置标准决定了其安置方式，决定了他们是踏上社会独立生活还是继续在社会福利机构养老。因此，如何科学地把好成年孤儿的安置出口关成为重中之重。上海市儿童福利院作为政府主办的社会福利机构，义不容辞地肩负起理清安置现状、构建科学评估体系的责任。

2006 年以前，上海市儿童福利院成年孤儿社会安置主要依据成年孤儿的年龄、身体状况、生活自理能力和劳动能力，并征询熟悉成年孤儿情况的老师和保育员，没有具体标准。根据成年孤儿安置后区县的反馈情况，我们发现并不是每个回归社会的成年孤儿都能够很好地应对新生活、适应新环境，个别极端的个案甚至在社会安置后因无法独立生活，只好再进入区县社会福利机构，被集中供养起来。

2006 年之后，上海市儿童福利院探索制订了成年孤儿社会安置评估标准，即可以安置的成年孤儿所应具备的条件。社会安置评估标准经数次修订，最终确定为年满 18 周岁；智商以及社会适应能力测定达到一定分值；具有一定学历；经体检确认无影响日常生活自理能力和劳动能力的器质性疾病和身体残疾；通过岗位实践或社会融合培训考评；有一定的学习能力、沟通交流能力和自理、自律能力；品行良好、综合能力突出者优先考虑（特殊个案视具体情况确定）。

在原有的成年孤儿安置评估过程中，上海市儿童福利院承担起了最重要的评价职责。按照安置上报工作的时间节点，上海市儿童福利院的业务科把握整体上报安置工作进程。由业务科牵头召集成年孤儿两个出口部门（社工部和家庭寄养部）召开协调会，启动新一届的成年孤儿安置评估工作。按照当时的安置评估标准，根据分管儿童的年龄和毕业年限，梳理年满 18 周岁的成年孤儿名单。在初选名单的基础上，各部门主管与成年孤儿分管社工召开专题会议，讨论各成年孤儿的具体情况，综合考量其智力、学历、社会适应能力、工作能力等多方面的因素后给予推荐安置。推荐安置名单统一上报业务科，并安排相应成年孤儿进行体检。各分管社工提交书面材料《成年孤儿参工安置推荐表》，系统分析成年孤儿的基本信息、生活经历、学习能力、岗位实践经历、心理状况等情况，并配上成年孤儿的生活照片，汇总成每一名待安置成年孤儿的上报材料，上报市社会福利中心，最后报送市民政局社会福利处，社会福利处审核材料后，召集各区县民政召开社会安置推进会，分配名单到全市各区民政局。

随着成年孤儿安置评估工作的不断推进，上海市儿童福利院在工作中发现，现行的评定办法有着评估标准模糊和长期发展视角欠缺两大瓶颈，总体呈现出主观性强、操作性弱、标准单一的特点。放眼全国，北京、上海、南京、青岛、广州、黄石等地虽均已开展相关实践，但目前关于成年孤儿安置尚未形成统一明确的标准，各地差异较大，且均面临一个相同的挑战，即由于缺乏科学的评估体系，难以确定不同类型成年孤儿的安置方向。

为了把好成年孤儿安置综合评估的出口关，保障安置工作的顺利开展，特别是在成年孤儿的社会安置过程中，引导成年孤儿实现社会化，融入开放的社会环境中，上海市儿童福利院认为有必要在理清安置工作具体做法和安置现状的基础上，构建一套全新的、科学的、客观的成年孤儿安置评估体系。

二、用科研的方式构建全新安置评估标准

经过 10 年的经验探索积累，上海市儿童福利院不断进行探究，开展旨在改善孤儿社会适应能力的社会融合培训项目，通过资料收集、融

合培训、模拟生活、岗位实践四个阶段的教导，帮助大龄孤儿在离院前习得社会生活的基本技能，为融入社会生活做好准备。上海市儿童福利院的社工通过个体评估、融合培训、安置跟进，更有效地为孤儿提供有针对性的个案辅导计划，完成"精确打击"，在短时间内大幅度提高个案对象的综合能力，为其回归社会移除障碍。这种社工服务的提供过程也让上海市儿童福利院掌握和积累了充足的成年孤儿安置数据和案例，为后续的专题研究和新指标构建奠定了坚实的基础。

2016 年初，上海市儿童福利院将成年孤儿安置评估课题作为 2016 年的局课题向市民政局提出申请，进行了为期一年的深入研究，最终形成《上海市儿童福利院成年孤儿安置评估体系研究》报告，也是现行安置体系的依据所在。

就上海的经验来说，成年孤儿安置综合评价体系难见端倪。该研究的第一个研究目标就是要填补国内外这一领域中的研究空白，从过往的安置工作经验出发，运用社工专业研究方法，寻找影响成年孤儿安置顺利与否的各项指标，完成三级指标的构建，并对应具体、可操作的测量工具，从而最终形成一整套全新的成年孤儿安置评估体系：

1. 文献分析法：归纳成年孤儿安置工作中的理念和做法

正如我国成年孤儿面临的安置困境所述，虽然各地出台了针对不同类型孤儿的安置办法，但是对于孤儿类型的划分标准仍较为粗放，多数以"身体健康""具有自理能力""具有劳动能力"进行区分，缺少操作化的路径，或是结合院内老师、医生的评价，主观性较强。基于上述标准的安置评估工作，对成年孤儿安置渠道的公平性与长远发展提出挑战。

2. 深入访谈法：对安置工作者、接收区县开展个别访谈

在研究过程中，上海市儿童福利院还采取了深入访谈的方式，对与成年孤儿安置评估相关的工作人员和接收成年孤儿的区县负责人进行了资料收集。通过访谈，大部分的被访者均表示现有的评价方式有修改和完善的必要。这主要是因为自 2006 年开始，上海市儿童福利院探索成年孤儿安置评估标准已有 10 年时间，在这样长的时间跨度里，无论是上海市儿童福利院内参与安置工作的工作人员，还是接收成年孤儿的区县负

责人，都明显感觉到现行的安置评估标准随着社会环境、孤儿能力、区县期待等多方面的形势变化，已不能全面、客观、有效地评价成年孤儿的实际综合能力，并表现出明显的操作困境和发展瓶颈，主要表现为：

（1）评价主体过于单一：现行安置评估过程中的主体主要是对孤儿情况较为熟悉的上海市儿童福利院工作人员和生活照料者。虽然作为孤儿的监护人，由院内工作人员对儿童情况作出评价无可厚非，但在实际工作中，这样的评价方式很难避免人为感情因素的影响，且评价的主体大多数情况下仅仅局限于保育员和社工，难以收集医生、老师、康复训练师等其他相关工作人员的意见和专业判断，具有一定的局限性。

（2）评价指标过于模糊：现行的安置评价指标为成年孤儿学历为初中以上、智力在 70 以上、生活适应能力为轻度缺损及以上，对于孤儿劳动技能、独立生活能力、心理健康水平等的界定均较为模糊，因而难以提供明确的评价标准。且这种"划底线"的评价方法仅仅规定了"不能安置"的最低条件，没有给出"如何才能安置"的参考标准，也不利于处于临界值的成年孤儿找准定位，有的放矢地提高自己的综合能力，并最终符合安置标准。

（3）评价缺少动态评估：由于工作时间节点的要求，现行的安置评估往往需要等到成年孤儿年满 18 周岁，完成或即将完成学业后再进行，一旦评价结束就直接筛选出社会安置的名单。这样的"一考定终身"存在一定的误判风险。尤其是一旦成年孤儿不符合某一项现行的安置标准，他能否获得重测机会，多久之后可以重测等具体问题也完全凭工作人员的经验和主观判断决定，科学性难免会被质疑。

以上三方面的研究发现均指明了新的成年孤儿社会安置评估体系的发展方向，即应本着多专业、多角度、多手段、多时段的原则进行探索，在指标体系的建立过程中也要把握和体现已知的影响成年孤儿安置效果的重要因素，突出以往评估方式忽略的方面，以期达到更完善、更客观、更全面的目标。

3. 问卷调查与现场走访：已参工儿童回访调查

在对已社会安置的 61 名成年孤儿开展问卷调查与现场走访的过程

中，收集到了成年孤儿在社会安置中需要具备的能力排序、在独立生活需要具备的生活技能排序，并进行数据分析。这两部分数据对于本研究有着重要的借鉴意义。

在社会安置最需要的能力统计中，具体数据详见表10-2-1。采用加权法计算受访者认为某个选项的重要程度，分数越低重要程度越高。61位受访者认为社会安置最需要的能力为社会适应能力，其次是生活自理能力、良好品行、学历和智商。这就说明了在评估成年孤儿能力的过程中，以上五项能力应在重点考察范围内，对比现在的评估标准，应加强对社会适应能力、自理能力和良好品行的考评。

表 10-2-1　社会安置评估能力排序

	社会适应能力	自理能力	良好品行	智商	学历
得票数	34	13	7	1	6
加权得分	110	146	184	239	239

同样采用加权法计算社会安置评估中独立生活能力的重要程度，具体数据详见表10-2-2，分数越低重要程度越高。61位受访者认为独立生活最需要的能力为人际交往能力，其次是居家生活常识，然后才是工作技能与饮食烹饪等其他技能。而这几大方面的能力正与上海市儿童福利院现有的社会适应性养护服务宗旨不谋而合，更与为即将社会安置的大龄成年孤儿开设的"社会融合项目"培训内容十分契合。这表明，评价成年孤儿的方式可以是多元的，既有学历、身体状况等常规指标，也可有成年孤儿在相关培训和考核中的表现评价，从而全面评估成年孤儿的综合能力。

表 10-2-2　社会安置评估独立生活能力排序

	人际交往	居家生活常识	工作技能	饮食烹饪	突发事件处理	社区资源利用	疾病防治	储蓄理财	时间安排
得票数	14	15	12	10	5	1	2	2	0
加权得分	191	195	242	251	305	348	369	378	463

4. 合众法：完成评价指标的构建

项目最终以合众法将多维度的研究结果进行整合，积极寻找影响成年孤儿安置效果的各项指标，并努力权衡各指标间的比重和分级标准，完成评价指标的构建，形成一整套全新的成年孤儿安置评估标准。最后以第三方机构测试的方式，寻找典型案例进行测试评估，以探寻全新的成年孤儿安置评估体系能否实际运行，并客观、全面反映成年孤儿的综合能力，从而为安置政策和后续的安置工作顺利推进提供有力的支持和保障。

新的评估标准从成年孤儿健康状况、基础能力、文化知识水平、其他综合能力四大方面出发，下设疾病诊断、残疾类型、智测得分、自我认知与心理健康状况、社会适应能力、学历水平、职业技能水平、融合培训等级、岗位实践表现、社会支持系统情况、思想道德与行为习惯11个二级指标，详见图 10-2-1，系统评估成年孤儿的综合能力。

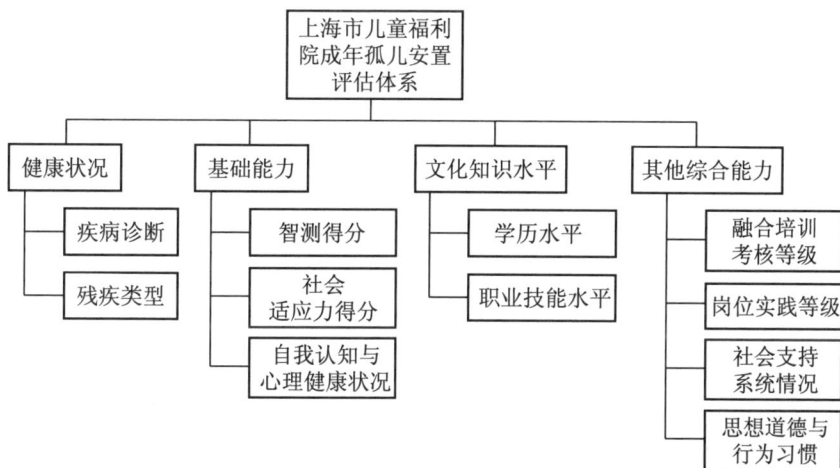

图 10-2-1 上海市儿童福利院成年孤儿安置评估体系指标

个人生活质量与健康状况是否良好存在一定的正相关，因上海市儿童福利院收容养育的儿童绝大部分患有一定程度的疾病与残疾，故评估其健康状况与残疾类型对预判其将来是否可以适应独立生活具有一定的参考意义；"智测得分"和"社会适应力得分"为过往成年孤儿安置评估中两项最为重要的硬性指标，在本评估体系中仍旧沿用。评估分值以上海市精神卫生中心进行的成人韦氏智测得分和社会适应力评估结果为依据，根据相应分值得出结果；现代社会，经济独立是独立生活的重要体现，而学历水平与职业技能水平则在一定程度上意味着工作的敲门砖与职场竞争力，因此评估成年孤儿的这两项指标得分具有一定的参考意义；通过对"融合培训考核等级""岗位实践等级""社会支持系统情况"以及"思想道德与行为习惯"，四个维度指标的评估，较为全面地从生活、工作情景到内在习惯、外在支持等方面评估成年孤儿是否具备独立生活的条件。

评估标准同时采用李斯特五级量法，将各项标准由低到高列出，其中中间等级为成年孤儿安置能力达标参考级，得分越高则等级越高，表明其综合能力越好。整个评估表满分为100分，按各项分值加权计算，总得分大于50分为"推荐安置状态"，总得分在45—50分（包含45分和50分）为"安置临界状态"，总得分小于45分为"不推荐安置状态"。评估完成后，最终结果以《上海市儿童福利院成年孤儿安置评估报告》的方式直接展现，根据报告结果，跟进被测成年孤儿的相关安置工作。

5. 完成典型案例测试分析

市儿福院在历年参工安置过程中发现参工安置分类存在争议。按照现有的参工安置标准，总有一些典型的个案因不符合参工安置的条件而无法回归社会，但根据分管社工、寄养家长、岗位实践带教老师等专业人员的评价，这样的个案往往具有较强的社会适应能力或者在某一方面的岗位实践表现突出，回归社会应该顺理成章；反之，也有一些个案对象呈现出截然相反的状况，现行标准认为他们可以参工，但工作人员则认为他们不适合安置。

这样的反差反复出现，足以说明现行的参工安置标准与专业人员的主观判断存在较大误差。此类矛盾的情况往往很难顺利处理，有些个案只能暂缓安置或进入漫长的观察待定阶段。这对儿童福利机构和成年孤儿来说都是一个漫长、波折、痛苦的过程，显然不利于成年孤儿安置工作的顺利推进。

在完成安置评估体系的建设后，根据研究计划，选取典型个案进行测试评估。市儿福院在上报参工对象中，有针对性地选取了两例典型案例，并邀请第三方评估机构进行测试评估，检测新的安置评估体系在具体实践过程中的运用和表现，以此考证新的评估体系能否客观反映成年孤儿的现实状况，与工作人员的主观判断间又有何种误差。

第三方机构利用新的评估体系，收集测试数据，访谈成年孤儿、医生、社工、康复训练师等相关专业人员，最终出具了两例典型对象的参工安置综合评估报告。报告详尽列述了被测成年孤儿的各评价指标得分情况，并以图表的形式分析了典型对象的水平与参工推荐等级间的比较情况（案例 A 的参工安置综合评价指标得分情况，案例 B 的参工安置综合评价指标得分情况），最后根据数据结果给出了参工安置意见和服务对象的未来成长建议。见图 10-2-2。

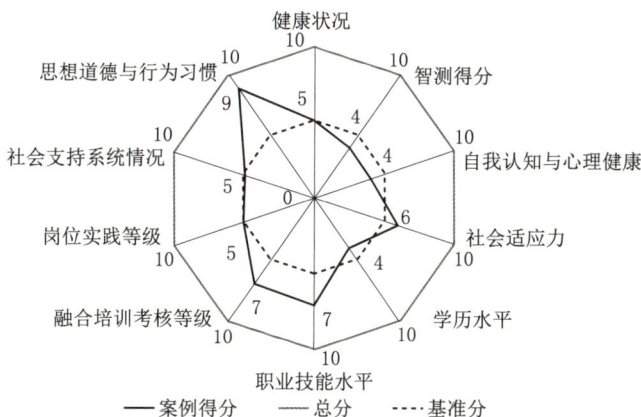

案例A　上海市儿童福利院成年孤儿安置评估图表

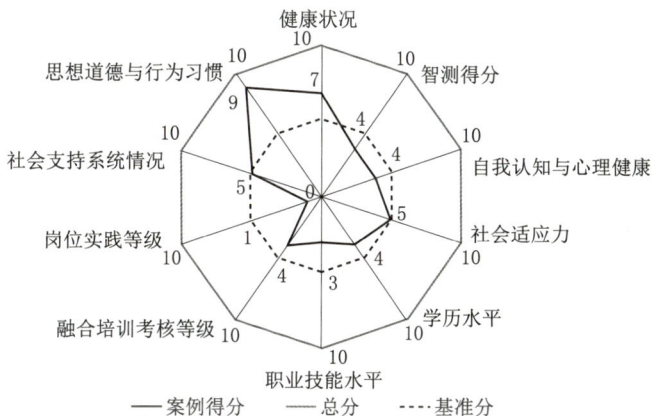

案例B　上海市儿童福利院成年孤儿安置评估图表

图 10-2-2　参工指标得分情况

对比以上两份评估报告，如按原有的社会安置评估标准，案例 A 为"不满足安置参工条件，不推荐安置"；而案例 B 为"满足条件，推荐安置"。但按新标准，两则案例的评估结论分别为"满足条件，推荐安置"和"处于临界状态，建议参加培训"。

相较于原有的结论，新标准下的评估结果更符合服务对象的实际状况，也与个案社工的专业判断相符合。仔细阅读评估报告，两名服务对象的能力差异与基准分间的差距也一目了然，对于评估结论需参加培训的案例 B 来说，未来个案服务的培训目标和方向将更贴合他自身的实际能力和未来社会安置的要求。对于成年孤儿来说，这样的评估结论既兼顾了科学性的表达，给出了更让人信服的评估结果；又为服务对象未来的个人发展提供了明确的指引，是理论和实务相结合的评估结论。

（二）标准制定——上海市儿童福利院成年孤儿安置评估体系

为保证上海市儿童福利院成年孤儿安置工作的有序推进，更科学、全面、客观地评价待安置成年孤儿的综合能力，研究最终建立了《上海市儿童福利院成年孤儿安置评估体系》。通过该评估体系，上海市儿童福利院获取成年孤儿各方面的综合能力评价，并参照推荐安置标准，给予成年孤儿各项能力未来发展的有效指导。评估完成后，最终结果以《上海市儿童福利院成年孤儿安置评估报告》的方式直接展现，社工根据报告结果跟进被测成年孤儿的相关安置工作。具体评估指标体系见图 10-2-3。

（三）全新安置评估标准的实践意义

1. 测量方法更科学，测试数据更准确

较以往仅通过智力测定进行初步筛选，结合学校老师、生活老师的评价，做出是否上报安置的判断的评估方式，新标准大大削弱了人为因素、感情因素等其他不可控外力对成年孤儿安置工作的影响，以更科学、明确的测试数据作为重要参考和划分标准，从而让成年孤儿安置评估工作更科学，更客观，也更具操作性。

2. 评估体系更完备，安置孤儿最受益

《上海市儿童福利院成年孤儿安置评估体系》从实务的角度出发，

	得分 项目			推荐安置标准等级			得分
健康状况（10分）	疾病诊断（5分）	1分	2分	3分	4分	5分	
		严重影响日常生活	对生活有影响且需长期服药	对生活有影响但无需长期服药	对日常生活有轻微影响	对日常生活没有任何影响	分管医生评定
	残疾类型（5分）	0—2分		3—4分	5分		
		中度残疾及以上		轻度残疾	无残疾		残疾证类型及康复师评定
基础能力（30分）	智测得分（10分）	0—3分	4—6分	7—9分	10—12分	13—15分	
		小于60	60—70	70—80	80—90	大于等于90	采用韦氏成人智测
	自我认知与心理健康状况（10分）	0—2分	3—4分	5—6分	7—8分	9—10分	
		自我认知严重偏差，有心理危机	经常出现自我认知和心理状况偏差	偶尔出现自我认知和心理状况偏差	自我认知基本准确，心理状况平稳	自我认知准确，心理健康	社工评定
	社会适应力得分（10分）	0—2分		3—4分	5分		
		严重缺损		轻度缺损	正常		精卫中心评定
文化知识水平（20分）	学历水平（10分）	0—2分	3—4分	5—6分	7—8分	9—10分	
		初中毕业	技校毕业	中专毕业	高中毕业	大专及以上毕业	同等学历按在校表现评分

	得分 项目			推荐安置标准等级			得分
文化知识水平（20分）	职业技能水平（10分）	0—2分	3—4分	5—6分	7—8分	9—10分	
		基本没有培训经历	有过培训经历但未考出任何证书	拥有一门初级职业培训证书	拥有两门或中级职业培训证书	拥有三门或高级职业培训证书	包含学校专业考、英语、计算机证书
其他综合能力（40分）	融合培训考核等级（10分）	0—2分	3—4分	5—6分	7—8分	9—10分	
		E	D	C	B	A	参照融合课程考核成绩（居家生活、社区资源、饮食烹饪、独立生活经验）
	岗位实践等级（10分）	0—2分	3—4分	5—6分	7—8分	9—10分	
		E	D	C	B	A	参照社区生活考试成绩
	社会支持系统情况（10分）	0—2分	3—4分	5—6分	7—8分	9—10分	
		难以获得有效的社会支持	社会支持渠道单一，力度较弱	有一定的社会支持但不稳定	有稳定的社会支持	有强有力且稳定的社会支持	量表测定结合社工评价
	思想道德与行为习惯（10分）	0—2分	3—4分	5—6分	7—8分	9—10分	
		行为习惯差且思想道德品质严重偏差	经常有不良行为和道德偏差	偶尔有不良行为和道德偏差	行为习惯较好且思想道德品质较好	行为习惯很好，有较高的道德素养	按学生行为规范奖惩条例评定
					合计得分：		

图 10-2-3　上海市儿童福利院成年孤儿安置评估体系

回顾了成年孤儿安置工作的发展历程；从问题的视角着眼，分析了现行安置标准在操作过程中的薄弱环节；从系统的观点入手，构建了全新的成年孤儿安置评估体系；最后又以典型案例测试的方式，验证了安置评估体系的操作性和科学性。

最终，《上海市儿童福利院成年孤儿安置评估体系》的成形，重新推演了成年孤儿安置工作的评估标准、工作模式和理想路径，在全国具有领先的地位，为推动成年孤儿安置政策的发展提供了科学决策的重要依据。

新标准的制定对于那些具有一定劳动能力，但由于学历低或没有通过智力测定的临界成年孤儿来说，重新给予了他们走向社会、独立生活的机会，切实让上海市儿童福利院的成年孤儿安置工作有了新的突破和展望。

第三节 政策出台引导成年孤儿安置工作新风向

一、成年孤儿安置评估体系研究推动成年孤儿安置政策出台

《上海市儿童福利院成年孤儿安置评估体系研究》通过对相关理论、政策的文献研究，对参与此项工作的儿童福利领域专家开展个别访谈，力图重新梳理、分析现行的成年孤儿安置评估标准，并在研究结果的基础上构建全新的评估体系，最终以典型案例测试的方式，探究新的成年孤儿安置评估体系能否实际运行，客观、全面反映成年孤儿的综合能力，从而为安置政策和后续的安置工作提供有力的支持。

在推出《上海市儿童福利院成年孤儿安置评估报告》后，2016 年 11 月，市民政局就成年孤儿安置政策问题，向市领导做了《关于研究制定"市儿童福利院成年孤儿回归社会安置工作的实施意见"的情况汇报》；2017 年 1 月，上海市人民政府办公厅转发市民政局《关于上海市儿童福利院集中养育成年孤儿回归社会安置工作实施意见的通知》（图 10-3-1）；2017 年 2 月，市民政局印发《上海市民政局关于印发上海市儿童福利院集中养育成年孤儿回归社会安置工作操作细则和有关事项清单的通知》（图 10-3-2），这是上海市首个关于成年孤儿安置的行政性规范性文件，文件规范了全新的成年孤儿安置评估体系，上海市儿童福利院根据文件要求正式于 2017 年暑期操作执行。

2017 年 3 月，上海市儿童福利院集中养育成年孤儿安置工作会议召开（图 10-3-3）。多年实务工作的凝练最终汇聚成一系列相继出台的政策，这些政策从根本上保障了成年孤儿安置工作的渐进发展和有序推进，也必将成为成年孤儿顺利回归社会，开启全新人生旅程的坚实基础。

上海市人民政府办公厅文件

沪府办〔2017〕7 号

上海市人民政府办公厅转发市民政局关于
上海市儿童福利院集中养育成年孤儿
回归社会安置工作实施意见的通知

各区人民政府，市政府有关委、办、局：

经市政府同意，现将市民政局制订的《关于上海市儿童福利院集中养育成年孤儿回归社会安置工作的实施意见》转发给你们，请认真按照执行。

上海市人民政府办公厅

2017 年 1 月 23 日

— 1 —

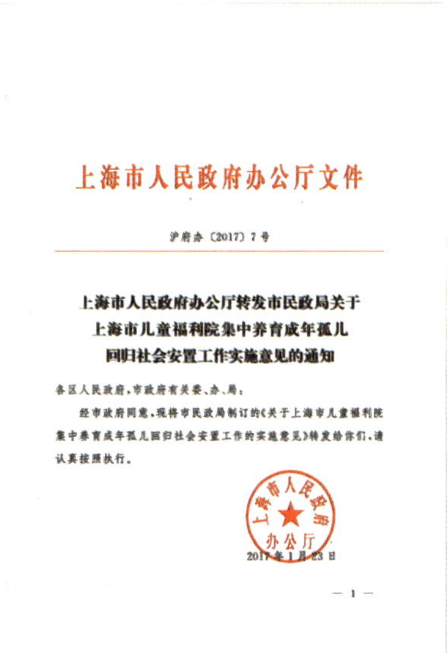

图 10-3-1 《关于上海市儿童福利院集中养育成年孤儿回归社会安置工作实施意见的通知》

上 海 市 民 政 局

沪民福发〔2017〕3 号

上海市民政局关于印发上海市儿童福利院
集中养育成年孤儿回归社会安置工作
操作细则和有关事项清单的通知

各区民政局、市社会福利中心、市儿童福利院：

根据《关于上海市儿童福利院集中养育成年孤儿回归社会安置工作的实施意见》（沪府办〔2017〕7 号）精神，为进一步规范市儿童福利院集中养育成年孤儿回归社会安置工作，制定了《上海市儿童福利院集中养育成年孤儿回归社会安置工作操作细则》和《上海市儿童福利院集中养育成年孤儿回归社会安置工作有关事项清

- 1 -

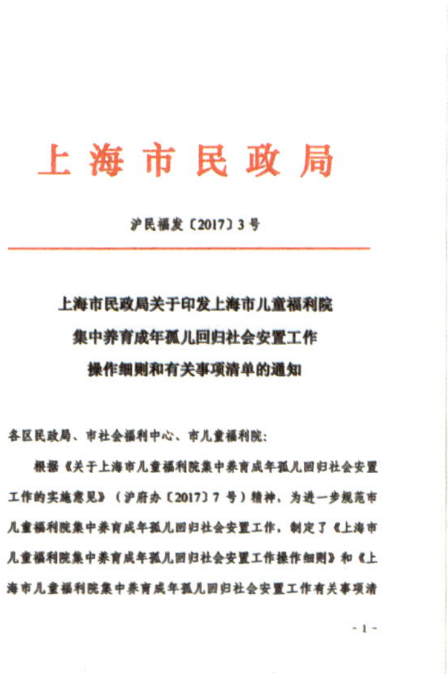

图 10-3-2 《上海市民政局关于印发上海市儿童福利院集中养育成年孤儿回归社会安置工作操作细则和有关事项清单的通知》

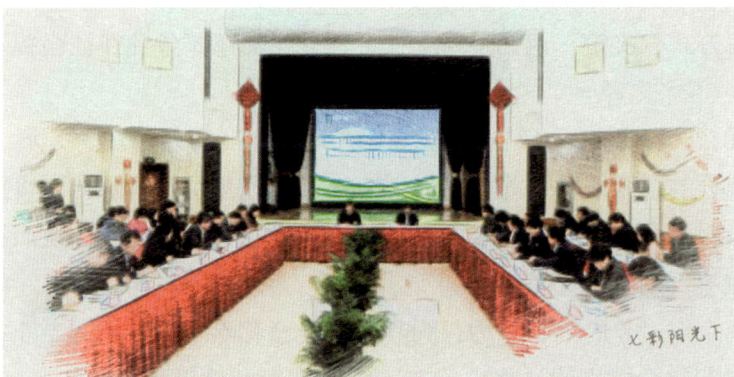

图 10-3-3 上海市儿童福利院集中养育成年孤儿安置工作会议现场

二、政策推动上海市儿童福利院成年孤儿安置发展

上海市儿童福利院配合上报时间点定期开展评估工作，在完成成年孤儿安置工作的实际操作过程中，能力评估是整项工作的起点，对于实

际工作者来说，牢牢把握各个工作流程的时间节点，配合成年孤儿上报时间开展评估工作相当重要。根据现有上报参工，在成年孤儿年满 18 周岁，完成学业的时间节点基础上，提前一年时间开展评估工作。这一方面是为后续的正式上报做好预热和准备工作，另一方面也是为了给实际工作中的各种突发状况留下余地，更是为临界值儿童的后续个案跟进服务提供必要的时间条件。

上海市儿童福利院开展旨在改善孤儿社会适应能力的社会融合培训项目，通过资料收集、融合培训、模拟生活、岗位实践四个阶段的教导，帮助大龄孤儿在离院前习得社会生活的基本技能，让他们为融入社会生活做好准备。从刚开始进行初步探究，到通过将上海市儿童福利院长期的成年孤儿安置工作经验，以研究成果的方式进行总结和呈现，耗时十余年。推进了现行安置政策相关细则的具体化进程，如对临界值能力儿童的复测，对时间节点进行进一步明确等，逐步形成了一套成年孤儿回归社会的安置模式。在推荐安置过程中，如何筛选出适合独立生活的成年孤儿，需要一整套科学的社会安置评估标准，而这一标准的制定应该是一个非常谨慎和专业的过程。对成年孤儿来说，安置标准决定了其安置方式，决定了他们是踏上社会独立生活还是继续在社会福利机构生活。

2017 年，随着政策的推进，新的评估标准得以运用、开展，未来这一部分的融合服务也将如虎添翼。上海市儿童福利院的社工将更明确了解所服务个案各方面的能力相较于推荐安置标准的差距，从而更有效地提供有针对性的个案辅导计划，完成"精确打击"，在短时间内大幅度提高个案对象的综合能力，为其回归社会移除障碍。不同专业在评价成年孤儿综合能力的过程中均有不同的视角和难以替代的作用和影响。虽然个体社会融合的工作大部分适用于社工的工作领域，但在身体健康状况的界定、心理健康水平的测定、残疾等级的划定等方面仍需引入医生、精神卫生专家、康复训练师等其他专业人员的意见。因此，对成年孤儿社会安置的评估应由一个涵盖多专业的工作组来共同评定，从而使评估的结论更符合成年孤儿的实际状况，更好地预测其应对独立生活的处变能力。

三、抓实成年孤儿社会安置工作的关键点

由于福利机构成年孤儿的个人情况各不相同，因此安置方式有所区别，应严格按照流程分步实施。第一，对福利机构集中养育的成年孤儿进行民事行为能力、学习能力、劳动就业能力等方面的评估。第二，依据成年孤儿的能力水平采用社会安置、就学安置、成人福利院安置等不同途径。对具有劳动就业能力和完全民事行为能力的成年孤儿采用社会安置方式；对仍在校就读的成年孤儿，福利机构将继续供养其到毕业，毕业后根据情况给予社会安置；对不具有完全民事行为能力，或者虽有民事行为能力但不具备劳动就业能力的成年孤儿，采用成人福利机构继续提供保障的手段。第三，在安置前对待安置的成年孤儿进行职业技能培训、生活能力培养以及社会适应训练等，强化其社会安置所应具备的能力。

就业既是成年孤儿自食其力、自立自强的保证，也是其回归社会、融入社会的途径。因此，提高成年孤儿的就业水平是社会安置的重点。成年孤儿就业率低、就业稳定性差，使福利院成年孤儿社会安置遭遇瓶颈。影响成年孤儿就业的因素很多，如身体残疾、受教育程度低、劳动技能差、依赖心理强等。为提高成年孤儿就业水平，建议采取以下措施：第一，大力实施"残疾孤儿手术康复明天计划"等项目工程，有效减少残疾孤儿；帮助特殊儿童实施手术矫治和康复，使其恢复部分劳动能力。第二，提高成年孤儿报考职业教育、特殊教育的积极性，切实提升其受教育水平。第三，通过职业技能培训补贴、职业技能鉴定补贴等方式，鼓励成年孤儿提高劳动技能和专业水平。第四，通过税费减免、创业补贴等优惠政策鼓励、扶持成年孤儿自主创业，把有劳动能力的成年孤儿纳入就业援助范围，就业困难的优先安置到政府开发或购买的公益性岗位。

对于"衣食无忧"的成年孤儿来说，离开福利院，独立生活，融入社会的路程充满坎坷、困难重重，这也是部分成年孤儿不愿离开福利院

的原因。成年孤儿离开福利院后遇到的问题很多，政府既不能"大包大揽"，也不能"撒手不管"，而是应该管重点、抓关键、破难点。第一，住房问题。成年孤儿到了结婚年龄后，渴望成家立业，但住房成了"拦路虎"。上海在这一问题上始终走在全国前列，如开通绿色通道，优先受理特殊儿童对廉租房、经适房、公租房等保障性住房的申请，对符合条件的对象应保尽保。第二，生活问题。部分成年孤儿的就业稳定性较差，安置区县安排的保障性岗位能够很好补足。

由于生理和心理等方面的原因，福利院部分成年孤儿存在"灰色性格"特征：孤僻、自我封闭、自卑感强、对社会不信任等，这些心理问题既不利于他们的健康成长也不利于社会生活。为帮助成年孤儿健康成长，上海市儿童福利院引入专业社会工作者，对福利院特殊儿童进行专业辅导。通过心理引导，帮助成年孤儿克服依赖心理，鼓励其自食其力，疏导其消极情绪；通过职业能力倾向测试，帮助成年孤儿做好职业规划和人生规划；通过开展虚拟面试、角色扮演、角色互换、角色冲突等系列活动，帮助成年孤儿树立独立生活的信心、掌握面试技巧、构建和谐的人际关系，为顺利适应社会、融入社会打下坚实基础。

福利院成年孤儿社会安置工作是一项系统工程，单靠民政部门一家肯定"孤掌难鸣"。为此，需要民政、财政、公安、卫生、人社、房管、残联、教育等部门通力合作、密切配合，以及社会组织、社会力量的大力支持和无私援助。

第四节　成年孤儿社会安置工作的未来与展望

一、开启成年孤儿安置工作新篇章

政策助推了现有安置工作的细化，安置的时效性大大缩短，上报安置的对象必须在当个自然年中就安置到位；其次安置标准也更为统一，由上海市政府托底，不会因为上海市不同区的经济发展不同而造成差异。

从国内的情况来看，目前大部分儿童福利机构集中供养的成年孤儿均通过国内外收养、家庭寄养、社会安置等途径离开院舍，重新回归到开放的社会环境中。作为一家国内较早引入社会工作专业价值观与专业理论的儿童福利机构，上海市儿童福利院整合资源，运用社会工作专业方法与技术开展了一系列专业服务，如社会适应性养护工作致力于满足儿童在不同成长阶段的需求。其中，引导大龄孤儿实现社会化，融入开放的社会环境，最终使他们较好地实现社会融合的专业工作一直是服务成年孤儿过程中的重点。

一是建章立制，形成条块联动、协作配合的工作体系。明确部门职责和街镇安置顺序；建立各区孤儿保障工作联席会议制度，在成年孤儿的户口、生活、学习、医疗、教育、就业等各方面形成工作合力。

二是因地制宜，探索个性化、多渠道的安置模式。在生活方面，对符合政策规定的成年孤儿给予低保或重残无业等保障；在医疗方面，为没有医疗保障的成年孤儿购买居民基本医疗保险，并通过慈善、综合帮扶等社会力量及时解决成年孤儿的医药费问题；在教育方面，鼓励有学习意愿的成年孤儿回归社会后继续深造；在住房方面，鼓励有条件的街镇为成年孤儿购买产权房，对符合廉租房、经适房条件的成年孤儿进行优先安排，并帮助有房产的成年孤儿做好房屋装修、维修及家具添置等；在就业方面，根据成年孤儿的性格特点、兴趣爱好安排工作，为有特定就业意向的孤儿提供技能培训和职业介绍，帮助他们早日走上工作岗位。

三是跟踪关怀，营造温暖健康、全面发展的成长环境。建立一对一制度，指派专人与成年孤儿结对，时刻关心他们的思想、生活情况，为他们及时解决各类困难；开展动态管理，每半年汇总分析一次全区成年孤儿的情况，及时掌握动态，了解需求，为成年孤儿走向社会、自力更生奠定扎实基础。

二、展望成年孤儿社会安置工作的未来

成年孤儿安置评估工作不应该是儿童福利机构对成年孤儿工作的结束，而更应该是一个新的开始。随着制度发展模式逐步由"补缺型"向"发展型"发展，其制度的涵盖范围已由狭义儿童福利范围内的特殊儿童，发展到包括流浪儿童、受虐儿童在内的困境儿童群体，对于普通儿童的权利亦应有相关主题与法案的保障。

保证成年孤儿获得准确的评估、持续的个案跟进、有必要的再评估，直至其完成正式安置交接。进一步明确各环节的负责部门和时间节点，从而在制度上保证安置评估工作平稳、有序开展，为后续的孤儿安置工作打下坚实的基础。针对成年孤儿的安置评估体系也应坚持动态评估的方式，一方面在评估体系内部的一些环节，如成年孤儿岗位实践状况、思想道德与行为习惯等方面采用动态评估的方式，实时准确反映成年孤儿的现状，以评估结果为考量标准，未来发展、嫁接专业的社工个案服务，跟进、回应成年孤儿的社会回归需求，这样，发展短板能力、达成社会融合的效果将大有可为；另一方面在实际工作开展的过程中，加强对相关个案数据的收集，开展有针对性的纵向研究，跟踪了解成年孤儿社会安置后的表现和反映，积累更多数据为后续的深入研究奠定基础，对于整套评估体系也应建立定期的评价、调整机制，从而顺应成年孤儿能力和社会发展的需要。评估体系中涉及的许多方面的标准都会随着时间的变化而需要跟进调整。对成年孤儿的评估对全国儿童福利机构的成年孤儿社会安置工作来说，是一次有意义的探索与尝试。

　　社会、政府部门工作人员、社会工作者、儿童服务机构等相关主体应合理直面特殊儿童的共性需求，有针对性地为他们提供服务和帮助；同时，加大宣传力度，为工作创造良好的社会氛围；还应联合发声，积极倡导，代表这些特殊儿童去影响决策者和社会大众，进而推动成年孤儿社会安置工作的整合发展，为特殊儿童的福利福祉做出应有的贡献。

参考文献

［1］中华人民共和国民政部.儿童福利机构基本规范（民政行业标准 MZ010-2013）［S］.2013.

［2］国务院.中国儿童发展纲要（2011—2020 年）［M］.北京：人民出版社，2011.

［3］国务院.《中国儿童发展纲要（2011—2020 年）》中期统计监测报告［S］.2016.

［4］国家统计局.2018 年《中国儿童发展纲要（2011—2020 年）》统计监测报告［S］.2019.

［5］中国社会福利与养老服务协会，北京师范大学社会发展与公共政策学院家庭与儿童研究中心.2019中国儿童福利与保护十大进步事件［N］.中国青年报，2019-12-19（7）.

［6］亓迪.促进儿童发展：福利政策与服务模式［M］.北京：社会科学文献出版社，2018.

［7］陈琳，韩世范.生物—心理—社会医学模式的发展对护理学科建设的启示［J］.全科护理，2015（31）.

［8］联合国儿童基金会.儿童友好型城市规划手册：为孩子营造美好城市［S］.中国城市规划学会译.2019.

［9］联合国儿童基金会.构建儿童友好型城市和社区手册［S］.2019.

［10］国务院妇女儿童工作委员会办公室，联合国儿童基金会.儿童友好家园工作指南［S］.2010.

［11］朱丽平主编.孤残儿童护理员（基础知识）

［M］.北京：中国社会出版社，2010.

［12］薛立东.儿科学［M］.北京：人民卫生出版社，2005.

［13］陈灏珠，林果为.实用内科学（上下册）［M］.北京：人民卫生出版社，2009.

［14］沈渔邨主编.精神病学（第五版）［M］.北京：人民卫生出版社，2000.

［15］吕建进，于长平，马德华.疥疮治疗进展［J］.中国寄生虫病防治杂志，2001.

［16］姚明辉.药理学［M］.北京：人民卫生出版社，2006.

［17］中华人民共和国国家卫生健康委员会.手足口病诊疗指南（2018年版）［S］.2018.

［18］韦丽琴，高红兰.幼儿生长发育迟缓一例病例分析［C］.第七届全国中西医结合营养学术会议论文治疗汇编，2016.

［19］中华医学会内分泌学分会《中国甲状腺疾病诊治指南》编写组.甲状腺疾病诊治指南——甲状腺功能减退症［J］.中华内科杂志，2007（46）.

［20］翟琼香.关注癫痫与遗传相关性疾病［J］.实用医学杂志，2012.

［21］何楠树.成年孤儿安置的问题及对策［S］.民政部政策研究中心，2007.

［22］肖树林，何苗.妥善解决安置问题切实保障成年孤儿合法权益——解读湖北黄石市《关于福利机构成年孤儿安置问题的意见》［J］.社会福利，2009.

［23］关文静.成年孤儿安置的个案工作方法［J］.社会福利，2009.

［24］杨素钗.鼻饲管置管21例失败原因及护理对象［J］.护理研究与实践，2010.

［25］李小寒，尚少梅.基础护理学（第4版）［M］.北京：人民卫生出版社，2006.

［26］蔡冬联，史琳娜.临床营养学［M］.北京：人民军医出版社，

2004.

　　［27］凌伟，张瑾，罗园．上海市儿童福利院 39 例孤残婴幼儿依恋类型分布调查［J］.中国民康医学，2012，24（19）.

　　［28］（美）David Wallin. 心理治疗中的依恋：从养育到治愈，从理论到实践［M］.巴彤等译．北京：中国轻工业出版社，2014.

　　［29］张世峰．建立和完善中国特色孤残儿童养育模式［J］.社会福利，2007，07（4）.

　　［30］李玲.福利院集中养育的封闭性对孤残儿童心理发展的影响［A］.科教文汇，2009.

　　［31］雷平华，高露．福利机构中婴幼儿进行早期综合教育对身心发育的影响［J］.中国民康医学，2012，23（23）.

　　［32］桂永浩.儿科学［M］.上海：复旦大学出版社，2005.

　　［33］民政部人事办.孤残儿童护理员（初级技能）［M］.北京：中国社会出版社，2010.

　　［34］民政部人事办.孤残儿童护理员（中级技能）［M］.北京：中国社会出版社，2010.

　　［35］民政部人事办.孤残儿童护理员（高级技能）［M］.北京：中国社会出版社，2010.

　　［36］tianchigxm.脑瘫如何进行康复训［EB/OL］.https：//wenda.so.com/q/1486205735726740，2014-03-09.

　　［37］杨娟，赵丹．抚触促进手术产婴母乳喂养及生长发育的体会［J］.海南医学，2004，15（11）.

　　［38］Bowlby J.. *Attachment and loss*：*Vol. I*：*Attachment*［M］.NY：Basic Books，1969.

　　［39］Ainsworth M.. *Patterns of Attachment*：*A Psychological Study of the Strange Situation*［M］.Hillsdale，NJ：Erlbaum，1978.

　　［40］Main M，Soloman J.. *Discovery of an insecure-disorganized/disoriented attachment pattern*［M］.//Yogman M，Brazelton T.. *Affective development in infancy*［M］.Norwood，NJ：Albex，1986.

［41］民政部人事司，民政部社会福利和慈善事业促进司，民政部职业技能鉴定指导中心，中国收养中心.孤残儿童护理员（基础知识）［M］.北京：中国社会出版社，2010.

［42］Moss E，Rousseau D，Parent S，et al.. Correlates of attachment at school age：Maternal reported stress，mother-child interaction，and behavior problems［J］. *Child Development*，1998，69（5）.

［43］Ruth Thomas. Comments on some aspects of self and object representation in a group of psychotic children. An application of Anna Freud's diagnostic profile［J］. *The Psychoanalytic Study of the Child*，1966.

［44］万勤.言语科学基础［M］.上海：华东师范大学出版社，2016.

［45］黄昭鸣，朱群怡，卢红云.言语治疗学［M］.上海：华东师范大学出版社，2017.

［46］叶立群，朴永馨.特殊教育［M］.福州：福建教育出版社，2019.

［47］甄岳来，李忠枕.孤独症社会融合教育［M］.北京：中国妇女出版社，2010.

［48］香港协康会.孤独症儿童训练指南：全新版.活动指引.5，自理［M］.广州：广东海燕电子音像出版社，2016.

［49］香港协康会.青葱教室系列之儿童行为解码：实用锦囊［M］.广州：广东海燕电子音像出版社，2010.

［50］Raymond G.Miltenberger.行为矫正—原理与方法.北京.2004.

［51］董亚茹.论全人教育研究的现状［J］.课程教育研究·上，2014（1）.

［52］桑标.儿童发展心理学［M］.北京：高等教育出版社，2009.

［53］刘春玲，江琴娣.特殊教育概论（第二版）［M］.上海：华东师范大学出版社，2016.

［54］马利峰，叶惠伶.国内外孤残儿童家庭寄养模式探讨［J］.生活品质，2010.

［55］陆士桢.从美国儿童家庭寄养简史看百年来儿童福利价值取向的演变［J］.广东青年干部学院学报，2005.

［56］曾凡林.残疾儿童家庭寄养政策制定的基础［J］.社会福利，2002.

［57］刘汉山.家庭寄养是孤残儿童的最佳养育模式［Z］.全国家庭寄养工作会议材料，2002.

［58］家庭寄养管理暂行办法调研总报告，2003.

［59］民政部.家庭寄养管理暂行办法，2003.

［60］邵朝竹.家庭寄养对孤残儿童社会适应行为的作用［J］.和田师范专科学校学报（汉文综合版），2005，25（1）.

［61］周良才.从社会福利社会化理论看儿童家庭寄养［J］.重庆城市管理职业学院学报，2010.

［62］贾丽萍，邵建岗.儿童社会化发展与家庭教养方式的相关研究［J］.心理学进展，2015.

［63］昝飞，曾凡林.孤残儿童的社会交往能力、心理行为问题与寄养［J］.中国特殊教育，2001.

［64］曾凡林，昝飞.家庭寄养和孤残儿童的社会适应能力的发展.孤残儿童照料与家庭寄养研讨会，2002.

［65］侯静.儿童的依恋与社会网络的发展［M］.北京：电子工业出版社，2009.

［66］丹尼斯·博伊德，海伦·比.发展心理学：孩子的成长［M］.北京：机械工业出版社，2011.

［67］朱书翠.12名成年孤儿现状及安置情况分析［J］.中国民康医学杂志，2004，16（9）.

［68］尚晓援，李海燕，伍晓明.中国孤残儿童保护模式分析［J］.社会福利，2003.

后 记

　　本书由上海市民政局党组书记、局长朱勤皓总策划、总指导。全书从策划到完稿历时逾一年。期间，市民政局副局长蒋蕊、李勇也给予了指导。

　　本书由蔡璇璇、宣惠红统筹策划，赵婷婷、袁仿来担任撰稿的组织工作。

　　全书共分十章。马叶君、王季鸿、卢嘉麒、叶志宏、田鹏志、白广平、吕红芳、朱丹、朱璟琳、乔燕芳、任圆嫚、刘彩燕、杨芬、杨俞婕、李卓君、汪静、张希、张颖芝、张瑾、陆雅勤、陈丽萍、范玉玲、金俊辉、周寒霜、郑维国、赵旭艳、胡倩影、秦雯、蒋玉慧、曾佳金、潘靖（按姓氏笔画为序）等，分别参与了相关章节的撰写。

　　因水平有限，书中难免有不妥之处，诚请业界专家和广大读者批评指正。

上海市儿童福利院

2021 年 1 月

图书在版编目(CIP)数据

儿童福利机构发展指南/上海市儿童福利院著.—
上海:学林出版社,2021
(上海民政专家系列)
ISBN 978 - 7 - 5486 - 1705 - 1

Ⅰ.①儿…　Ⅱ.①上…　Ⅲ.①儿童福利-组织机构-
中国-指南　Ⅳ.①D632.1 - 62

中国版本图书馆 CIP 数据核字(2020)第 227956 号

责任编辑　胡雅君　王　慧
封面设计　范昊如　夏　雪　李疑飘

上海民政专家系列
儿童福利机构发展指南
上海市儿童福利院　著

出　　版　学林出版社
　　　　　　(200001　上海福建中路 193 号)
发　　行　上海人民出版社发行中心
　　　　　　(200001　上海福建中路 193 号)
印　　刷　上海商务联西印刷有限公司
开　　本　720×1000　1/16
印　　张　22.25
字　　数　33 万
版　　次　2021 年 1 月第 1 版
印　　次　2021 年 1 月第 1 次印刷
ISBN 978 - 7 - 5486 - 1705 - 1/D · 61
定　　价　78.00 元